綴興集

——甲骨綴合與校釋

張宇衛　著

圖版與摹本

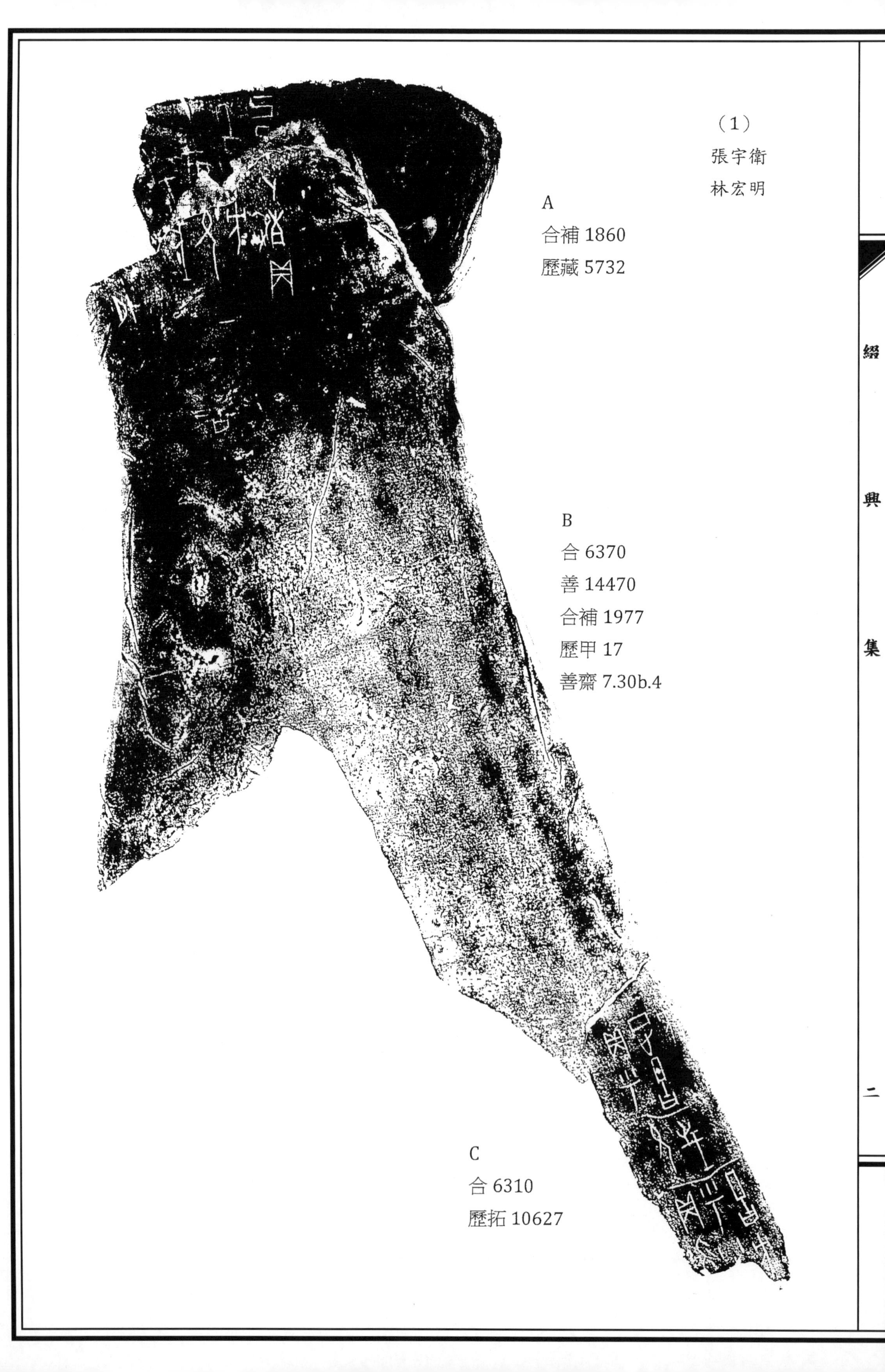
（1）
張宇衛
林宏明
A
合補 1860
歷藏 5732
B
合 6370
善 14470
合補 1977
歷甲 17
善齋 7.30b.4
C
合 6310
歷拓 10627

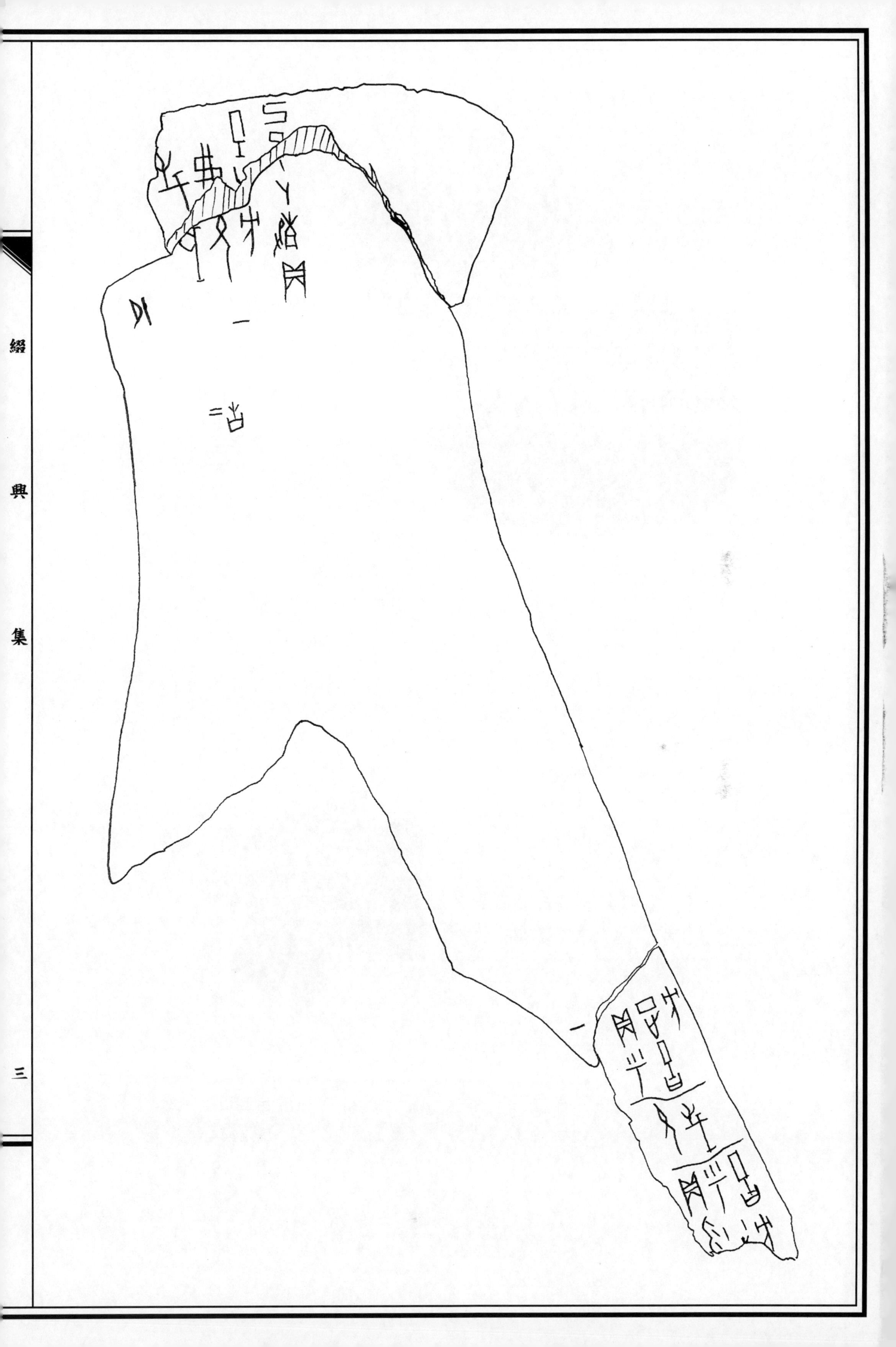

（2）

A
合 6544
歷拓 6781
山東 512

B
合補 1890
歷藏 5754
存補 3.278.2
善齋 7.26b.3

（3）

A
合 6643
佚 324
歷拓 587
北大 3 號 5
存補 6.286.1
中歷藏 326

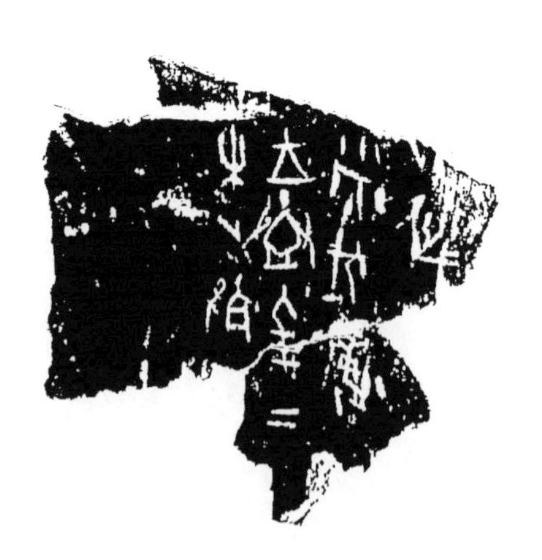

B
合 18071
善 21445
掇三 298

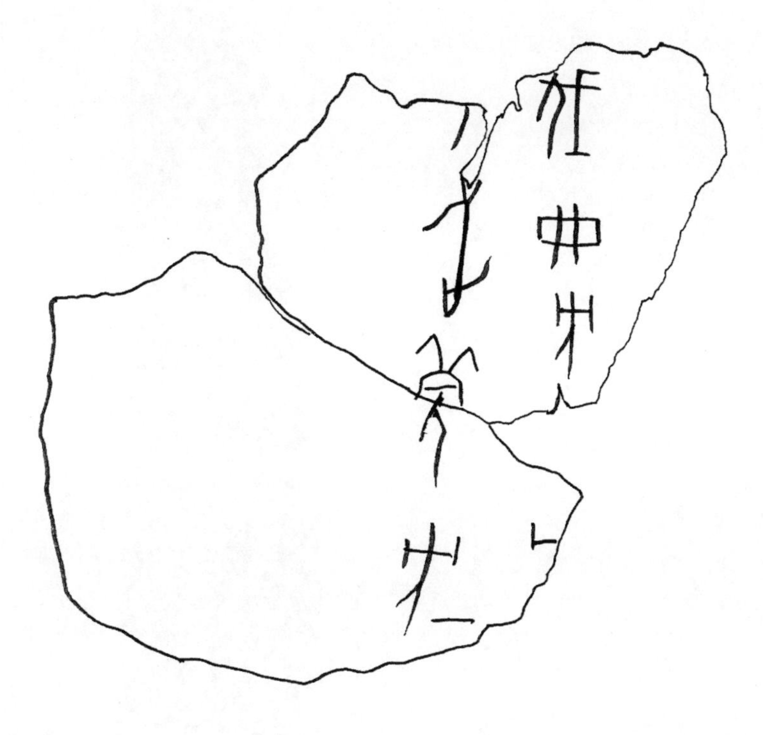

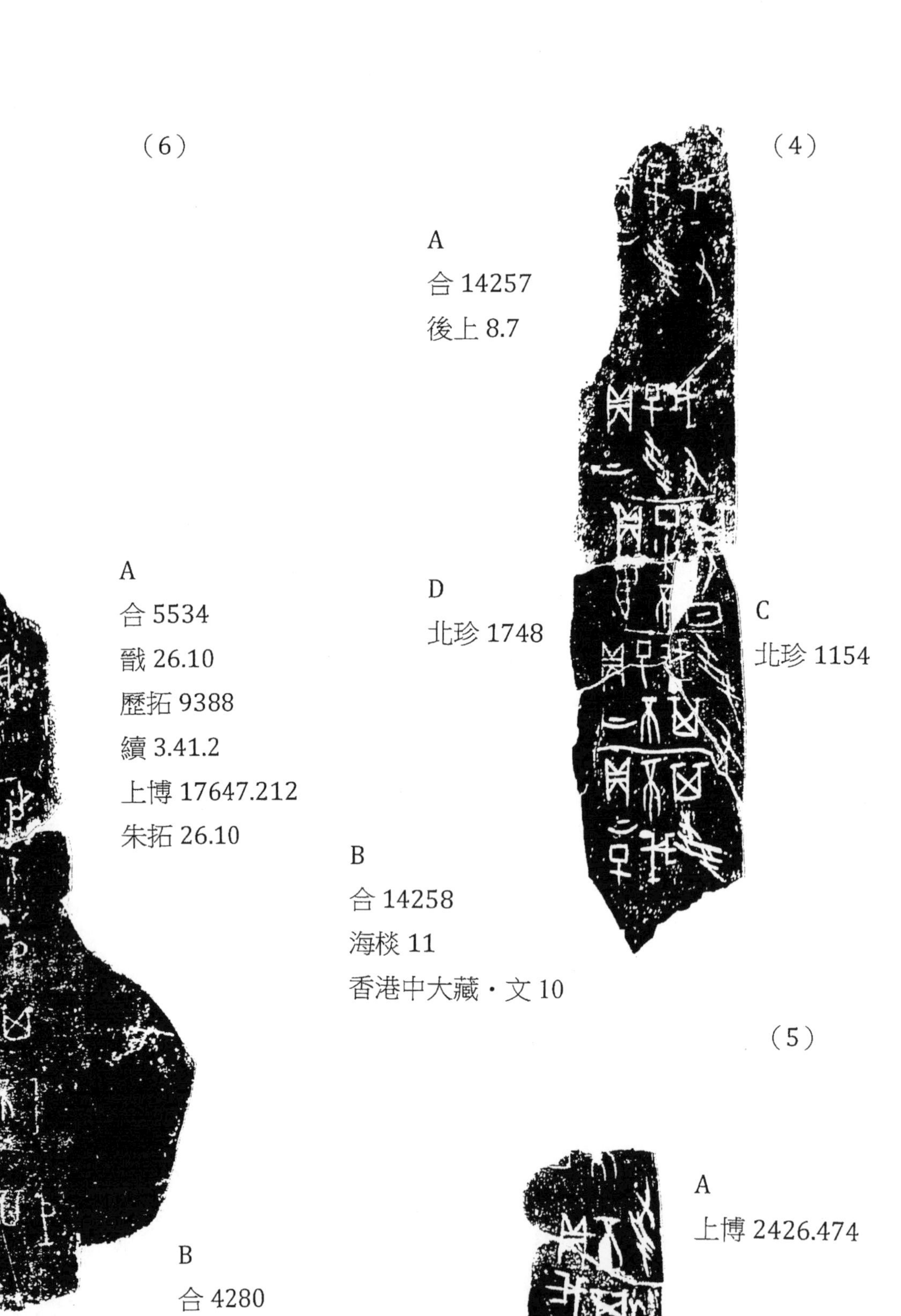
（6）
A
合 5534
戩 26.10
歷拓 9388
續 3.41.2
上博 17647.212
朱拓 26.10
B
合 4280
鐵 243.1
（4）
A
合 14257
後上 8.7
D
北珍 1748
C
北珍 1154
B
合 14258
海棪 11
香港中大藏・文 10
（5）
A
上博 2426.474
B
合 9709
南明 50
歷拓 5112

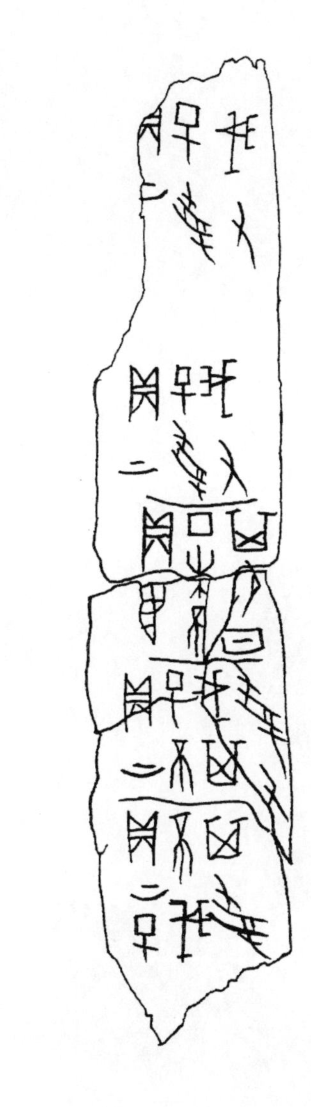

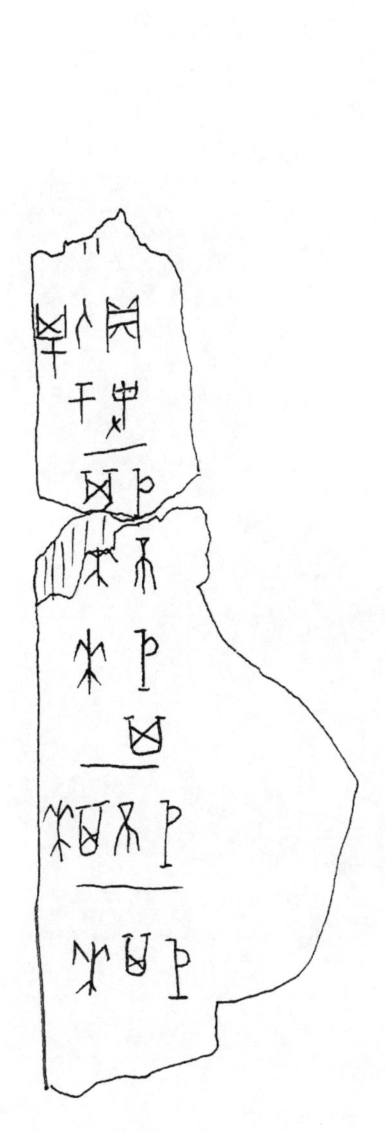

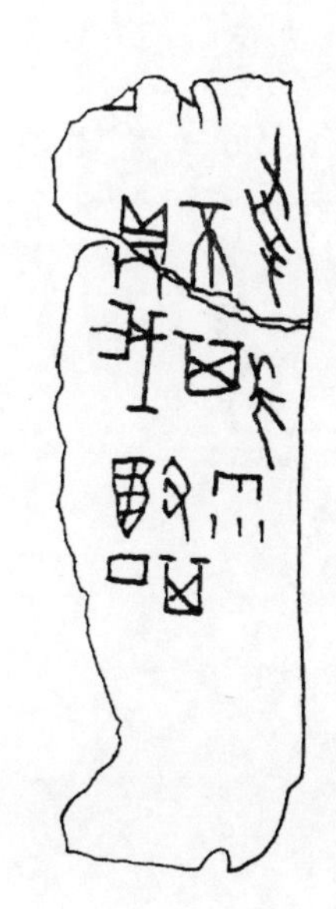

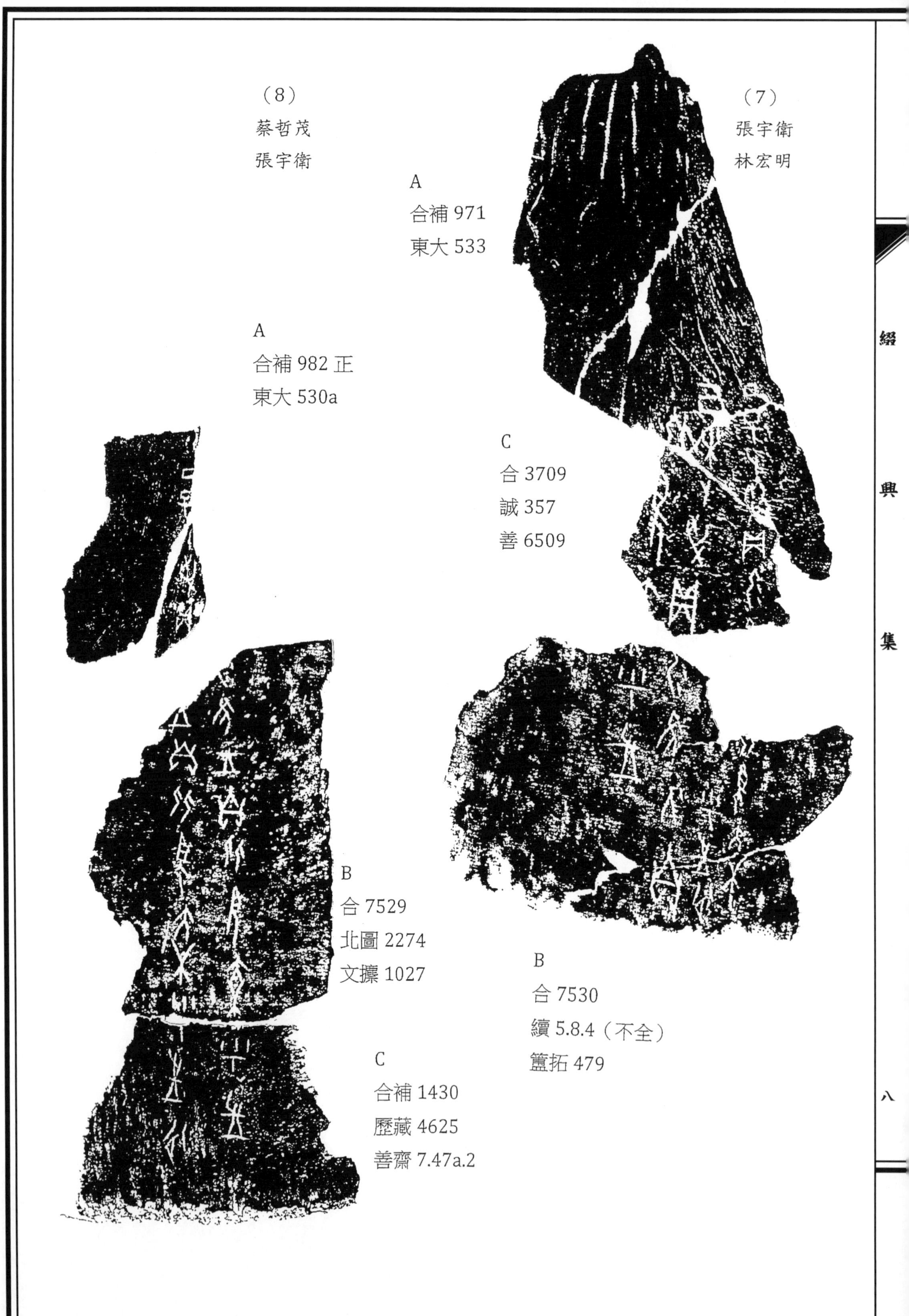
（7）
張宇衛
林宏明
A
合補 971
東大 533
C
合 3709
誠 357
善 6509
B
合 7530
續 5.8.4（不全）
簠拓 479
（8）
蔡哲茂
張宇衛
A
合補 982 正
東大 530a
B
合 7529
北圖 2274
文攈 1027
C
合補 1430
歷藏 4625
善齋 7.47a.2

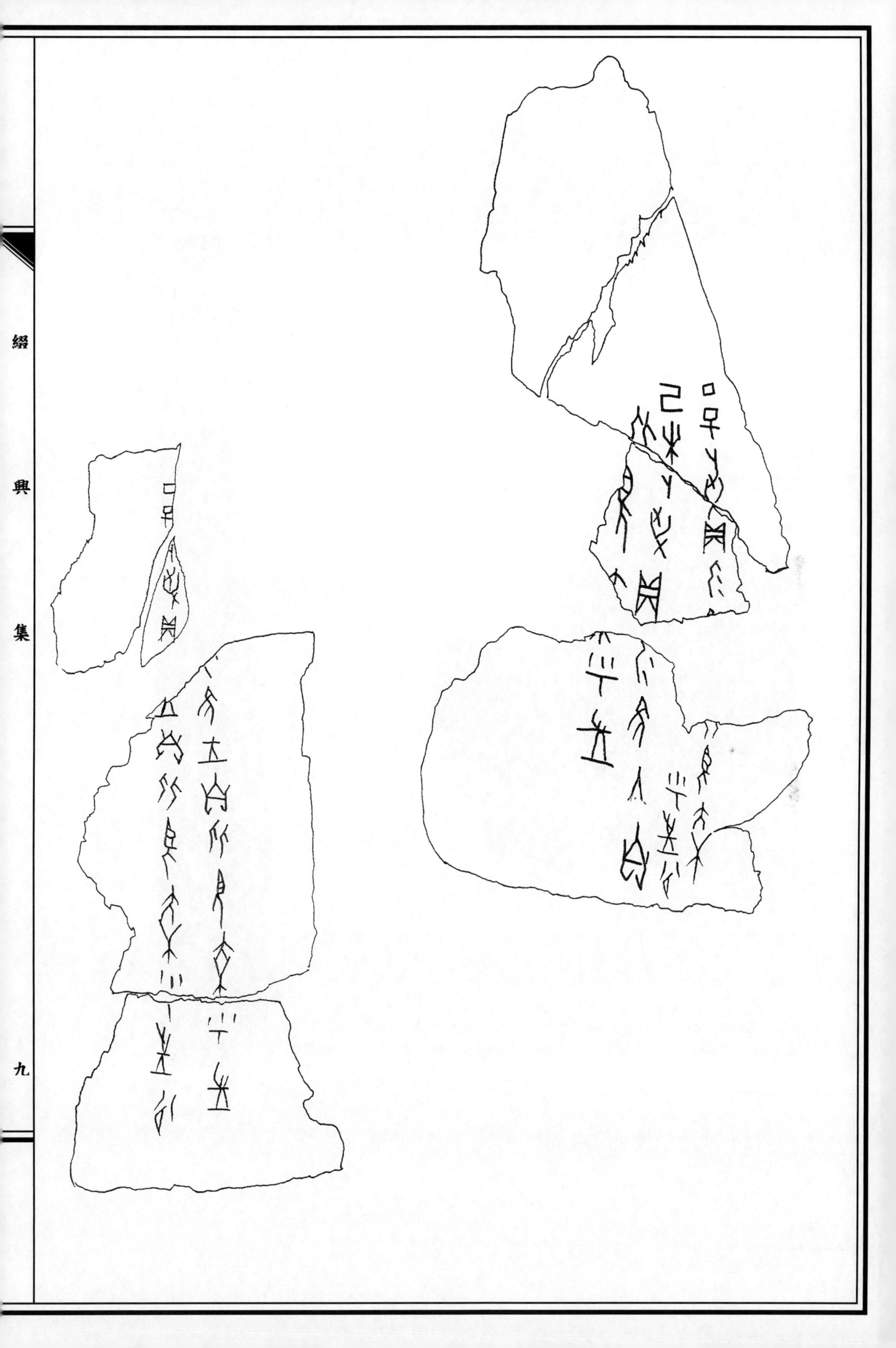

（9）

A
合 269
續存下 250
歷拓 3288

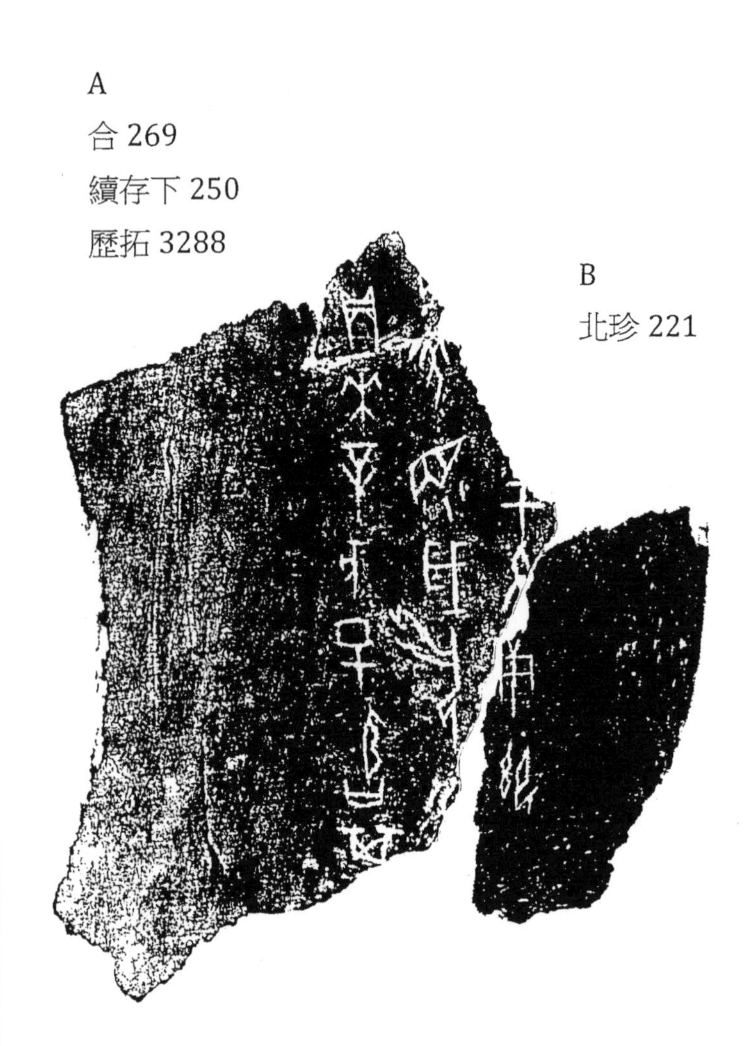

B
北珍 221

（10）

A
合補 1976
天理 152

B
合 6148
北文處 22

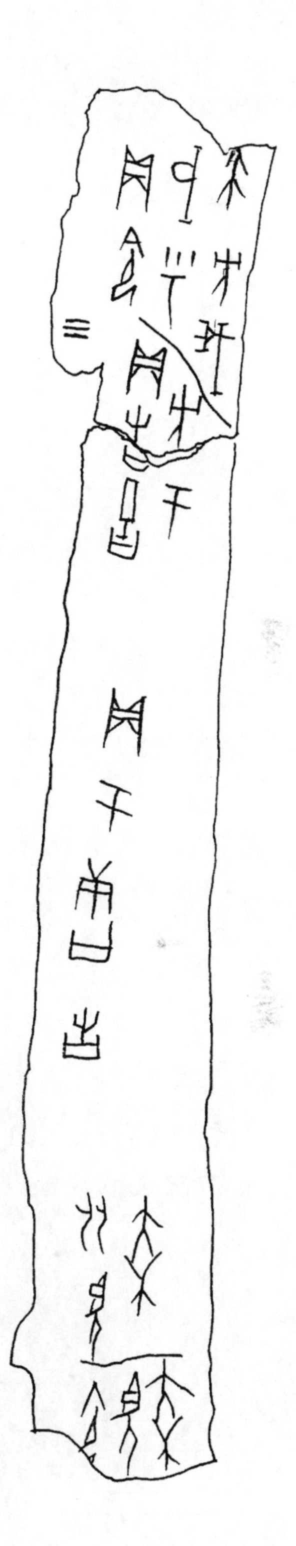

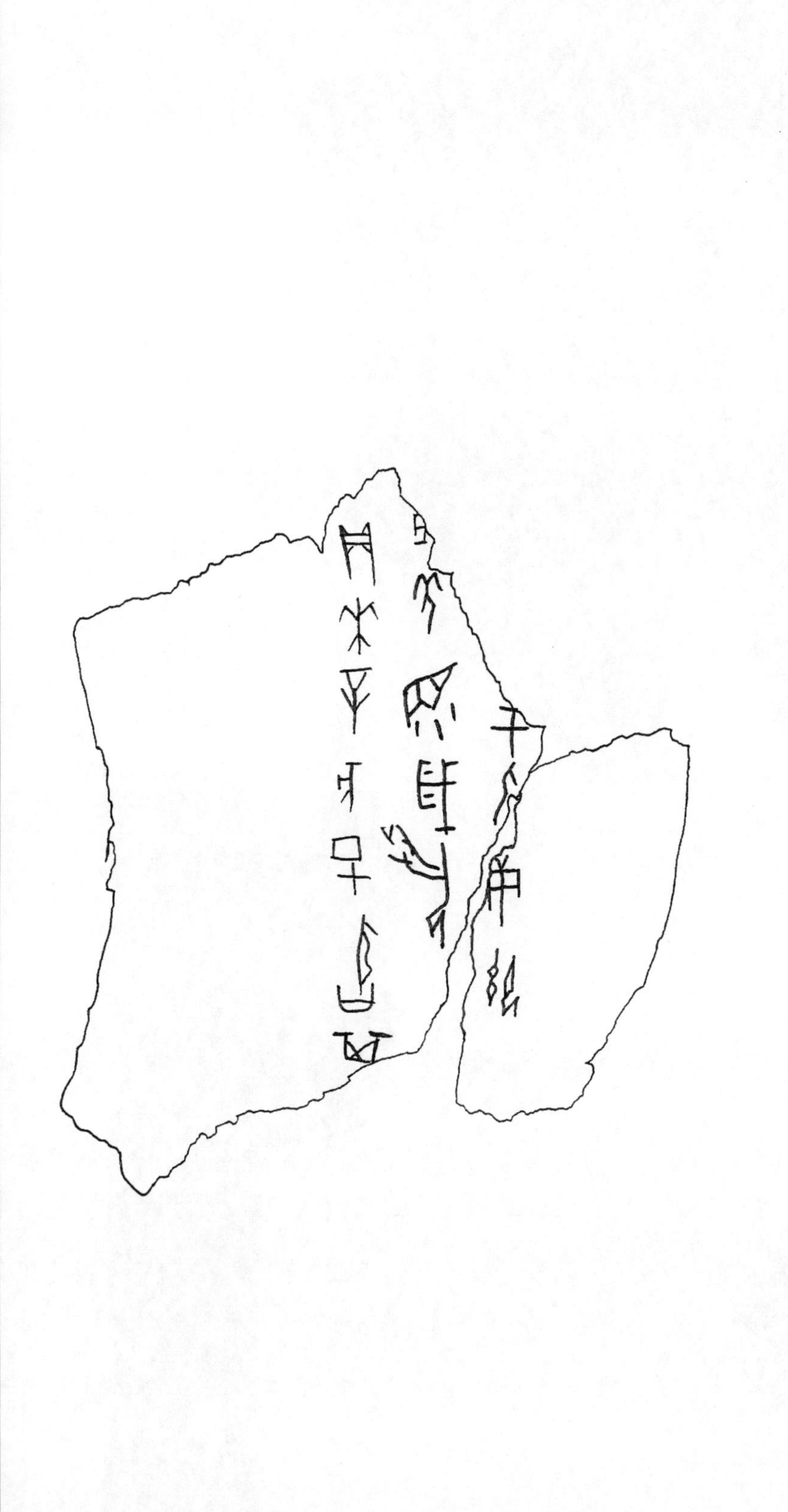

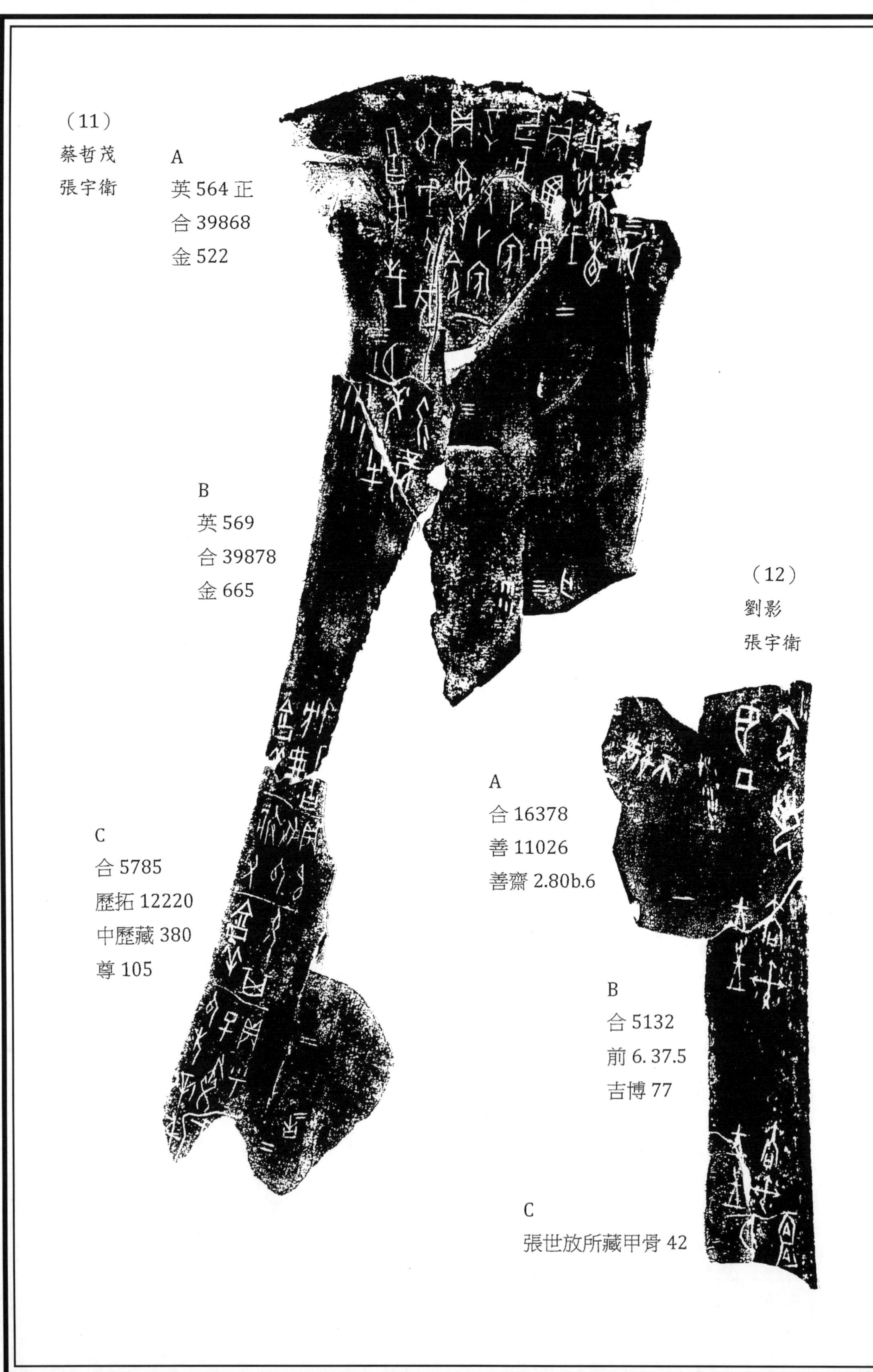

（11）
蔡哲茂
張宇衛

A
英 564 正
合 39868
金 522

B
英 569
合 39878
金 665

C
合 5785
歷拓 12220
中歷藏 380
尊 105

（12）
劉影
張宇衛

A
合 16378
善 11026
善齋 2.80b.6

B
合 5132
前 6. 37.5
吉博 77

C
張世放所藏甲骨 42

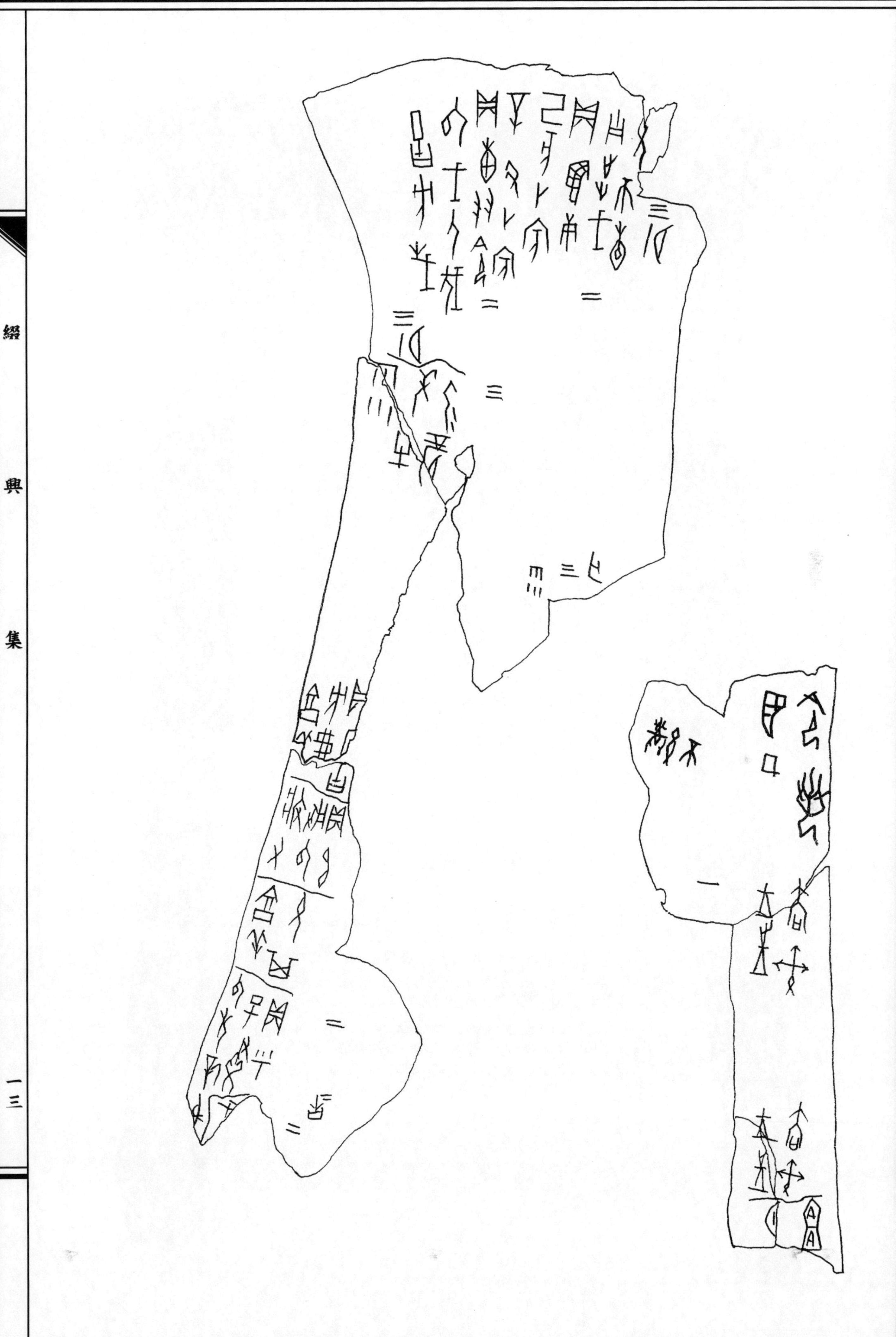

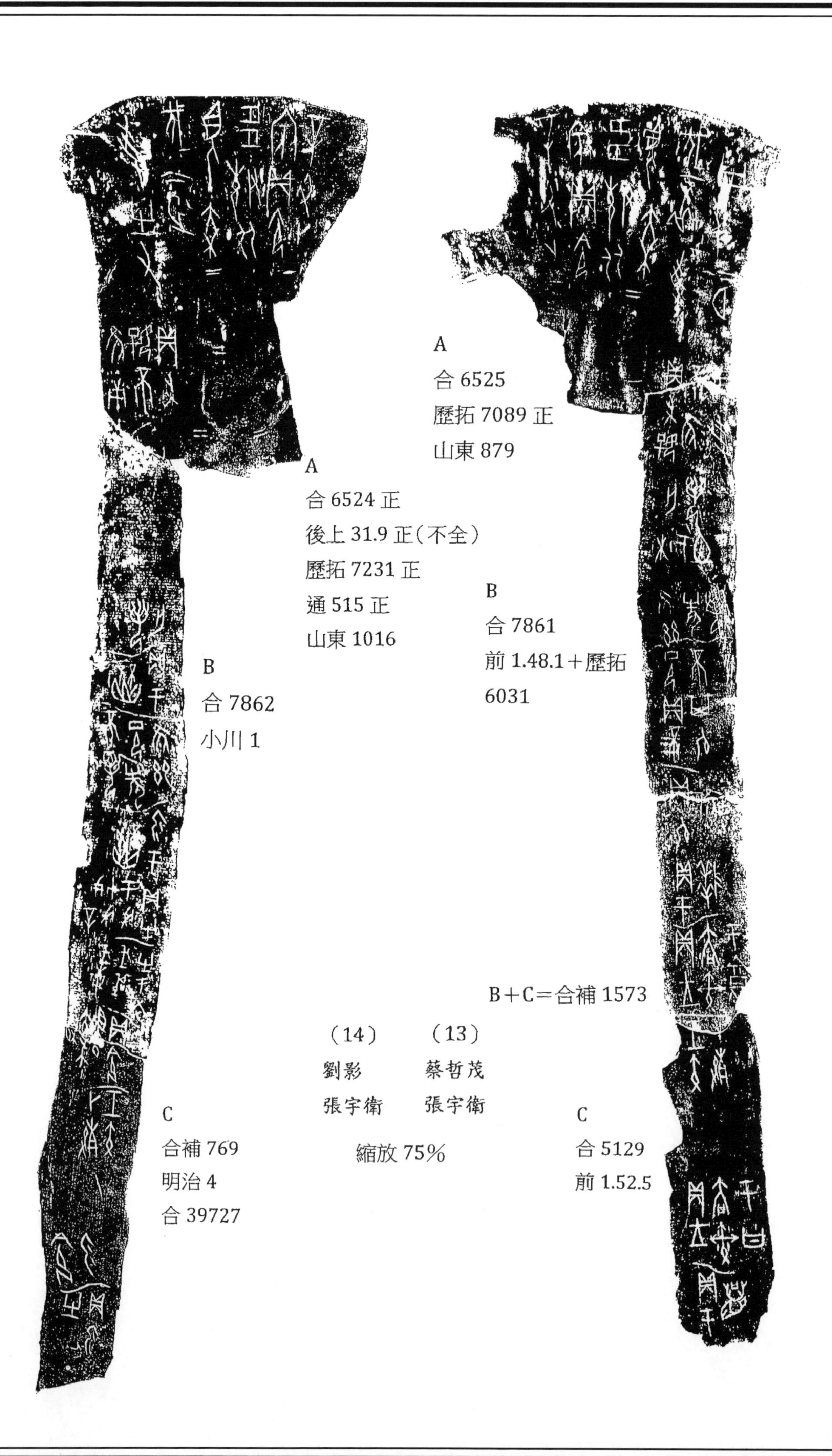

（14）
劉影
張宇衛

（13）
蔡哲茂
張宇衛

縮放 75%

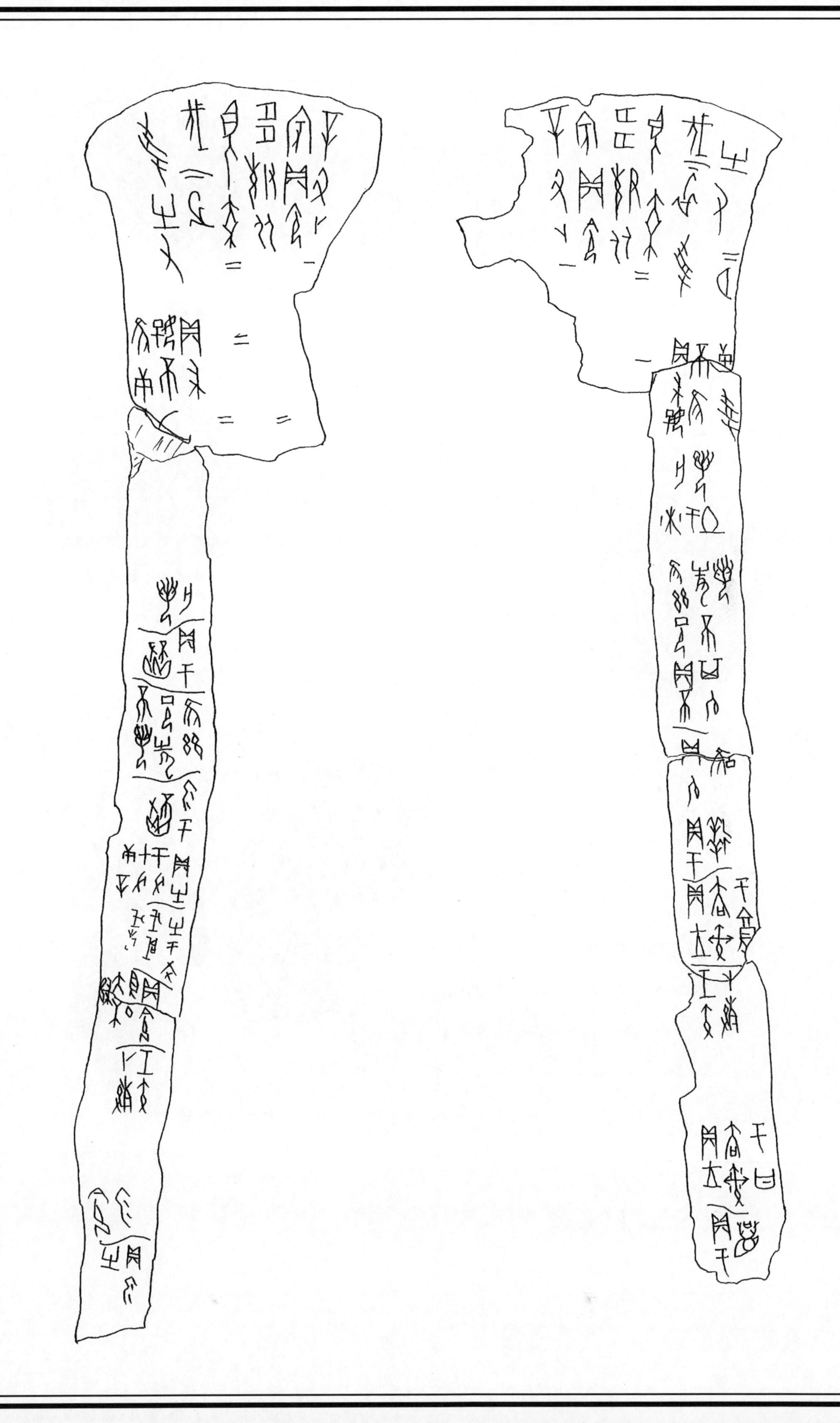

（15）

A
合 19667
簠文 48
簠拓 1008
存補 5.30.6（不全）

B
合 6537
後下 34.7

（16）

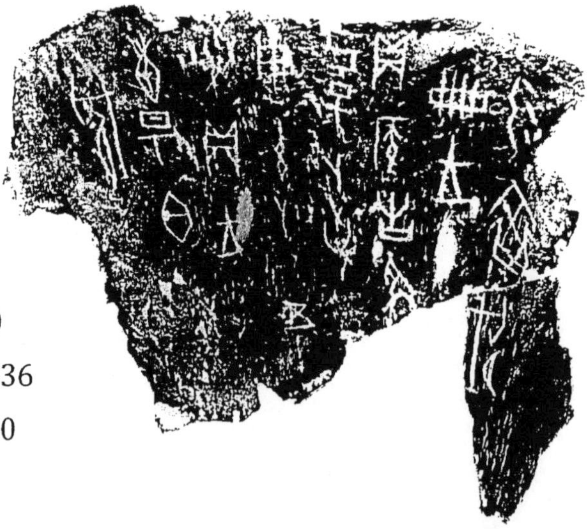

A
合 7410
歷拓 7036
山東 820

B
上博 2426.783

（17）

A
合 40681
七T12

B
合 5052
戩 38.7
歷拓 9513
合 3781
鐵 183.3
上博 17647.310
朱拓 38.7

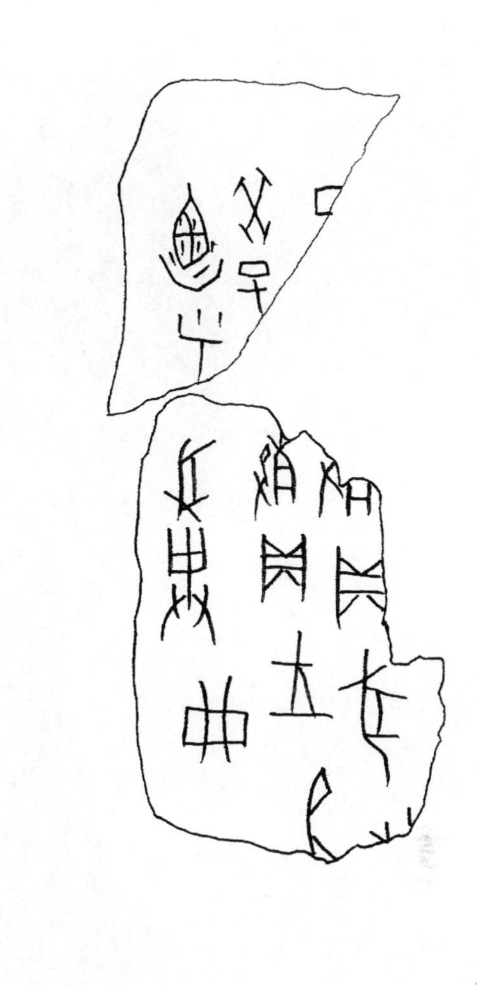

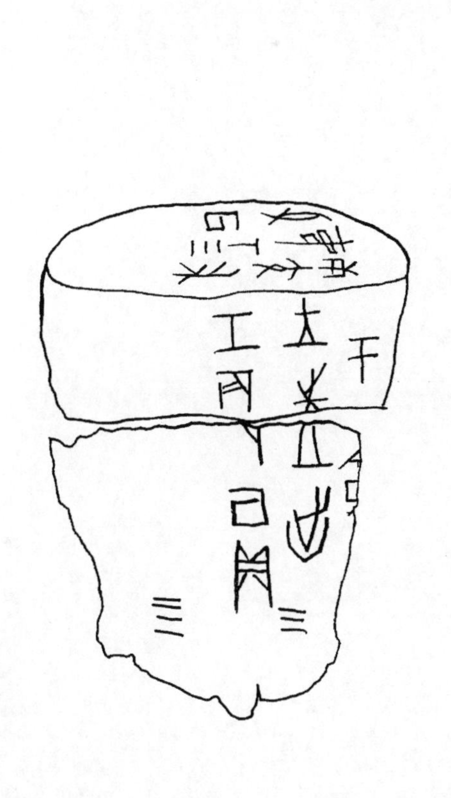

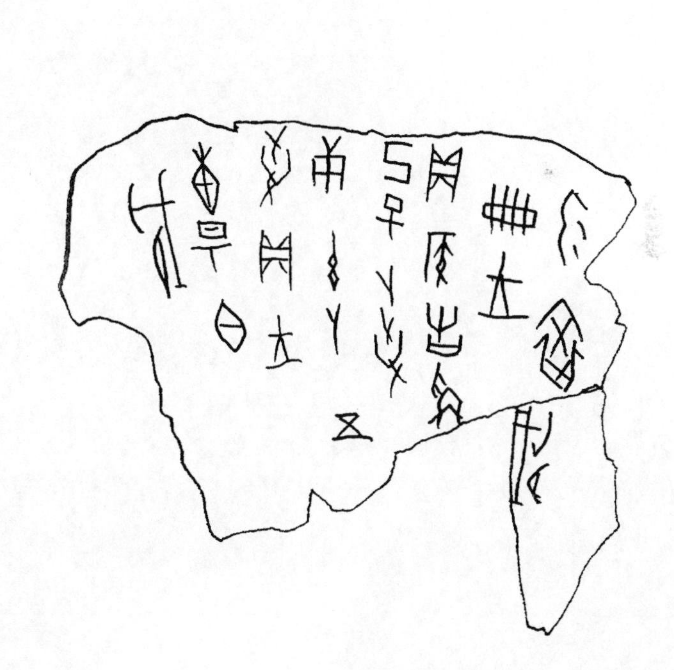

A
合 14469 正
續存上 116
歷拓 10332 正

B
合 10055
珠 455

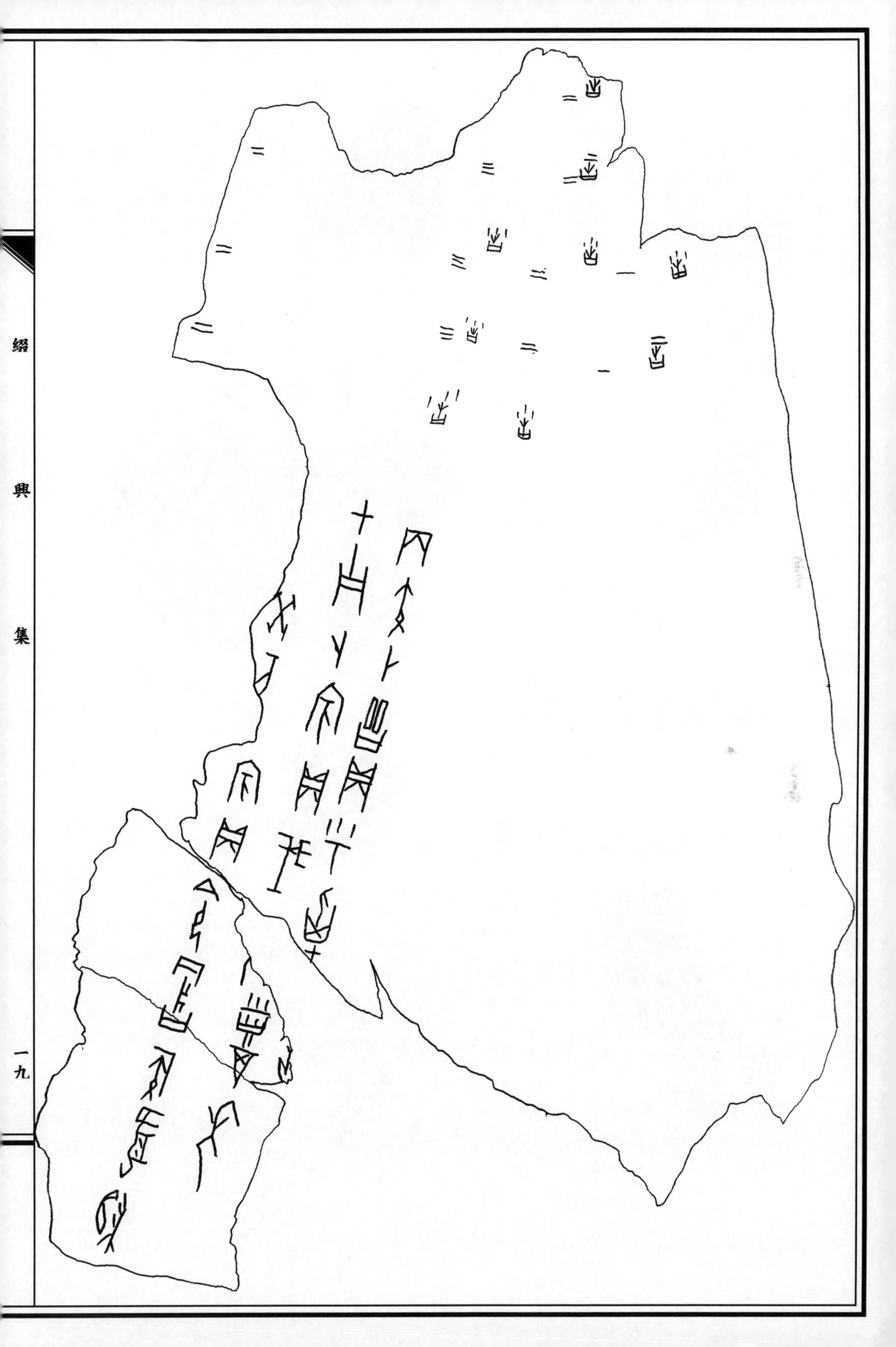

（19）

A
合補 2685
天理 81

B
英 160
合 39665
庫 157

（20）

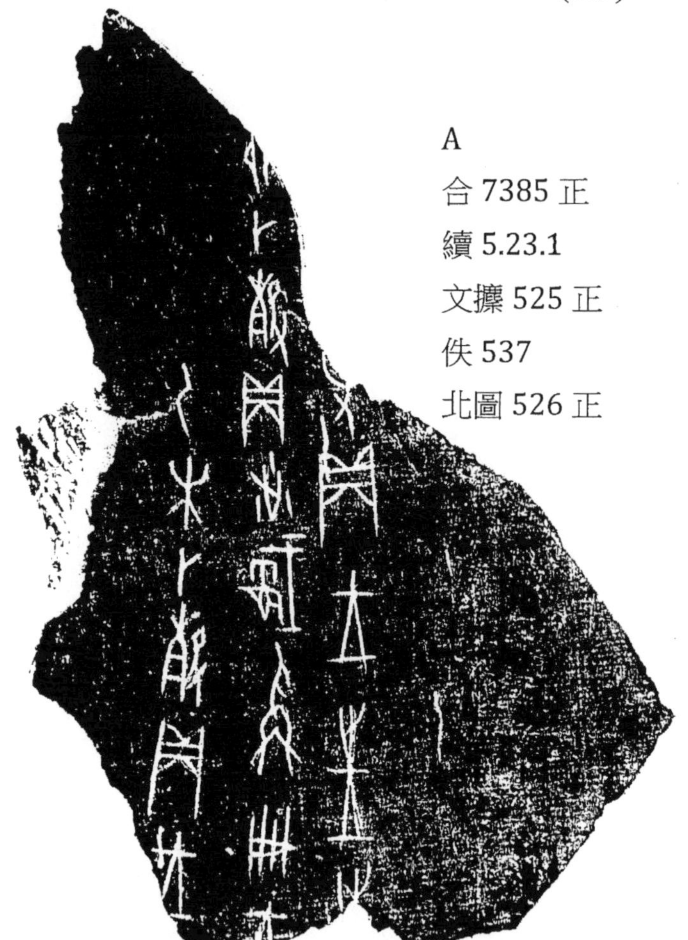

A
合 7385 正
續 5.23.1
文攈 525 正
佚 537
北圖 526 正

B
合 6437
北圖 533
文攈 527

（22）

A
上博 2426.270

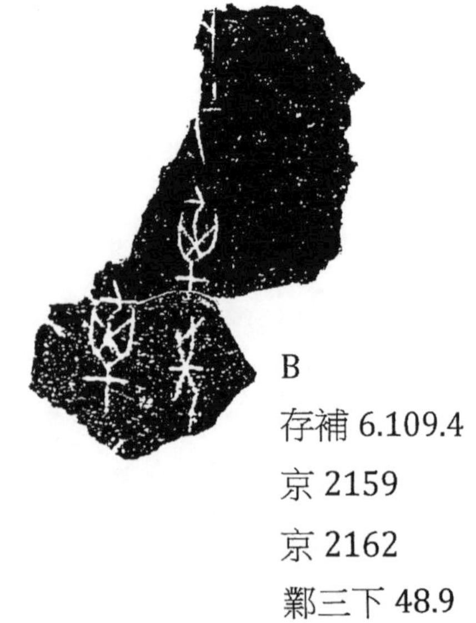

B
存補 6.109.4
京 2159
京 2162
鄴三下 48.9

（21）

A
存補 6.129.5
京 867
京 869

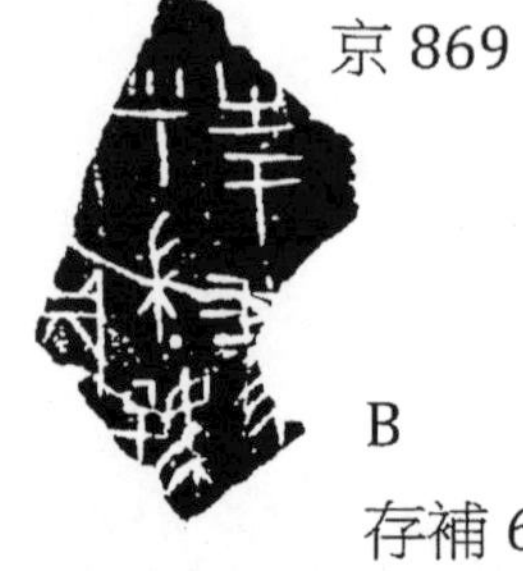

B
存補 6.161.3
北圖 3473
京 1991

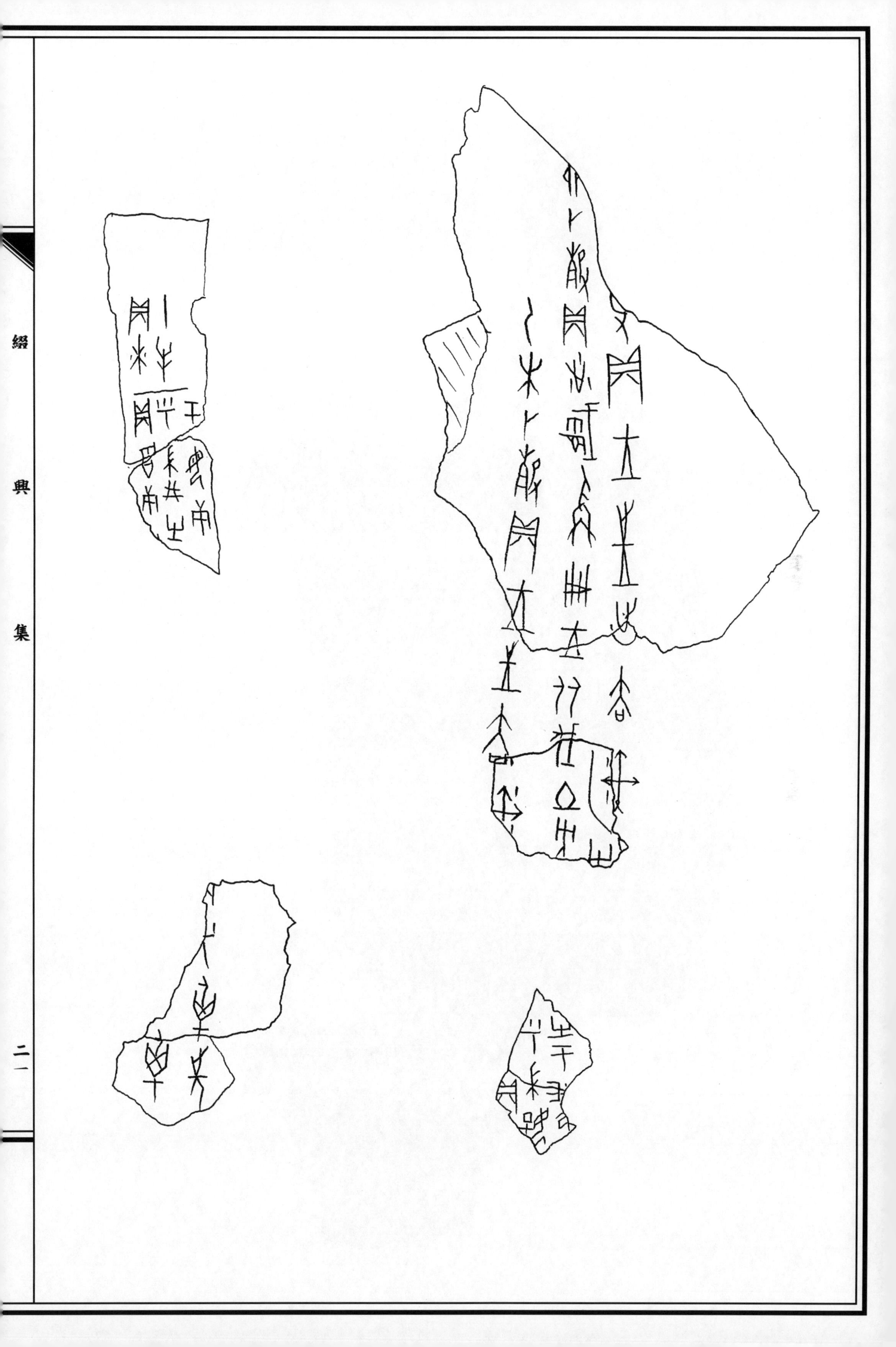

（23）

A
合 7350
佚 378
鄴初下 28.1

B
合 7313
後下 39.1（不全）
善 20092
誠 377
京 1355

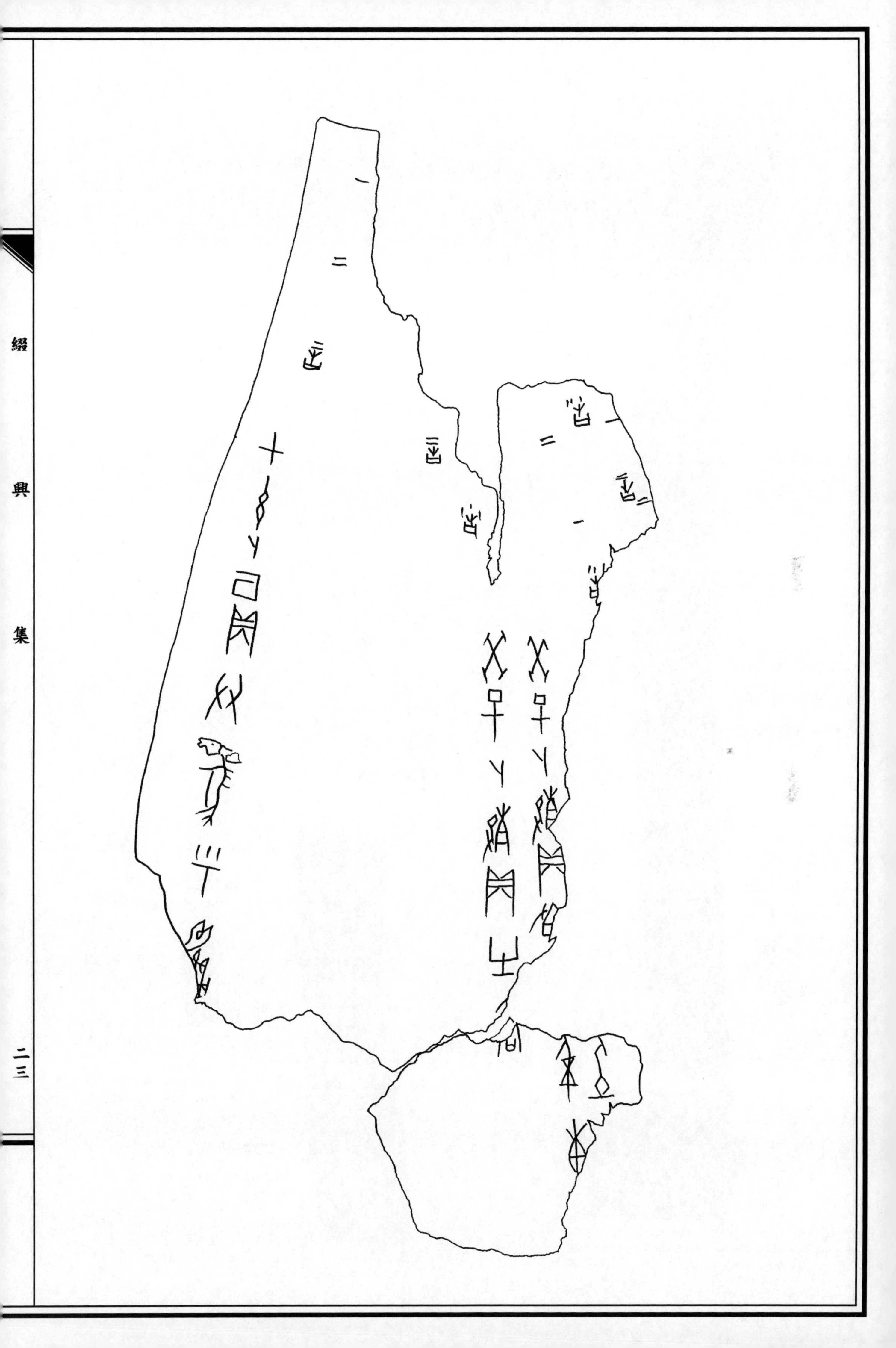

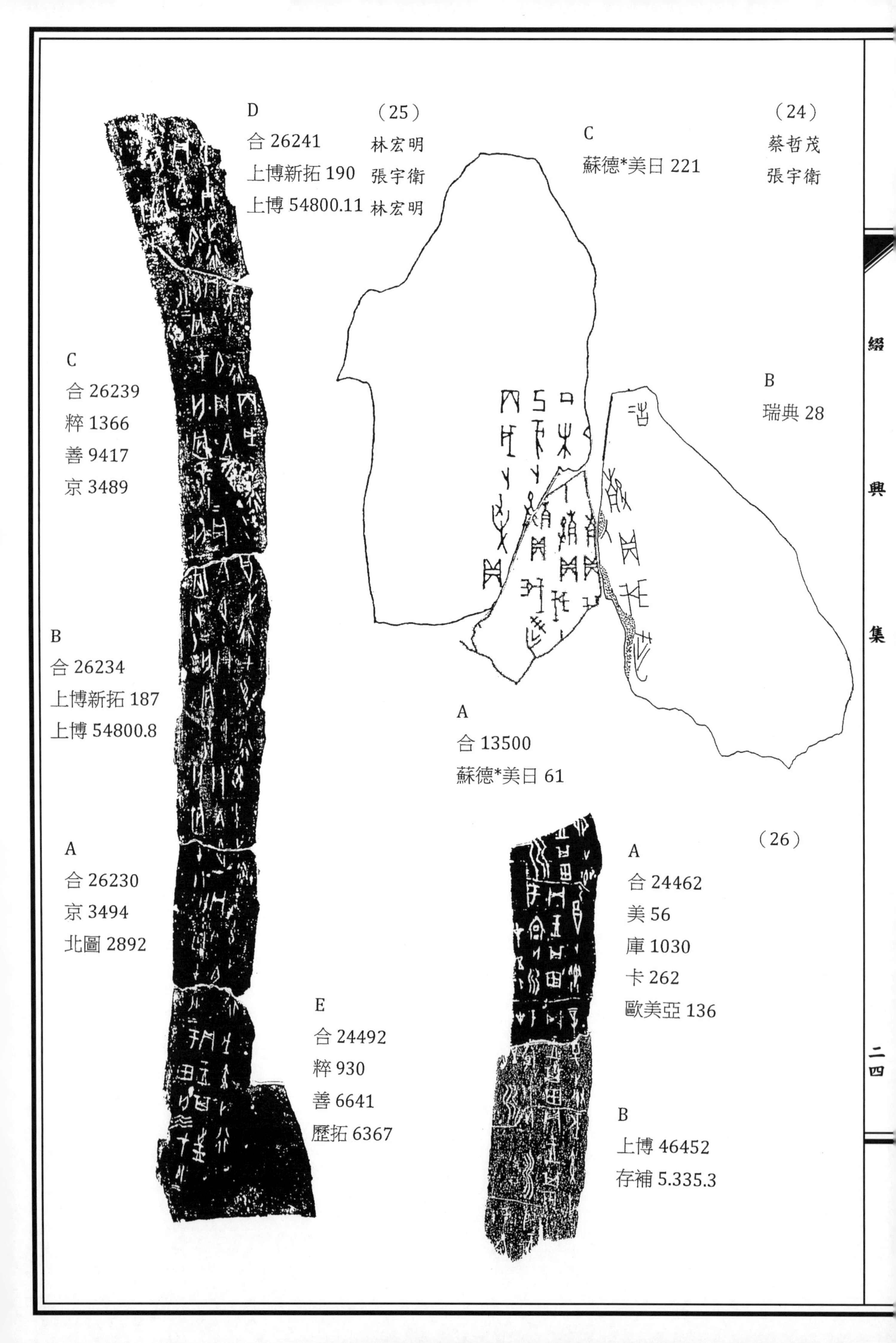
（24）
蔡哲茂
張宇衛
C
蘇德*美日 221
B
瑞典 28
A
合 13500
蘇德*美日 61
（25）
林宏明
張宇衛
林宏明
D
合 26241
上博新拓 190
上博 54800.11
C
合 26239
粹 1366
善 9417
京 3489
B
合 26234
上博新拓 187
上博 54800.8
A
合 26230
京 3494
北圖 2892
E
合 24492
粹 930
善 6641
歷拓 6367
（26）
A
合 24462
美 56
庫 1030
卡 262
歐美亞 136
B
上博 46452
存補 5.335.3

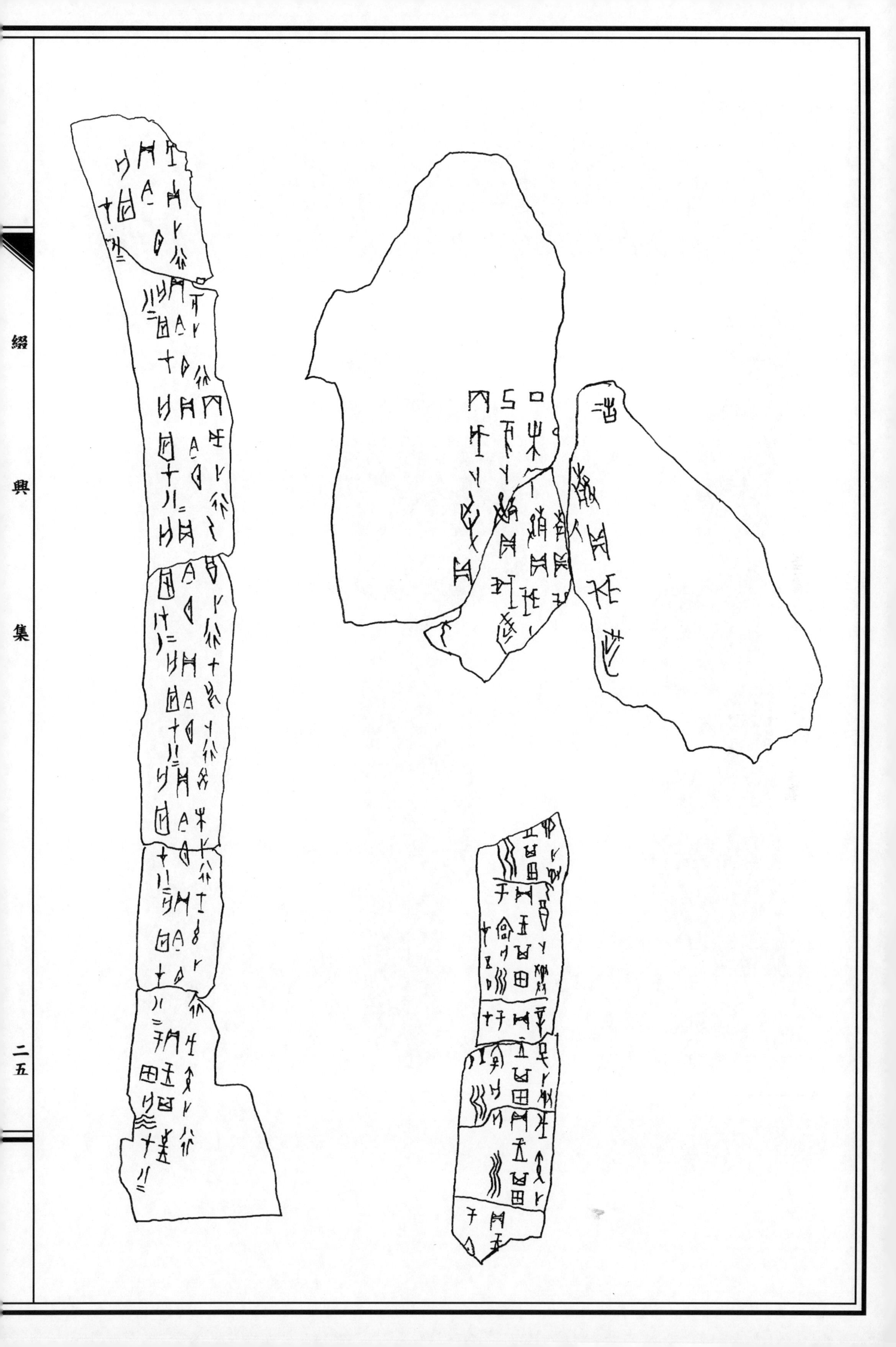

（27）

A
合 26254
庫 1043
美 71
卡 330

B
合 26252
粹 1361 甲乙
善 9153＋善 9186
善齋 7.29a.3

（28）

A
合 26227 甲
粹 1359 甲
善 9154
合 41253
南坊 2.118

B
合 26217
庫 1037
美 64
卡 320

（29）

A
合 26258
庫 1076
美 104
卡 326

B
合補 8073
天理 397

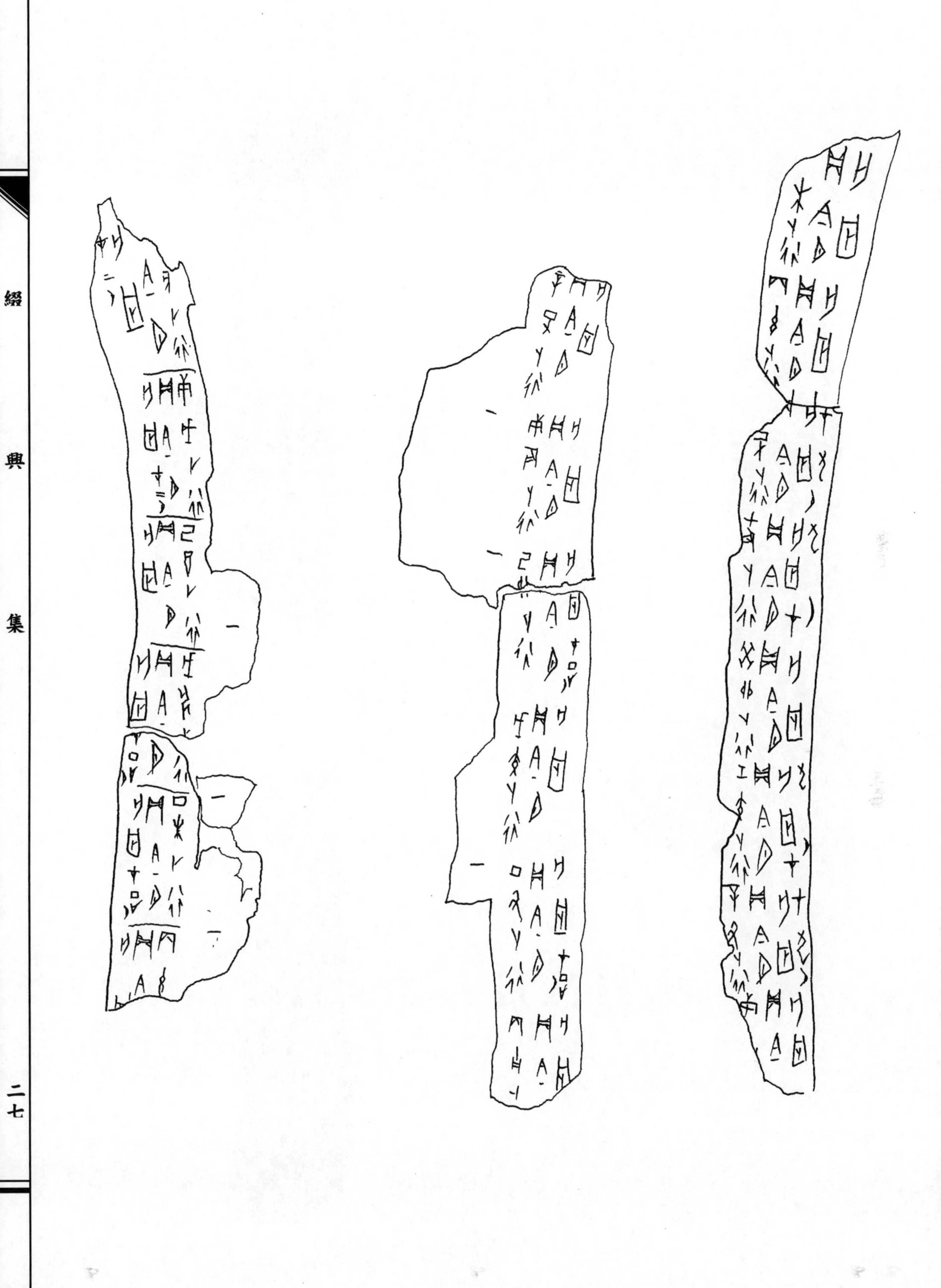

（30）

A
合 22751
掇三 573
存補 2.49.2
存補 2.52.1
續存上 1489
歷拓 11645

B
拾遺 292

（31）

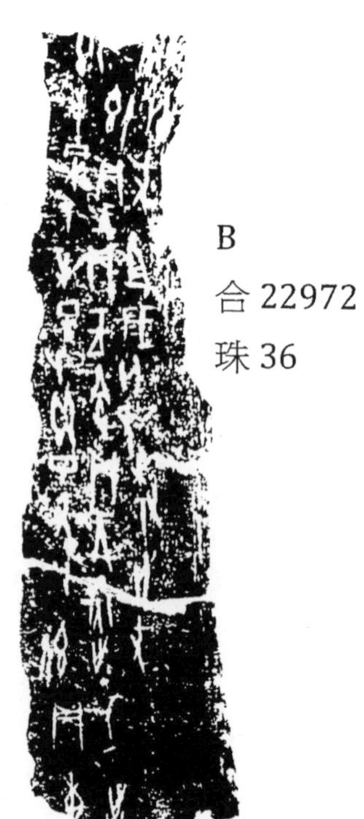

B
合 22972
珠 36

A
合 25784
善 1202
善齋 2.30a.4

（32）

A
合 22669
佚 906

B
合 26485
續 4.41.5
簠拓 936

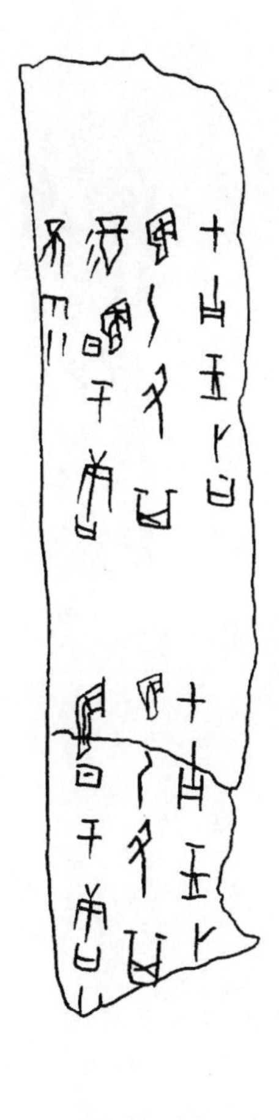

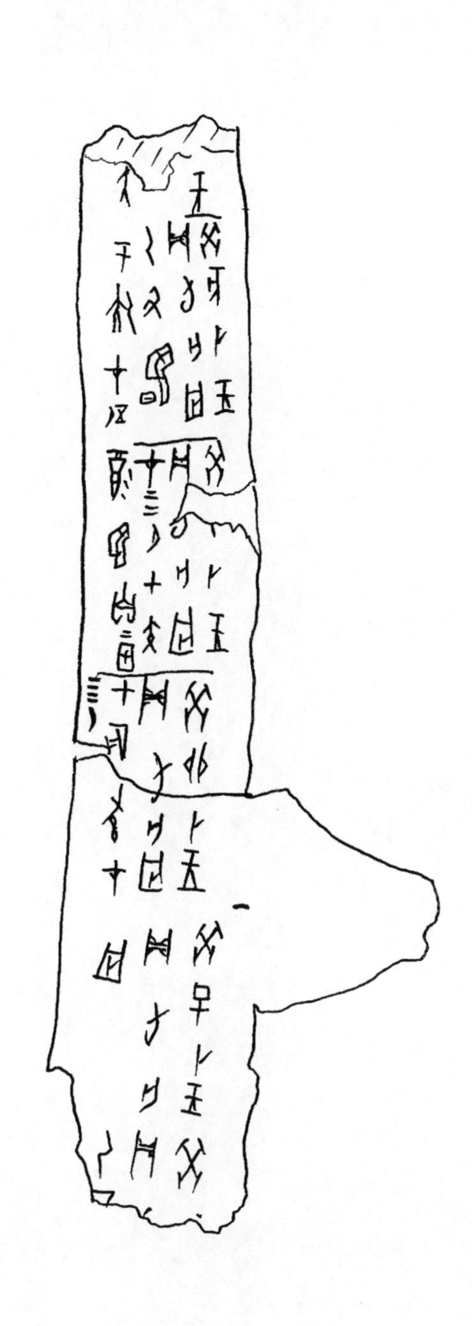

（35）

A

英 2631

B

合補 12597

懷 1897

（33）

A

輯佚 608

C

合 25944

美 674

合 25123

相 107

合 41125

七 P 107

B

合 33475

京人 2494

（34）

劉影

林宏明

張宇衛

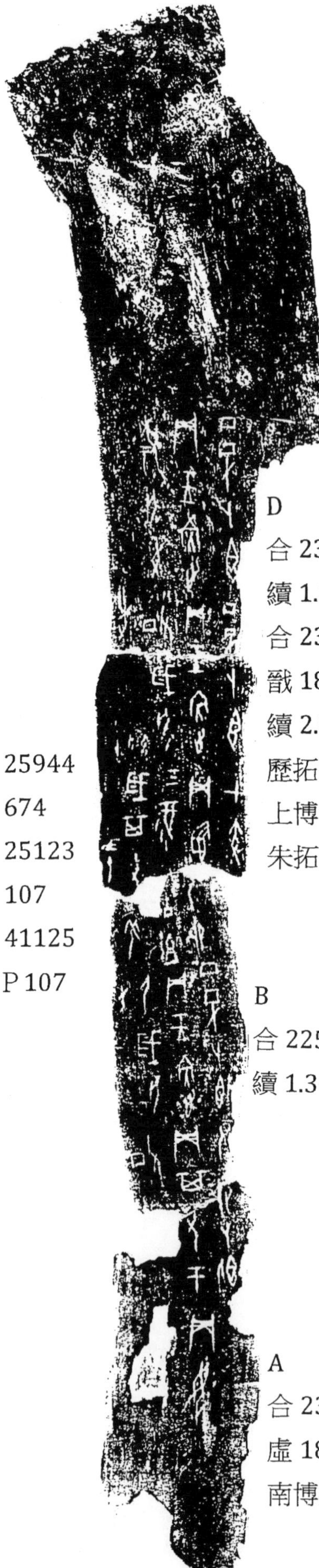

D

合 23246

續 1.31.7（不全）

合 23282

戩 18.9

續 2.9.3（不全）

歷拓 9303

上博 17647.696

朱拓 18.9

B

合 22583

續 1.30.3

A

合 23605

虛 181

南博拓 946

（36）

劉影

張宇衛

C

合補 12572

懷 1891

B

合 39384

西南師院 2

A

合 39363

續存上 2582

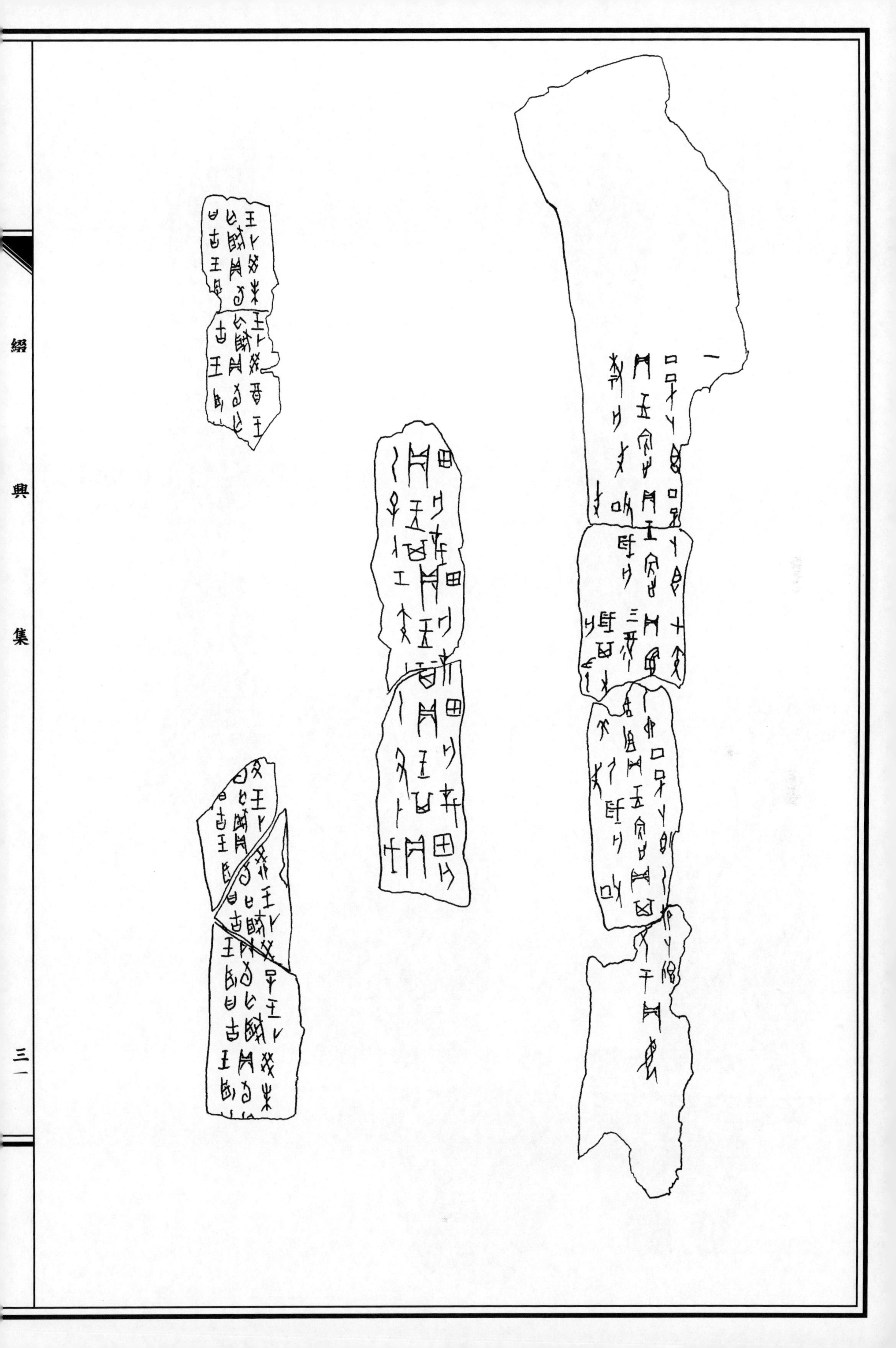

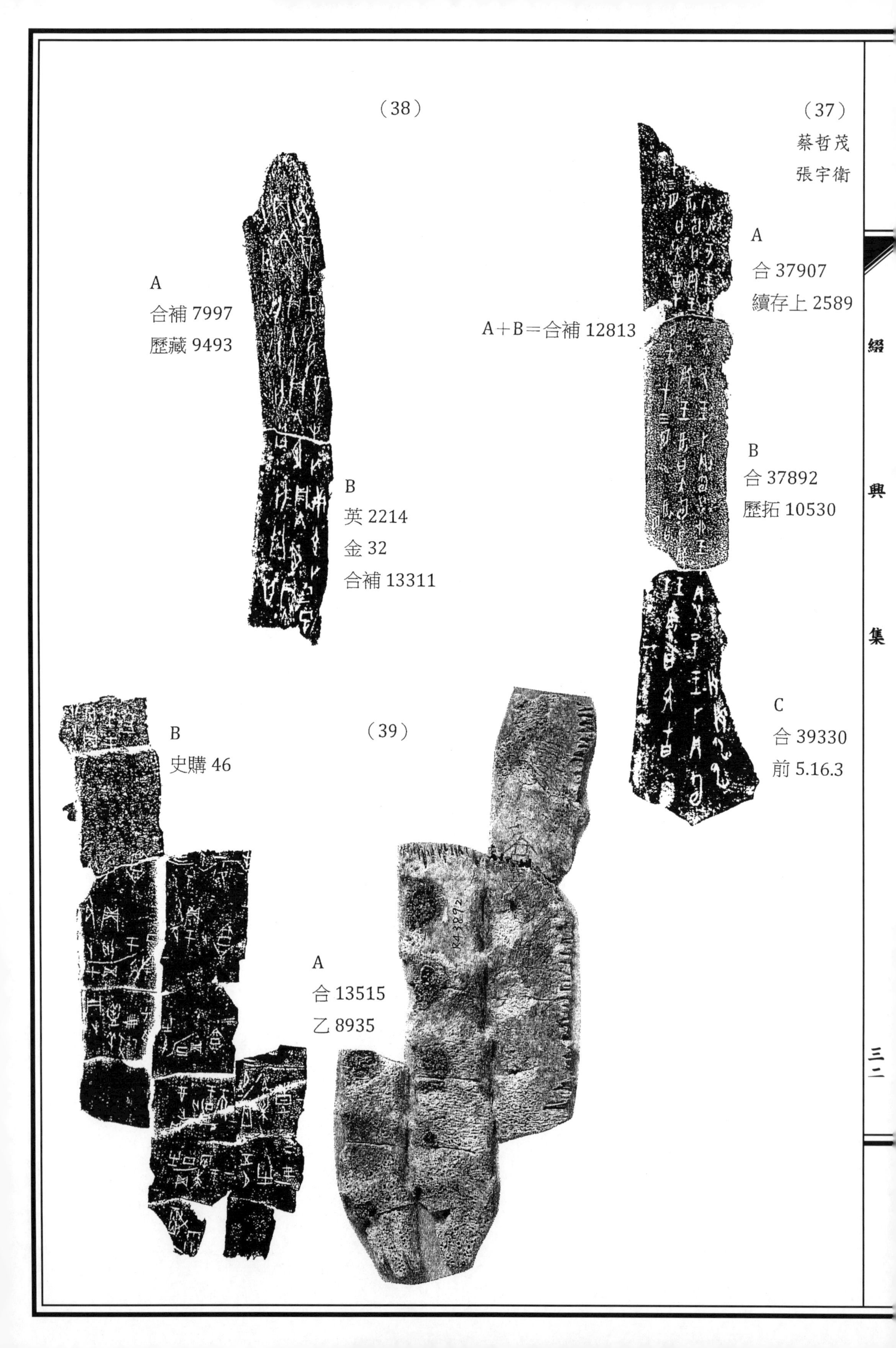

（38）

A
合補 7997
歷藏 9493

B
英 2214
金 32
合補 13311

（37）
蔡哲茂
張宇衛

A
合 37907
續存上 2589

A＋B＝合補 12813

B
合 37892
歷拓 10530

C
合 39330
前 5.16.3

B
史購 46

（39）

A
合 13515
乙 8935

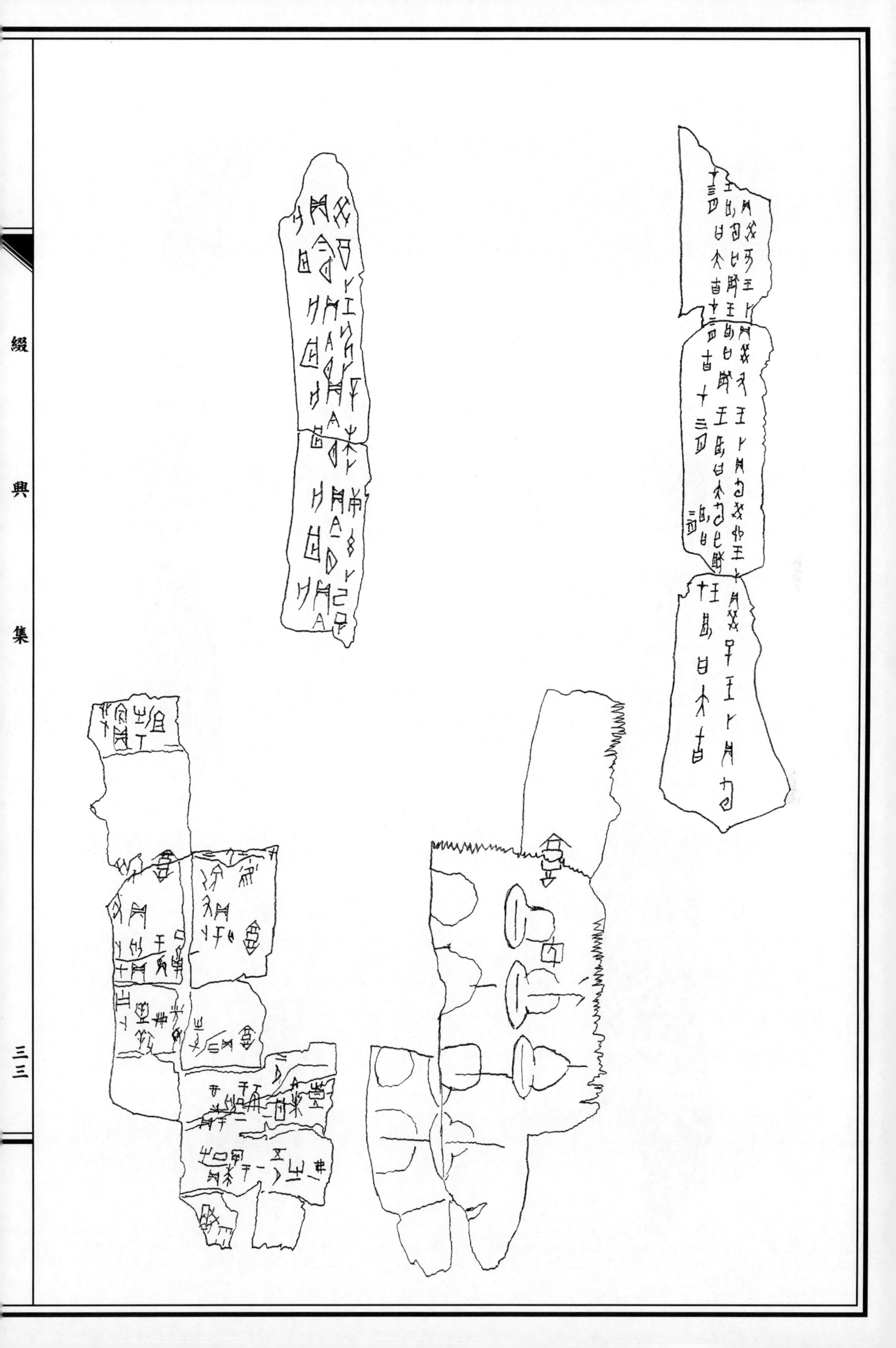

（40）

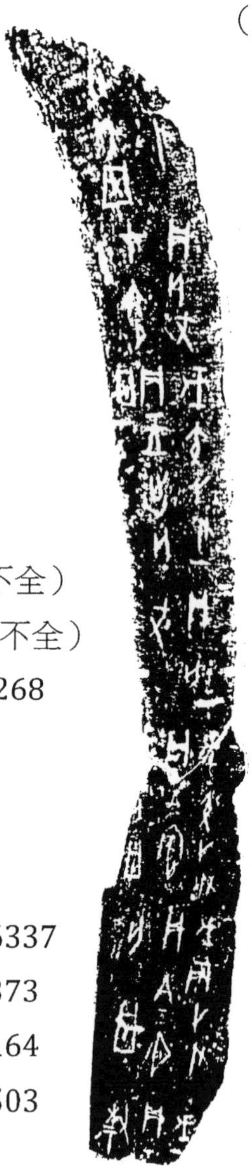

A
合 23751
戩 31.11
歷拓 9434
續 3.35.7（不全）
續 4.41.10（不全）
上博 17647.268
朱拓 31.11

B
合 26337
粹 1373
善 9164
京 3503

（41）

A
史購 275

B
合 35535
歷拓 6085

（42）
門藝
張宇衛
林宏明

D
合 37661
菁 9-15

A
合 37776
歷拓 10418

B
合 37496
歷拓 10417

C
史購 279

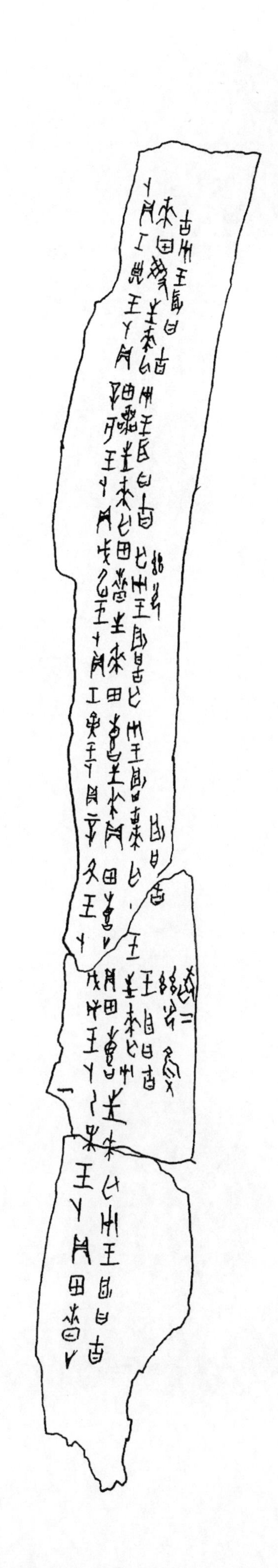

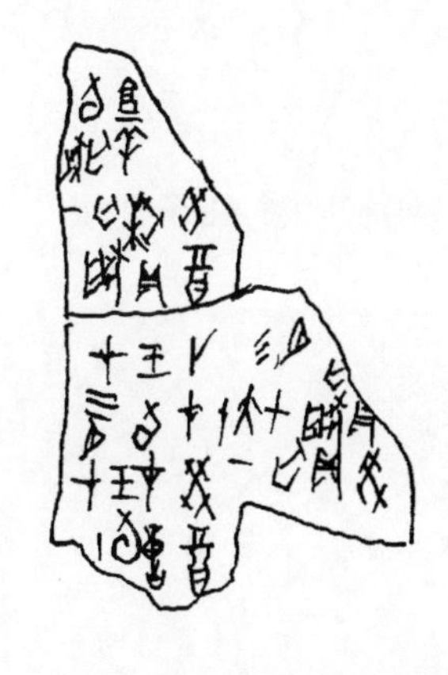

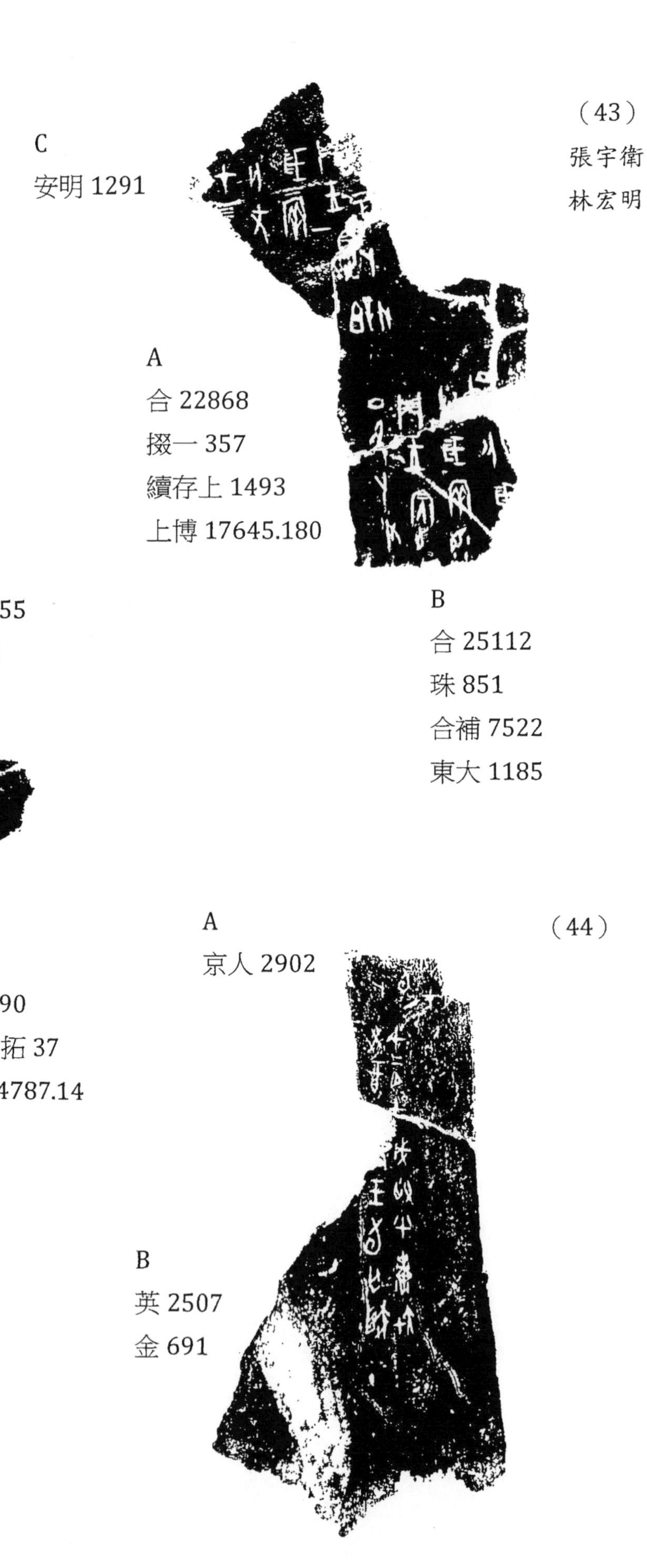

（43）
張宇衛
林宏明

C
安明 1291

A
合 22868
掇一 357
續存上 1493
上博 17645.180

B
合 25112
珠 851
合補 7522
東大 1185

（44）

A
京人 2902

B
英 2507
金 691

（45）
張宇衛
劉影

C
合補 7555
懷 1052

A
合 25290
上博新拓 37
上博 54787.14

B
合 25348
錄 465

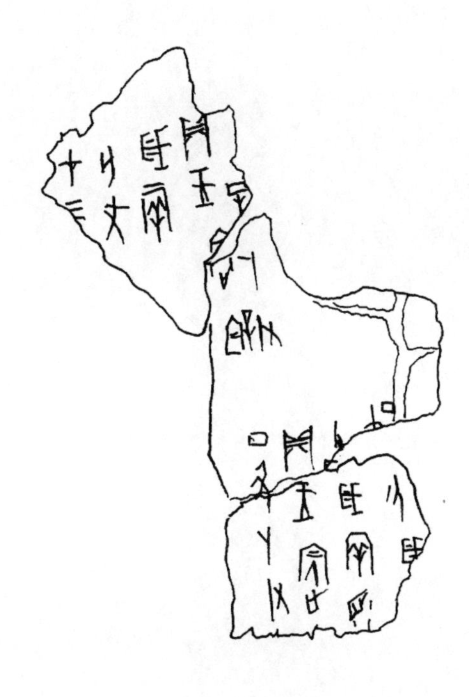

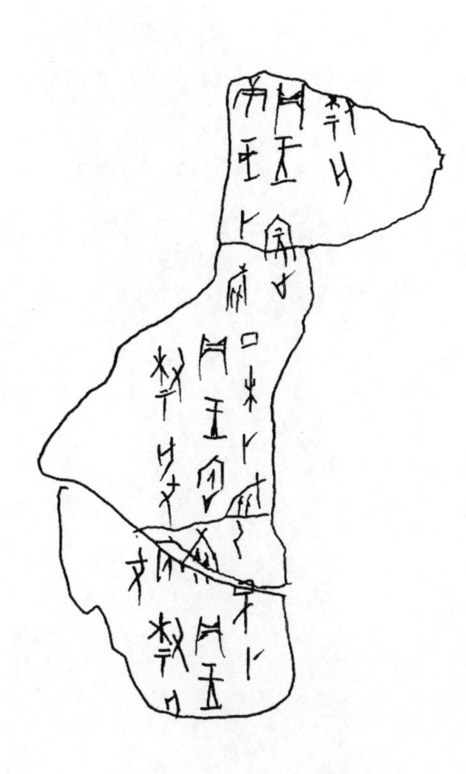

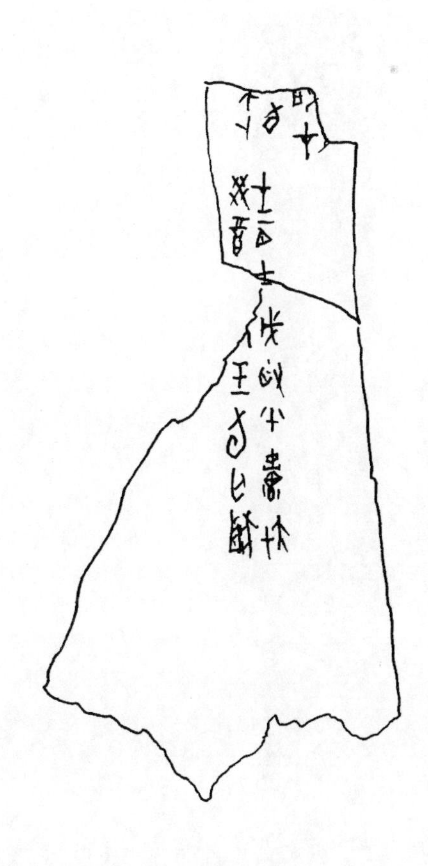

（46）

蔡哲茂

張宇衛

C

合 9449 正

善 14441 正

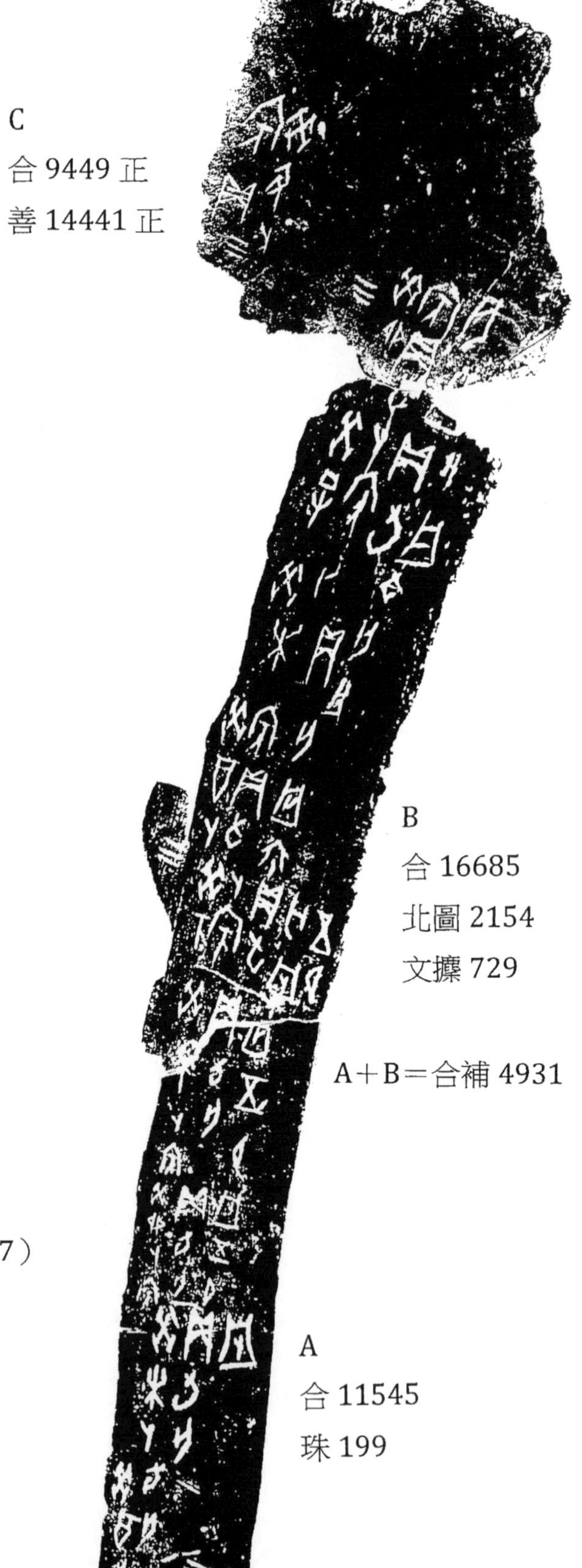

B

合 16685

北圖 2154

文攈 729

A+B=合補 4931

A

合 11545

珠 199

（47）

A

合 39087

歷拓 7304

山東 1102

B

京人 2899

（48）

董作賓

張宇衛

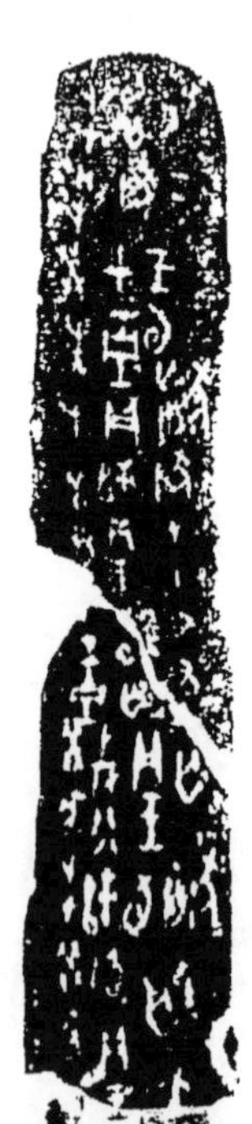

A

英 2536

合 41776

庫 1569

B

合 36959

甲 346

A+B=合補 11283（甲釋 17）

C

合 36896

寶 2.11

通別二 11.5

合 41778

日滙 420

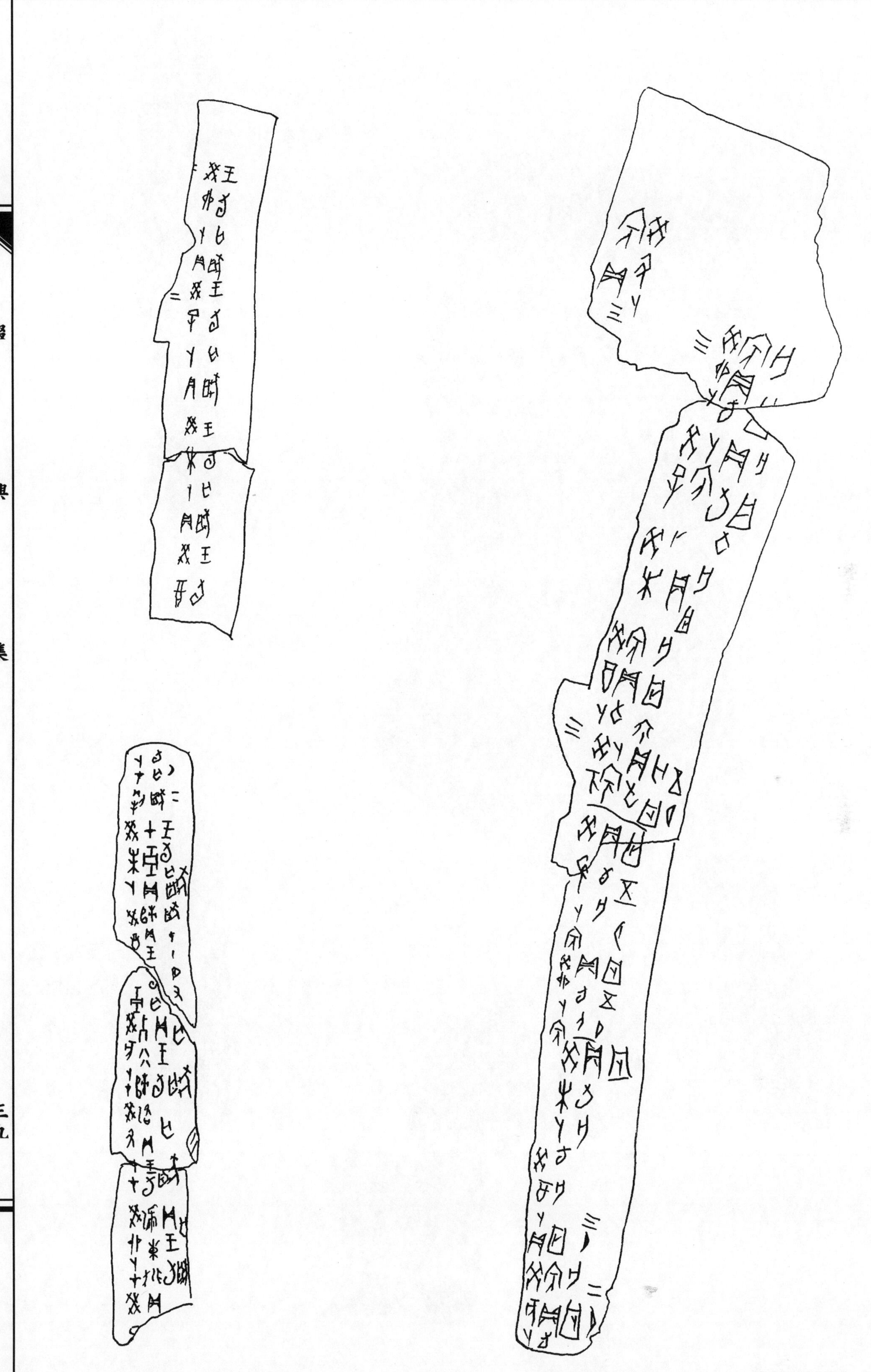

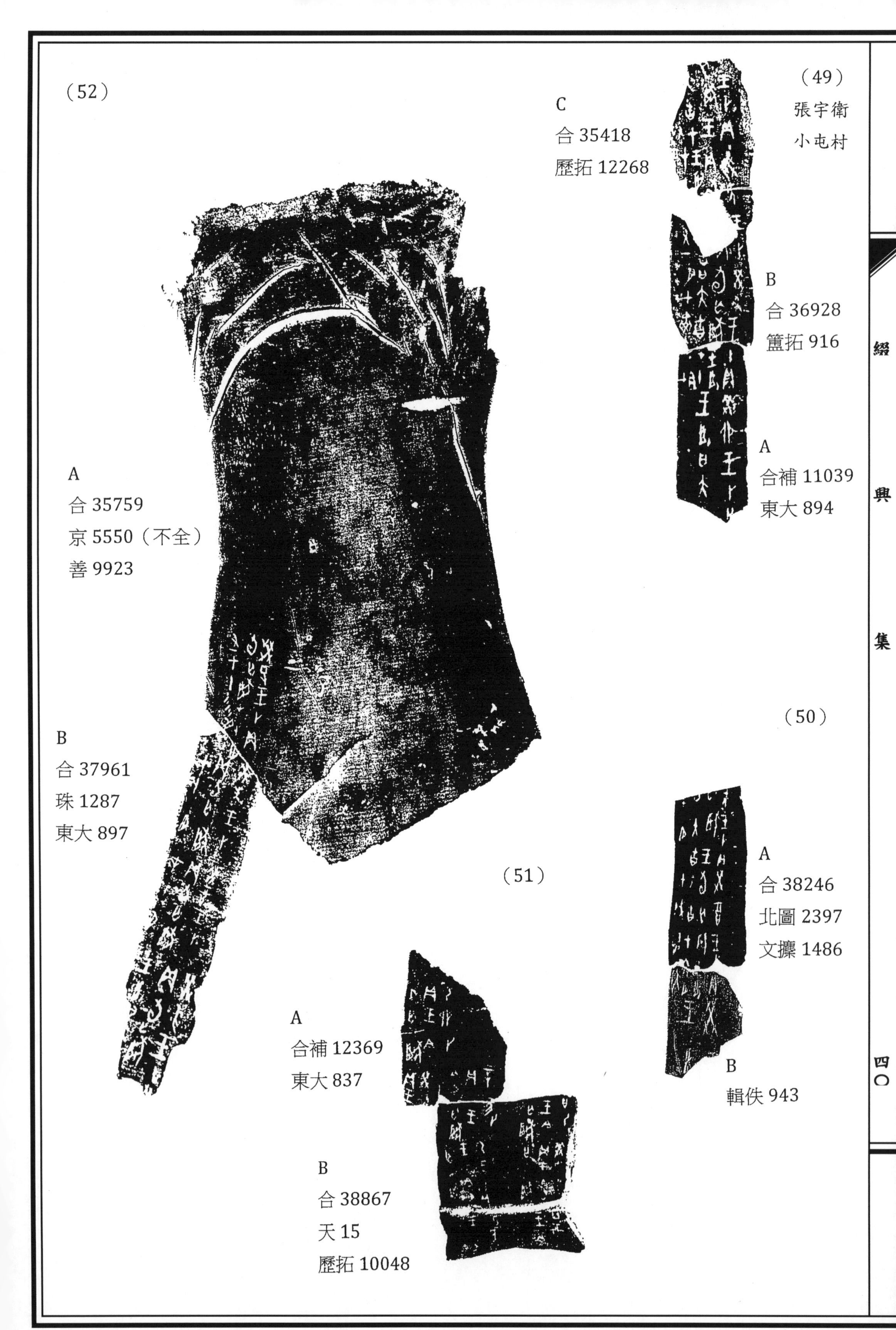
（52）
A
合 35759
京 5550（不全）
善 9923
B
合 37961
珠 1287
東大 897
C
合 35418
歷拓 12268
（49）
張宇衛
小屯村
B
合 36928
簠拓 916
A
合補 11039
東大 894
（50）
A
合 38246
北圖 2397
文攈 1486
B
輯佚 943
（51）
A
合補 12369
東大 837
B
合 38867
天 15
歷拓 10048

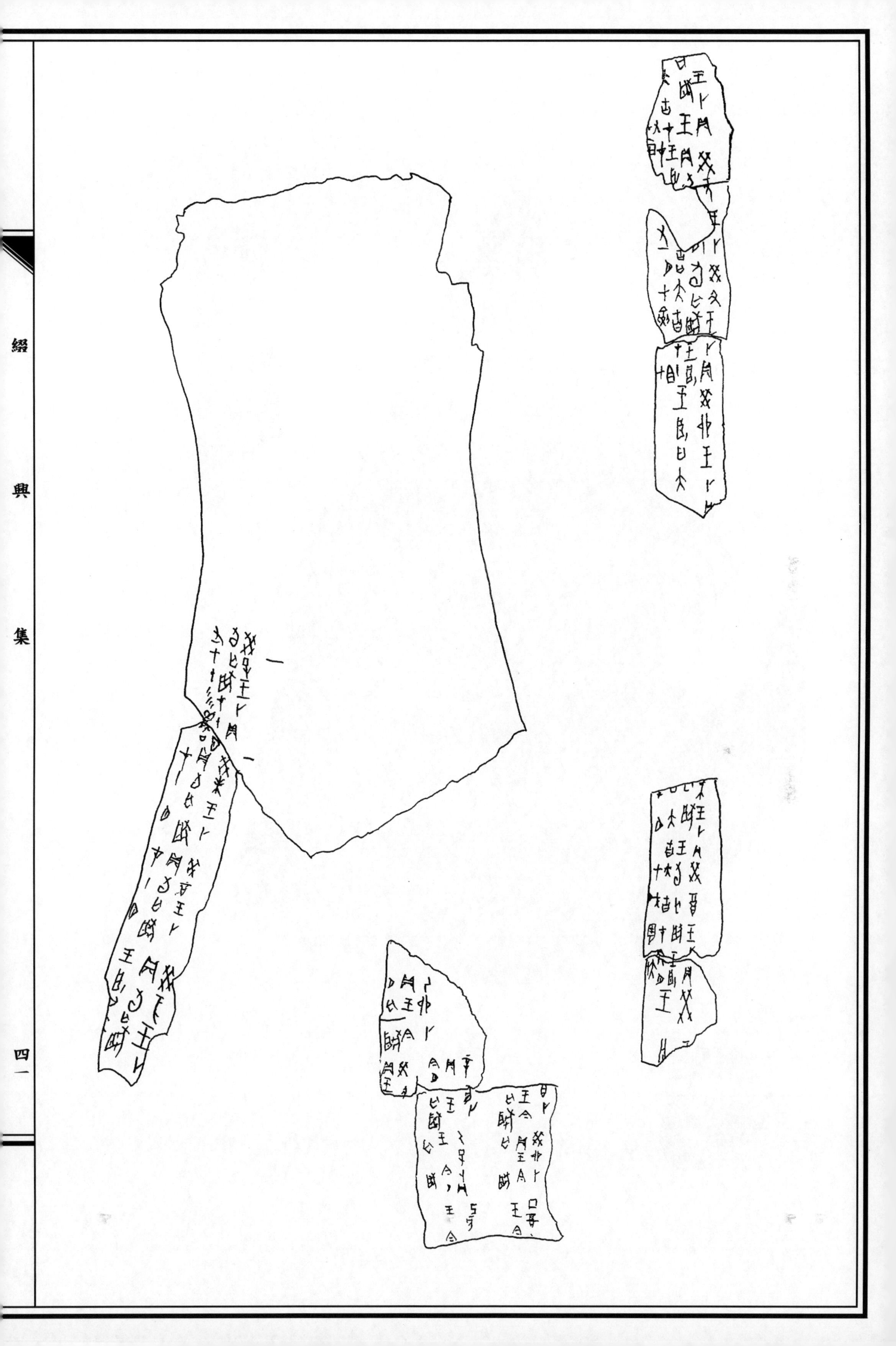

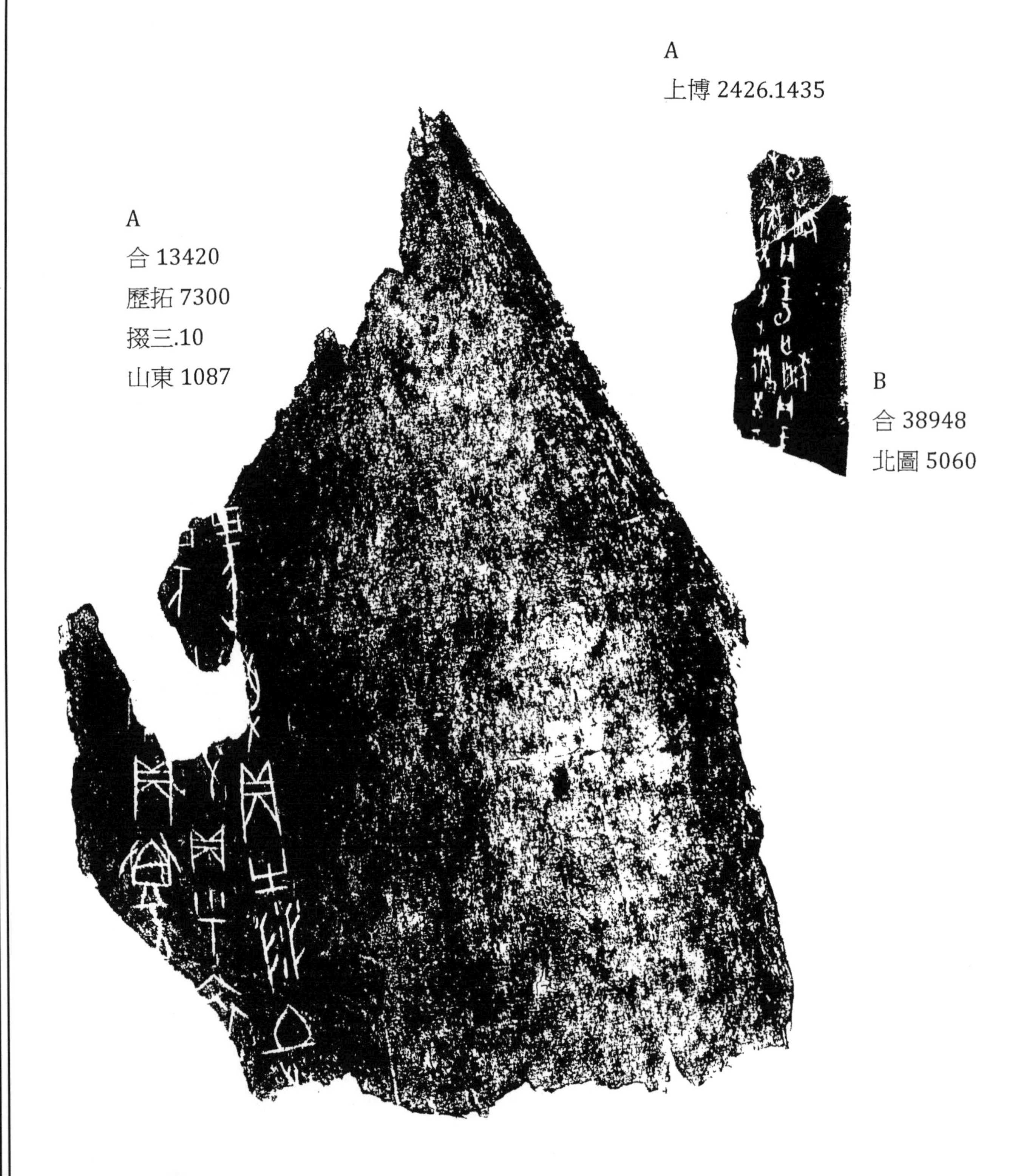

A
合 13420
歷拓 7300
掇三.10
山東 1087

A
上博 2426.1435

B
合 38948
北圖 5060

B
合 4867
契 584
北珍 2441

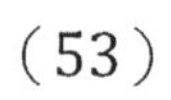

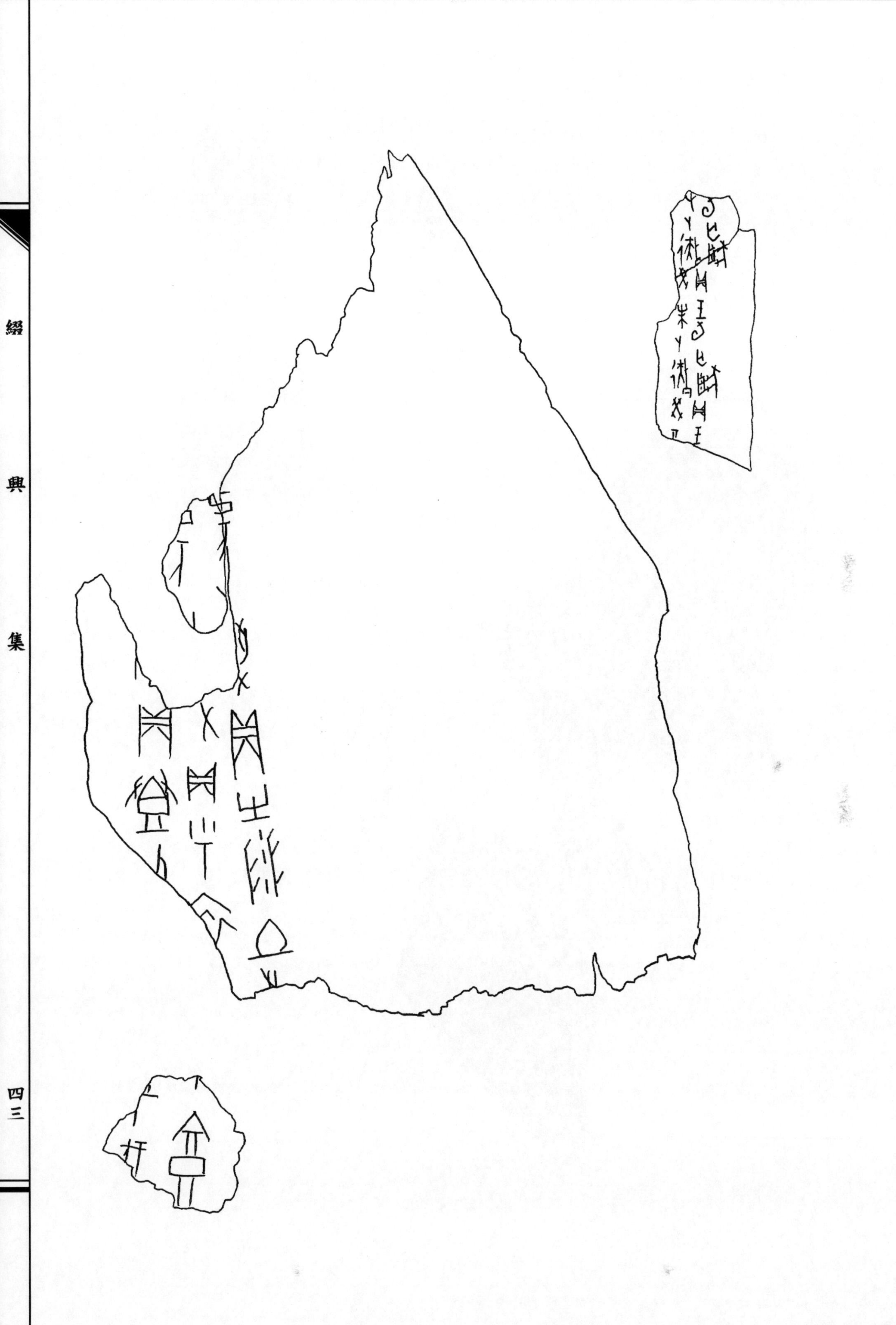

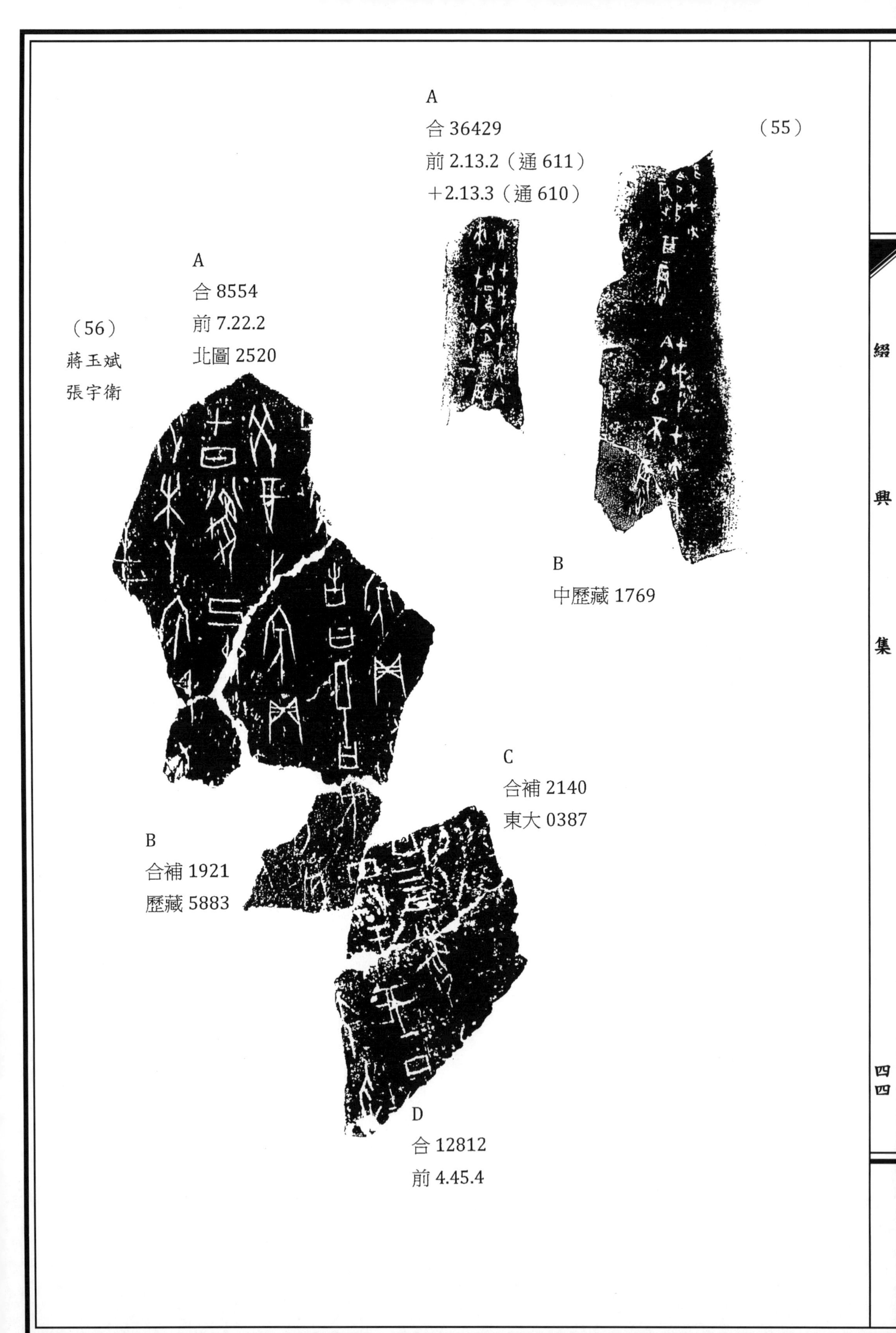
A
合 36429
前 2.13.2（通 611）
＋2.13.3（通 610）
（55）
B
中歷藏 1769
A
合 8554
前 7.22.2
北圖 2520
（56）
蔣玉斌
張宇衛
C
合補 2140
東大 0387
B
合補 1921
歷藏 5883
D
合 12812
前 4.45.4

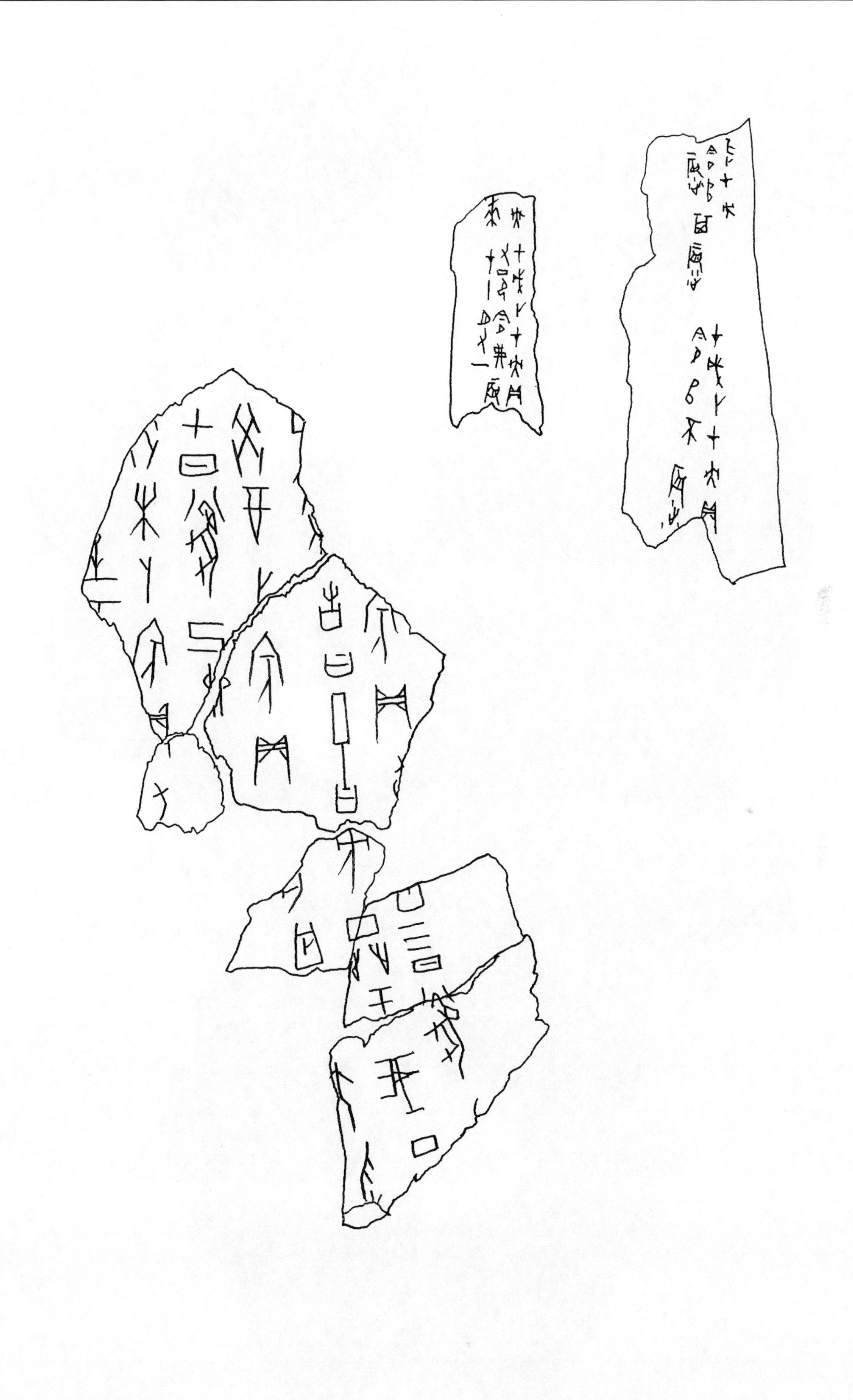

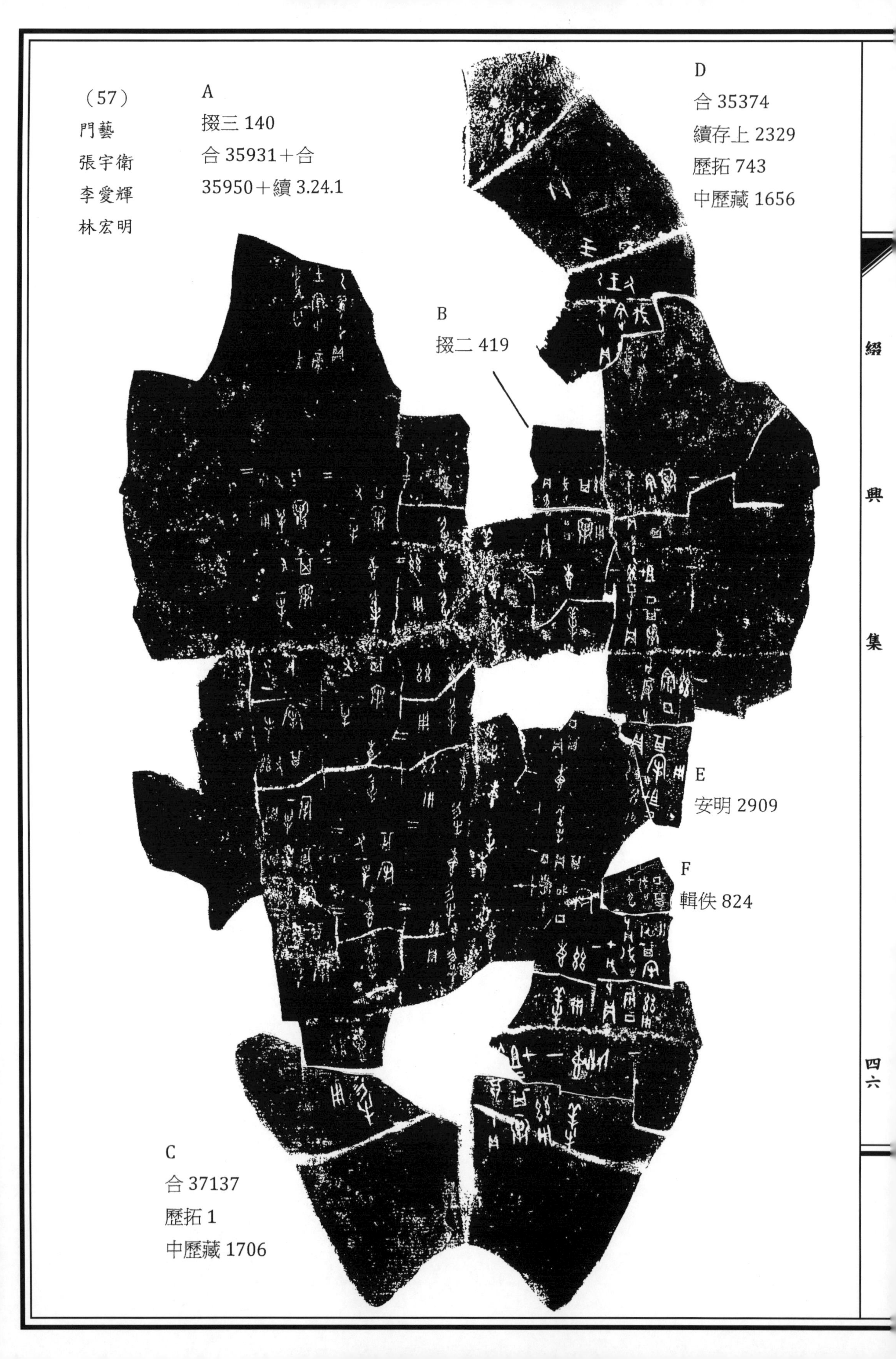
（57）
門藝
張宇衛
李愛輝
林宏明
A
掇三 140
合 35931＋合
35950＋續 3.24.1
B
掇二 419
C
合 37137
歷拓 1
中歷藏 1706
D
合 35374
續存上 2329
歷拓 743
中歷藏 1656
E
安明 2909
F
輯佚 824

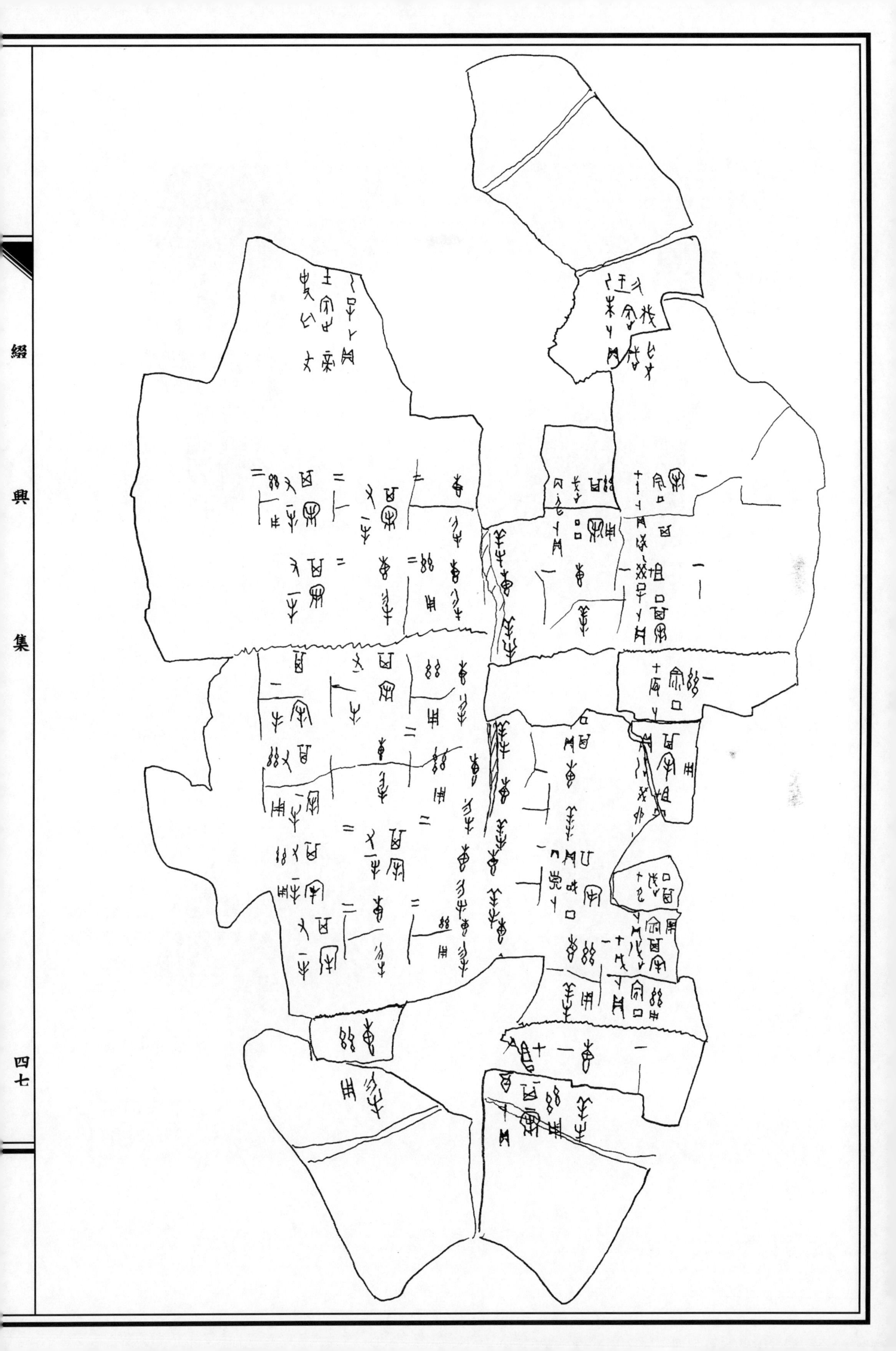

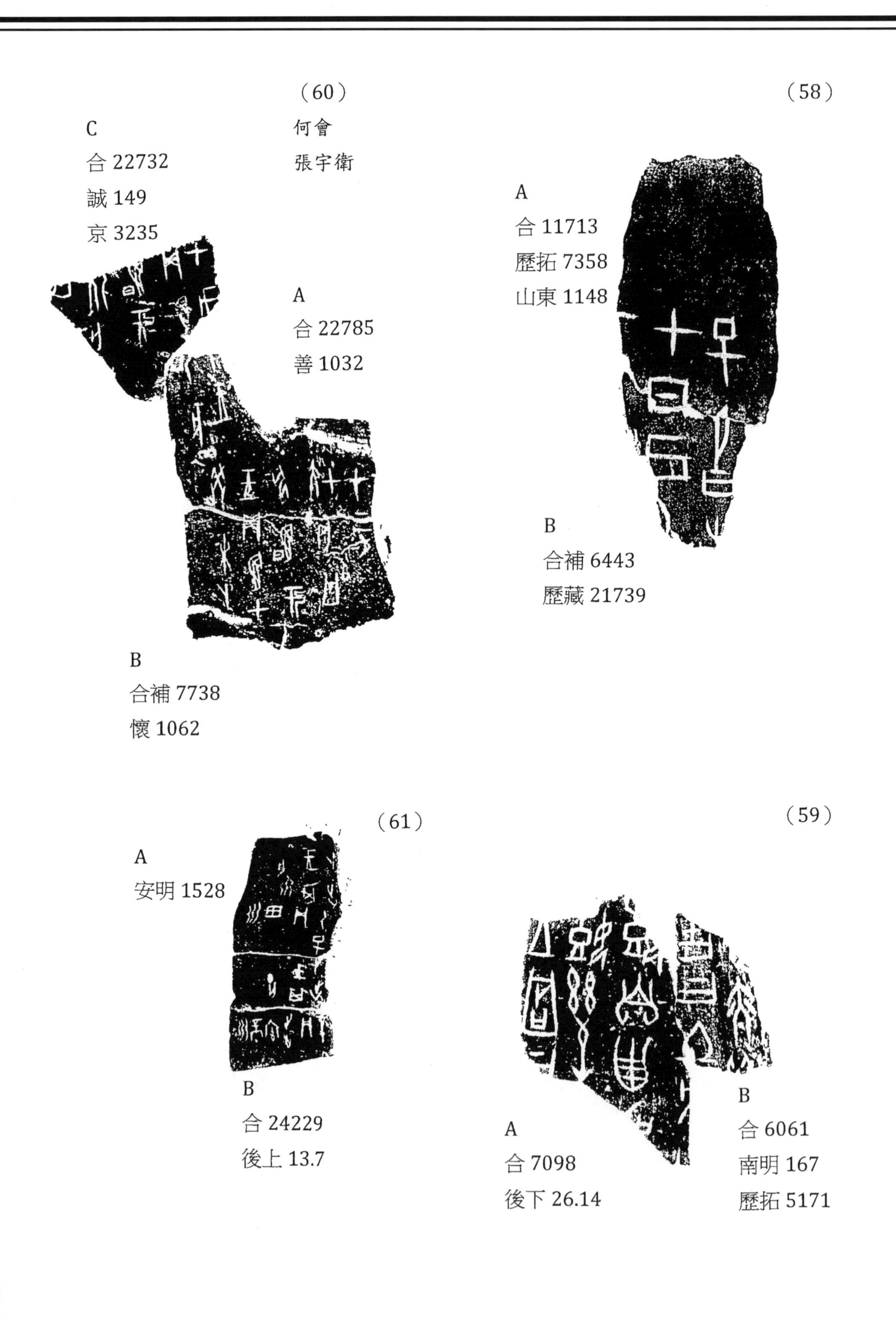
（58）
A
合 11713
歷拓 7358
山東 1148
B
合補 6443
歷藏 21739
（59）
A
合 7098
後下 26.14
B
合 6061
南明 167
歷拓 5171
（60）
何會
張宇衛
A
合 22785
善 1032
B
合補 7738
懷 1062
C
合 22732
誠 149
京 3235
（61）
A
安明 1528
B
合 24229
後上 13.7

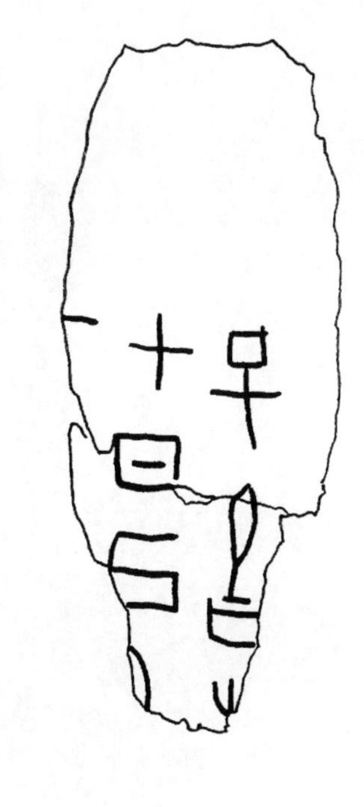

（62）

B
合 35992
粹 353
善 3967
京 5049

A
安明 2907

（63）

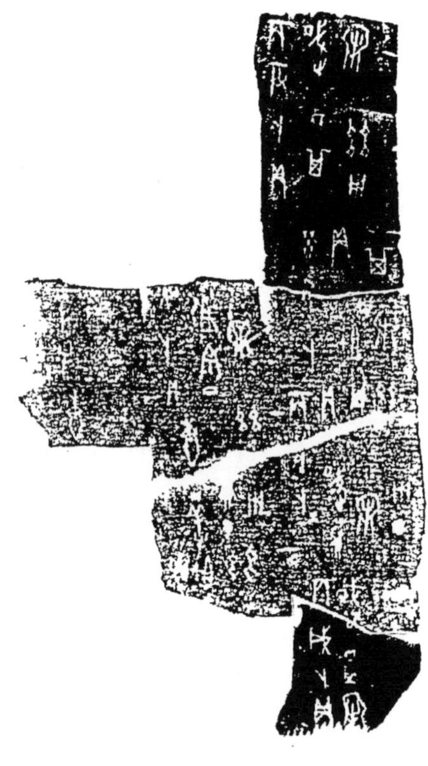

A
合 35839
簠拓 203
簠帝 91
續 1.25.1

B
合補 10977
文攈 1524

C
合 38749
善 2246

（64）

A
北珍 2861

B
合 37071
簠典 80
簠拓 344

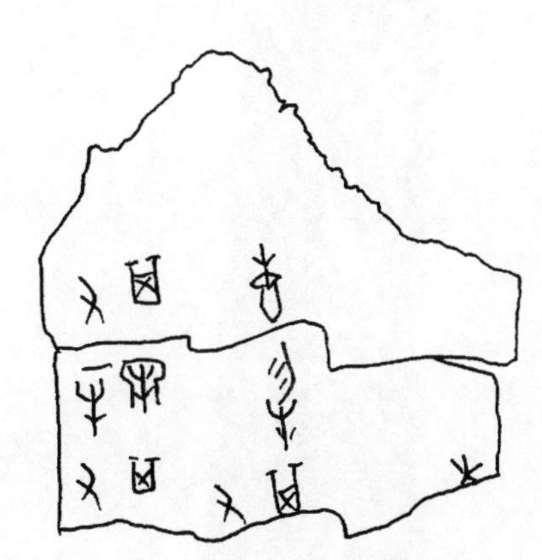

（67）

A
上博 64962

B
合 37944
珠 746

（65）

A
北珍 1370

B
合 35573
京 5489
善 10099

（66）

A
合 39307
續存上 2658
善 10102

B
北珍 1321

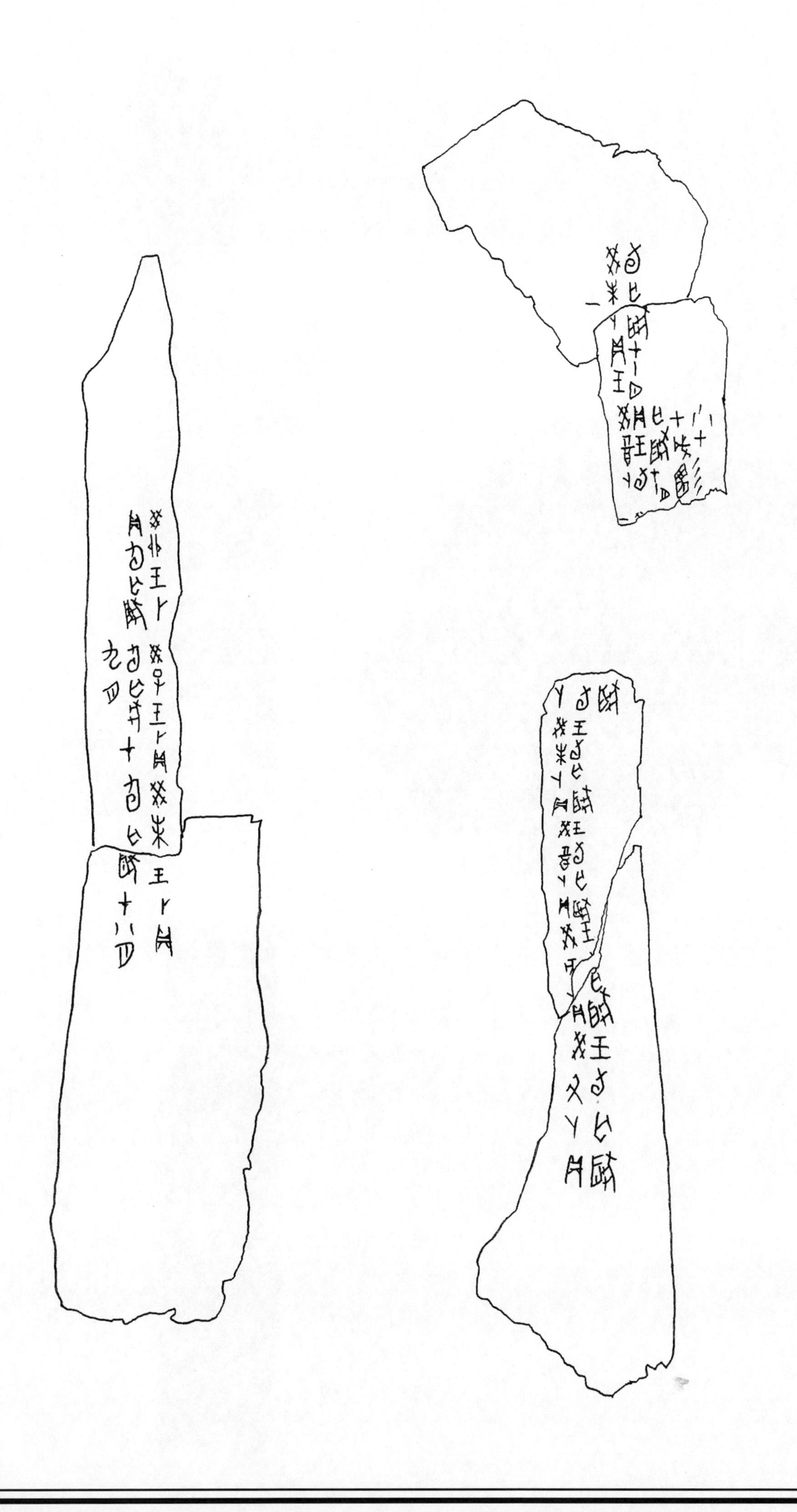

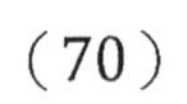

（70）

（68）

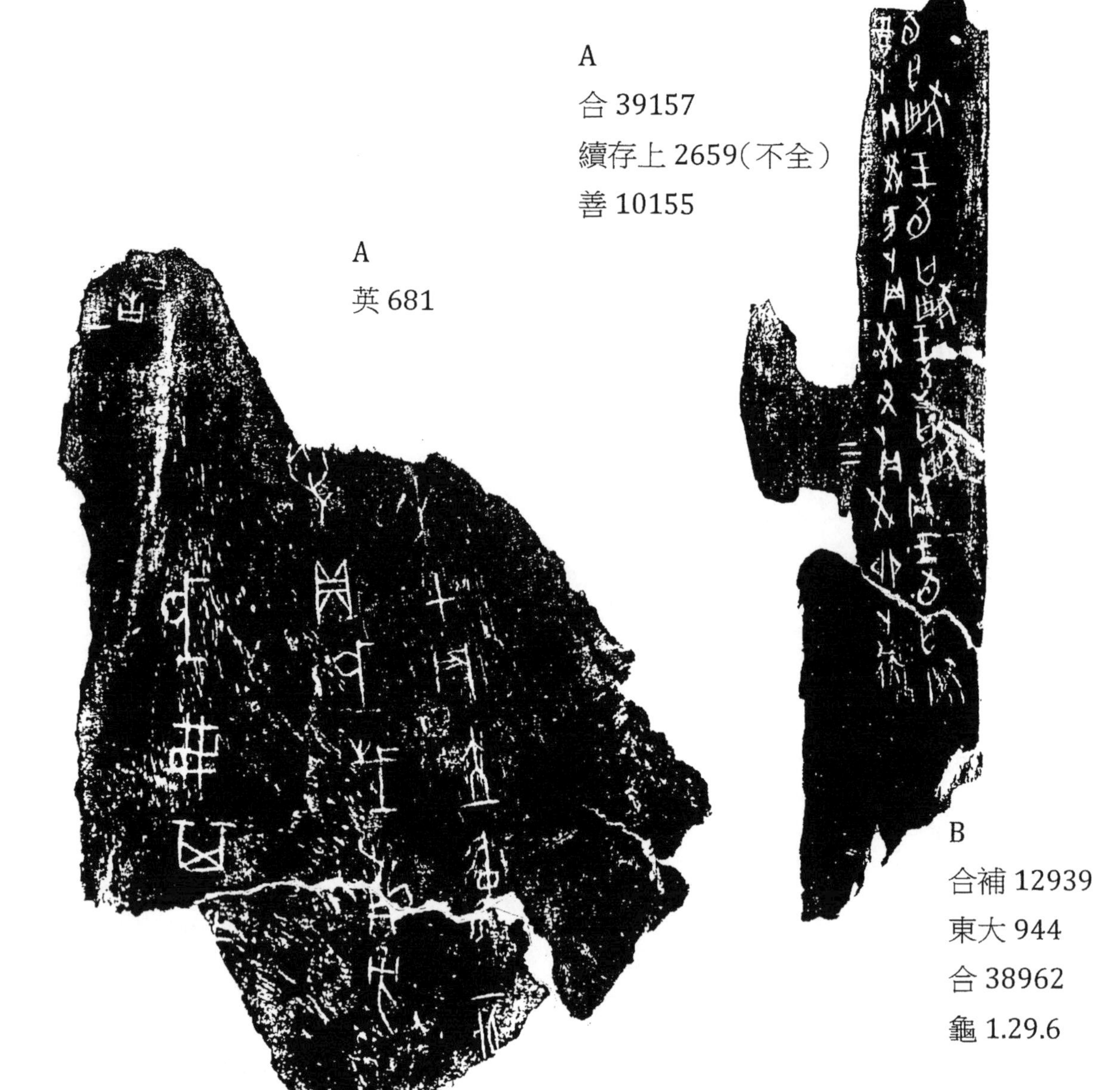

A
合 39157
續存上 2659（不全）
善 10155

A
英 681

B
合補 12939
東大 944
合 38962
龜 1.29.6

B
合 8745
歷拓 6136
北珍 2437

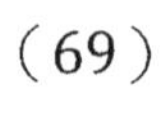

（69）

A
合 37968
合 37967
歷拓 5661
考墳 403
北珍 1346

B
合 39127
歷拓 5683
考墳 482
北珍 1379

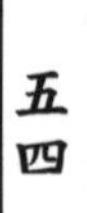

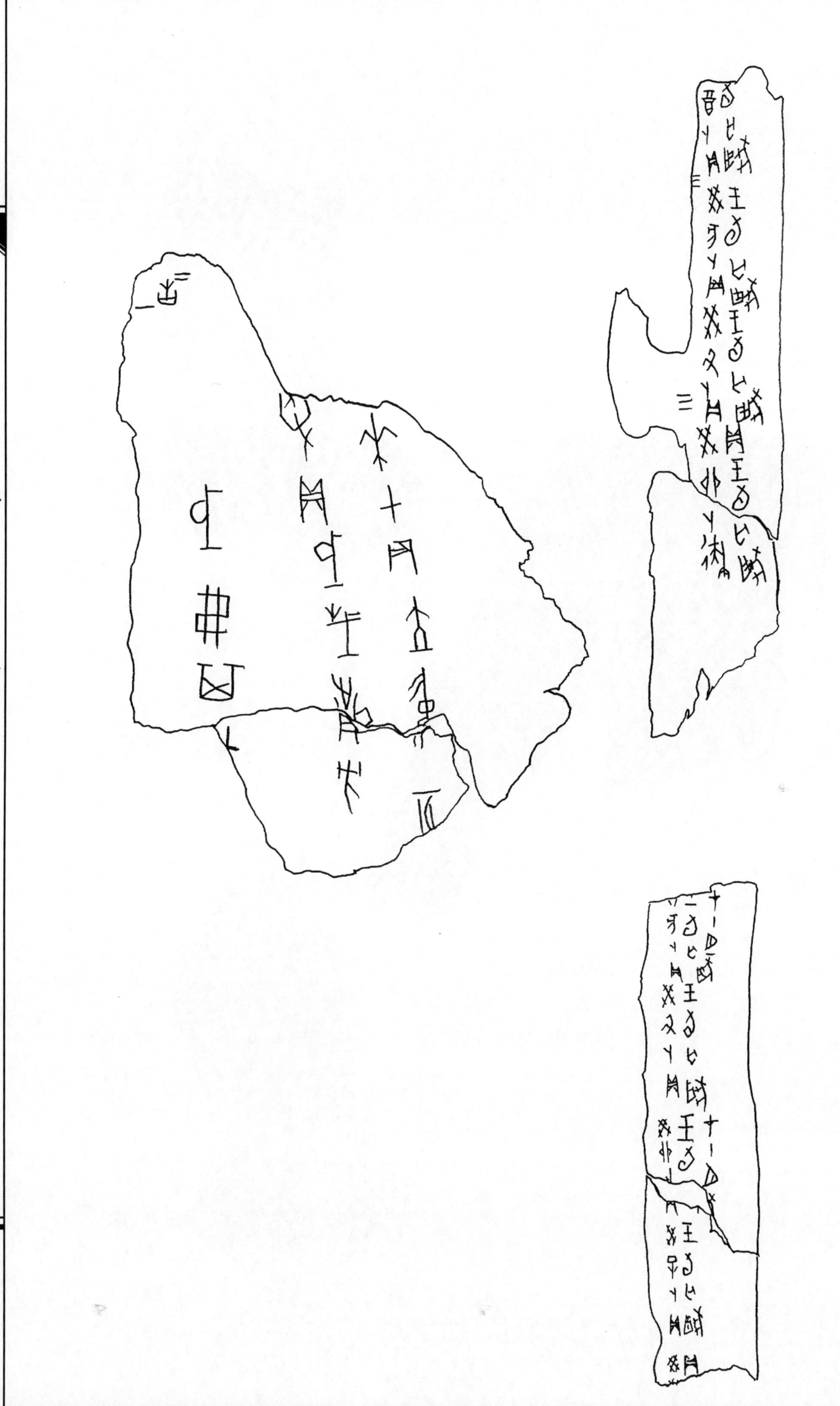

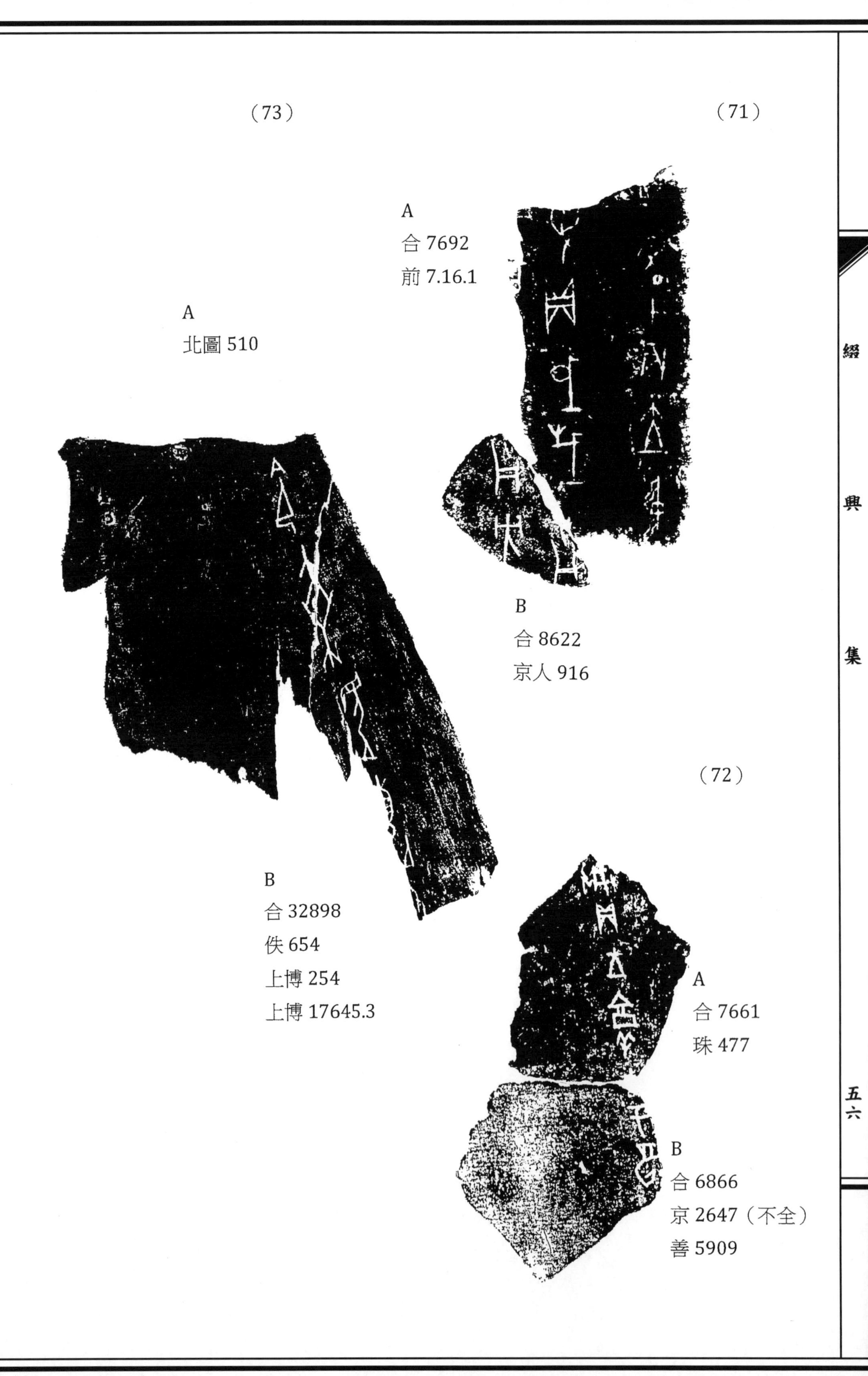
（73）
A
北圖 510
B
合 32898
佚 654
上博 254
上博 17645.3
（71）
A
合 7692
前 7.16.1
B
合 8622
京人 916
（72）
A
合 7661
珠 477
B
合 6866
京 2647（不全）
善 5909

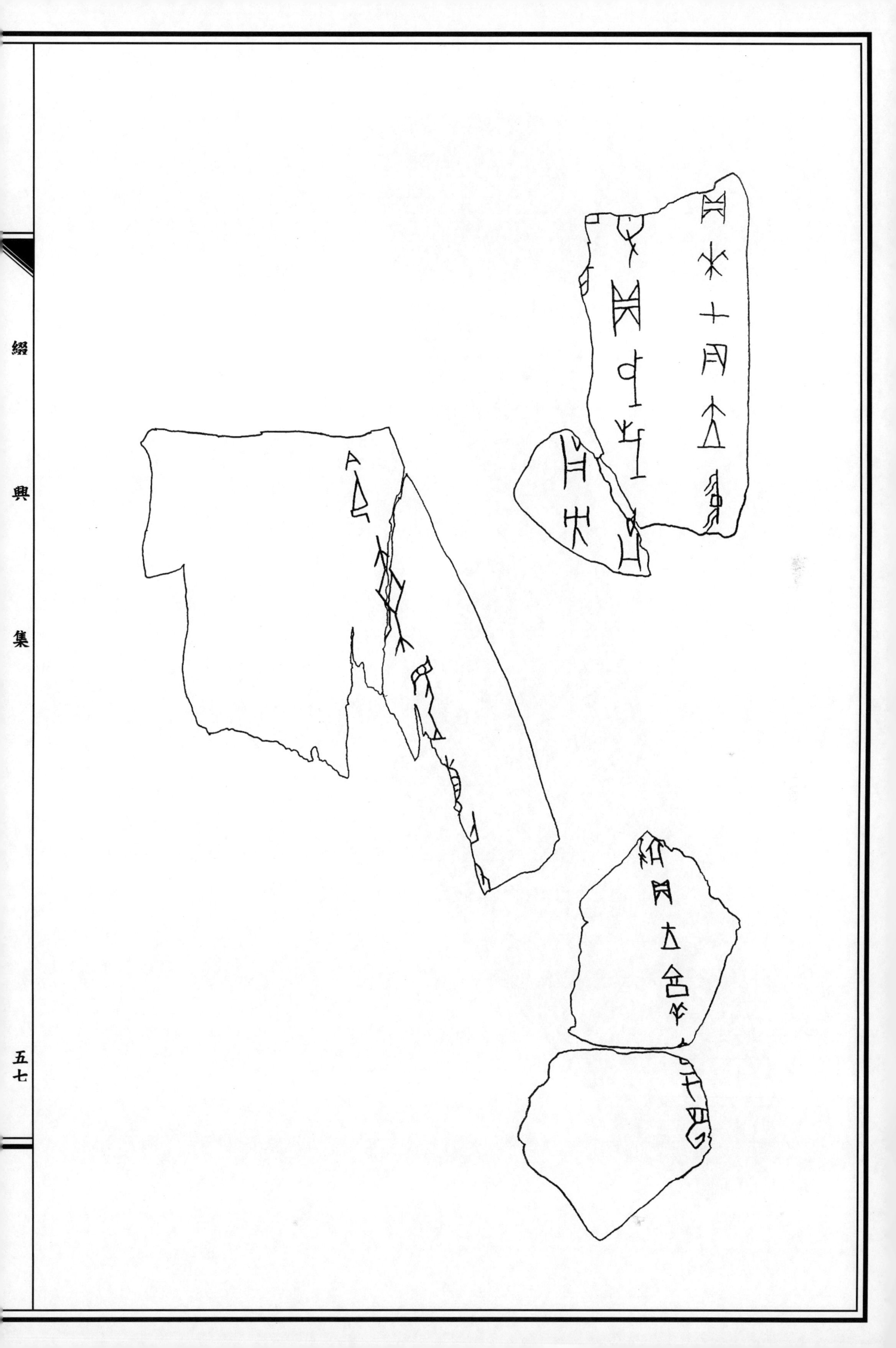

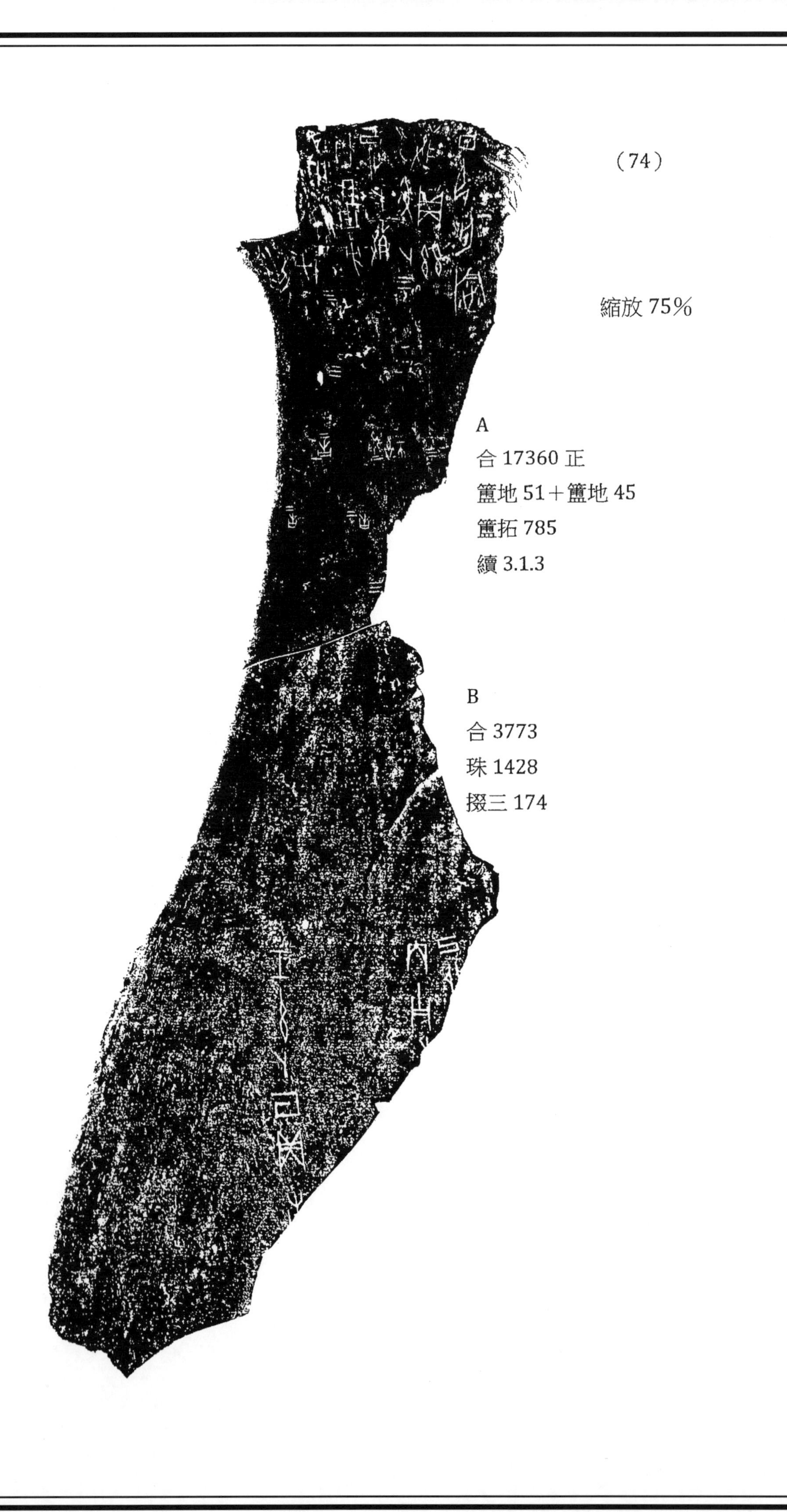

（74）
縮放 75%
A
合 17360 正
簠地 51＋簠地 45
簠拓 785
續 3.1.3
B
合 3773
珠 1428
掇三 174

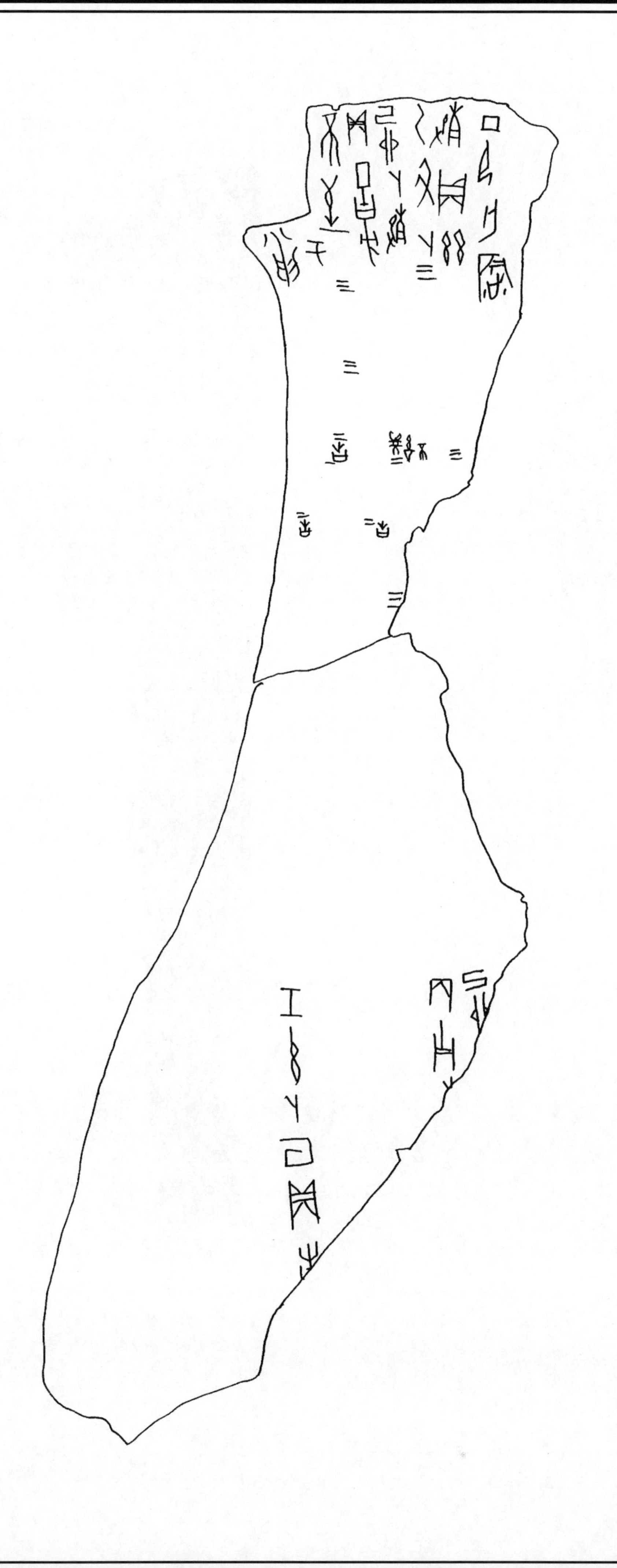

（76）

A
合 41361
日匯 344

B
日匯 343

（75）

A
英 2539
庫 1536
合 41801

B
合 37502
歷拓 8971
存補 1.91.2
合補 8628
開封博 5

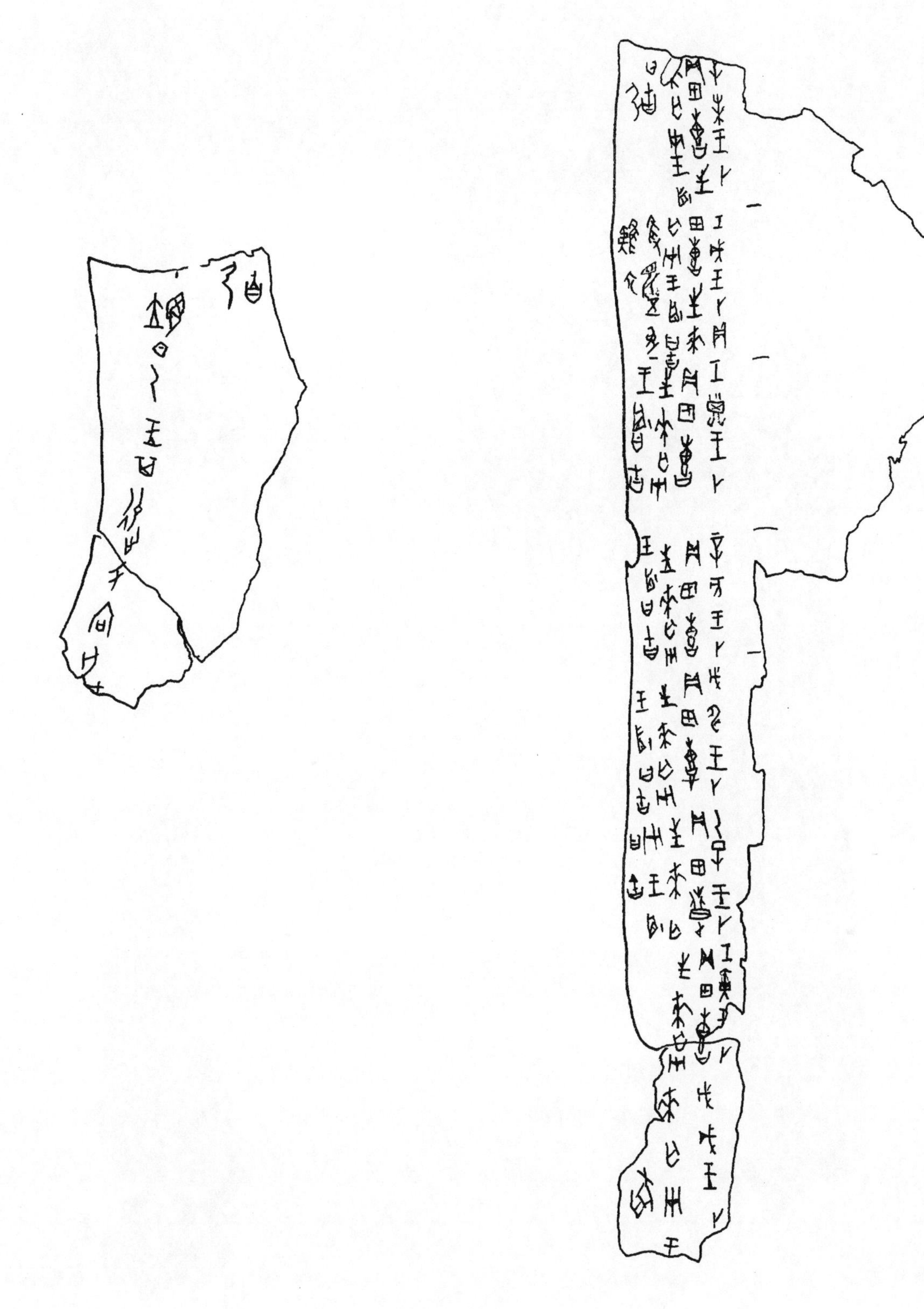

（79）

蔡哲茂

張宇衛

C

合 16911

京 1801

瓠廬 420

B

合 35000

珠 697

合補 10780

天理 592

存補 5.178.1

A

合 34805

上博新拓 191

（77）

B

合 36927

善 21612

合補 13141

文攗 1628

A

合補 11241

懷 1908

合 36517

柏俗 16

（78）

A

合補 10835

歷拓 4380

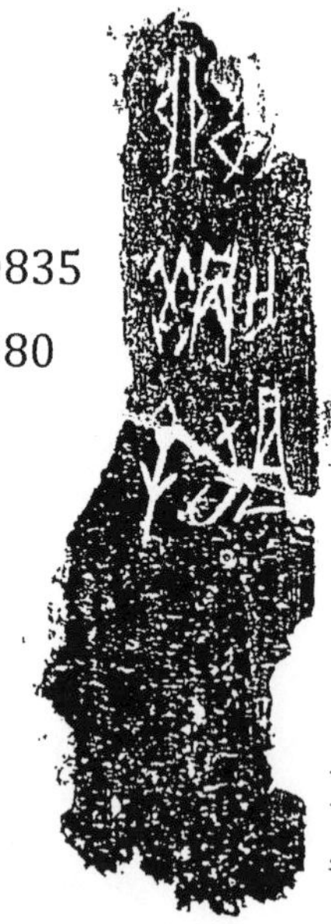

B

安明 2552

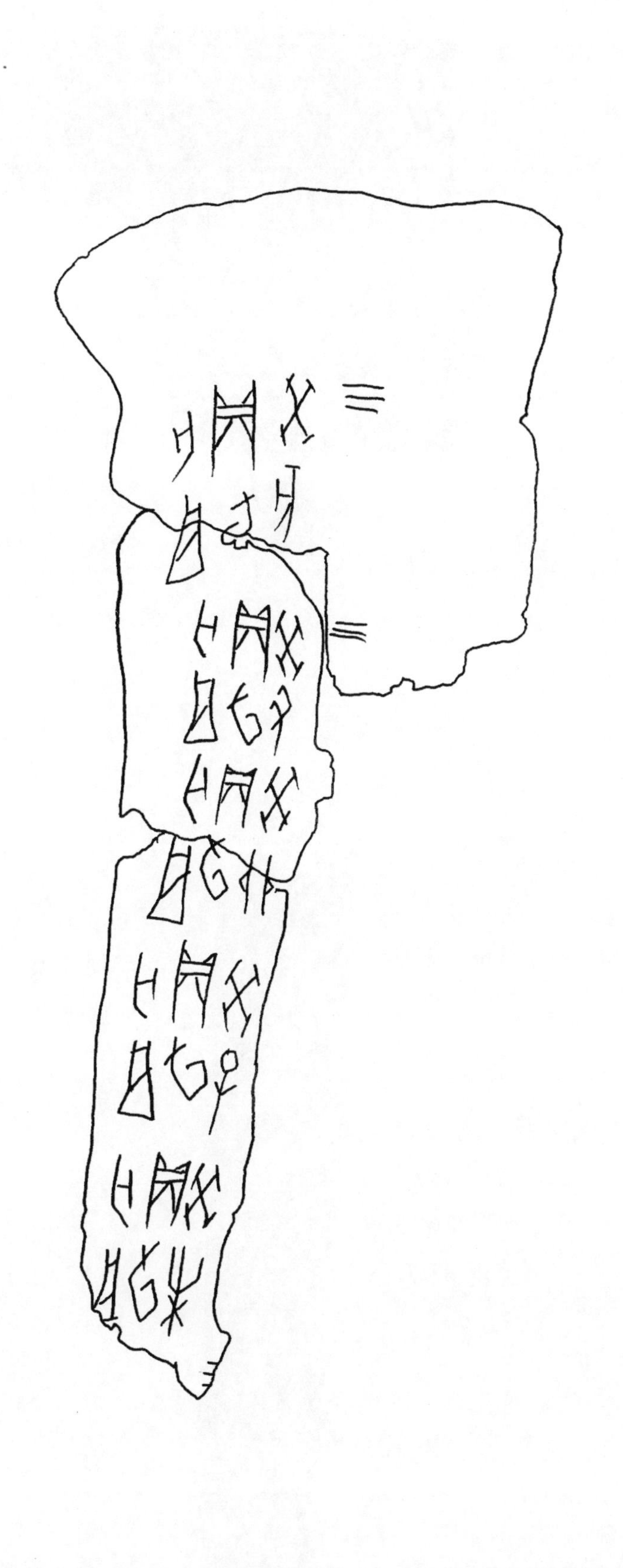

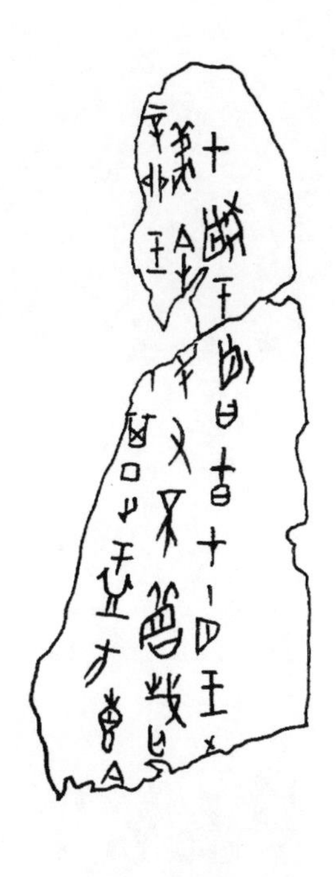

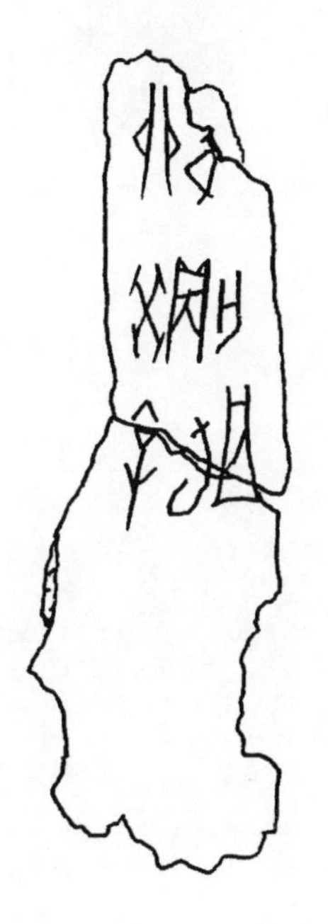

（80）

B
京 1139

A
合 6270 正
粹 1073 甲
善 14216
善齋 7.48a.1

（82）

A
合補 8104
歷藏 9185

B
合補 8125
東大 656
笏二.721

A
合補 10762
歷藏 18782

B
合補 10771
歷藏 16985
善齋 3.97b.1

C
合 35106
京人 2420

（81）
周忠兵
張宇衛

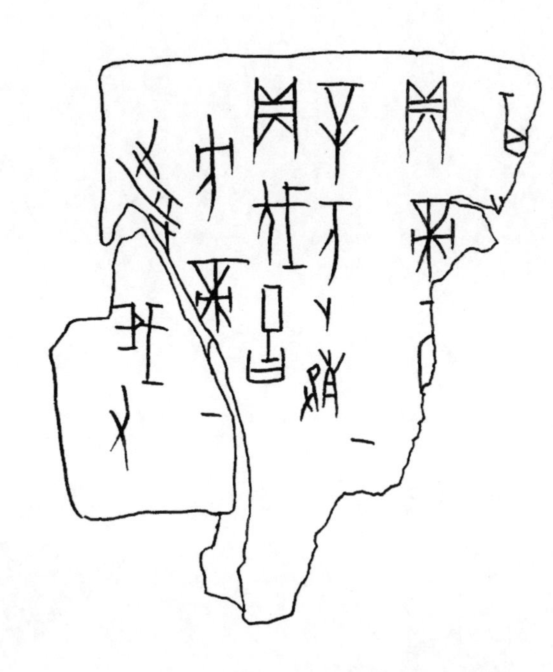

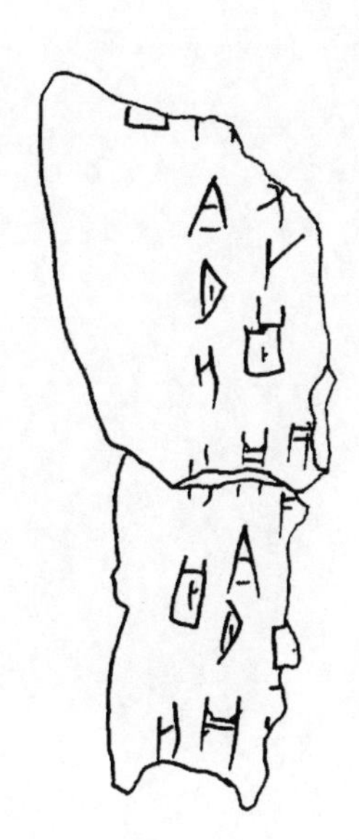

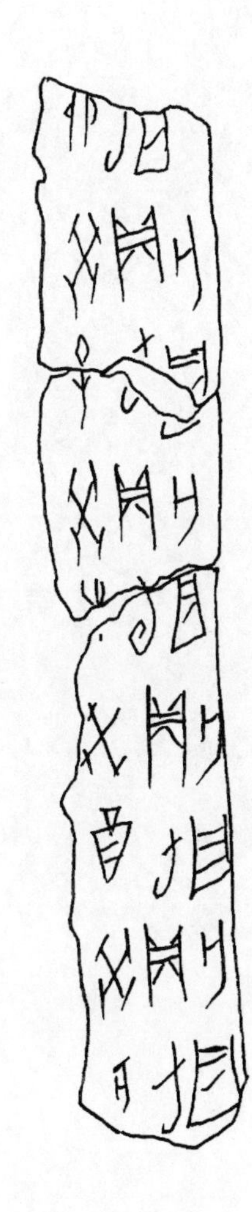

B
英1133正
合39912
金496

A
英304正
金545

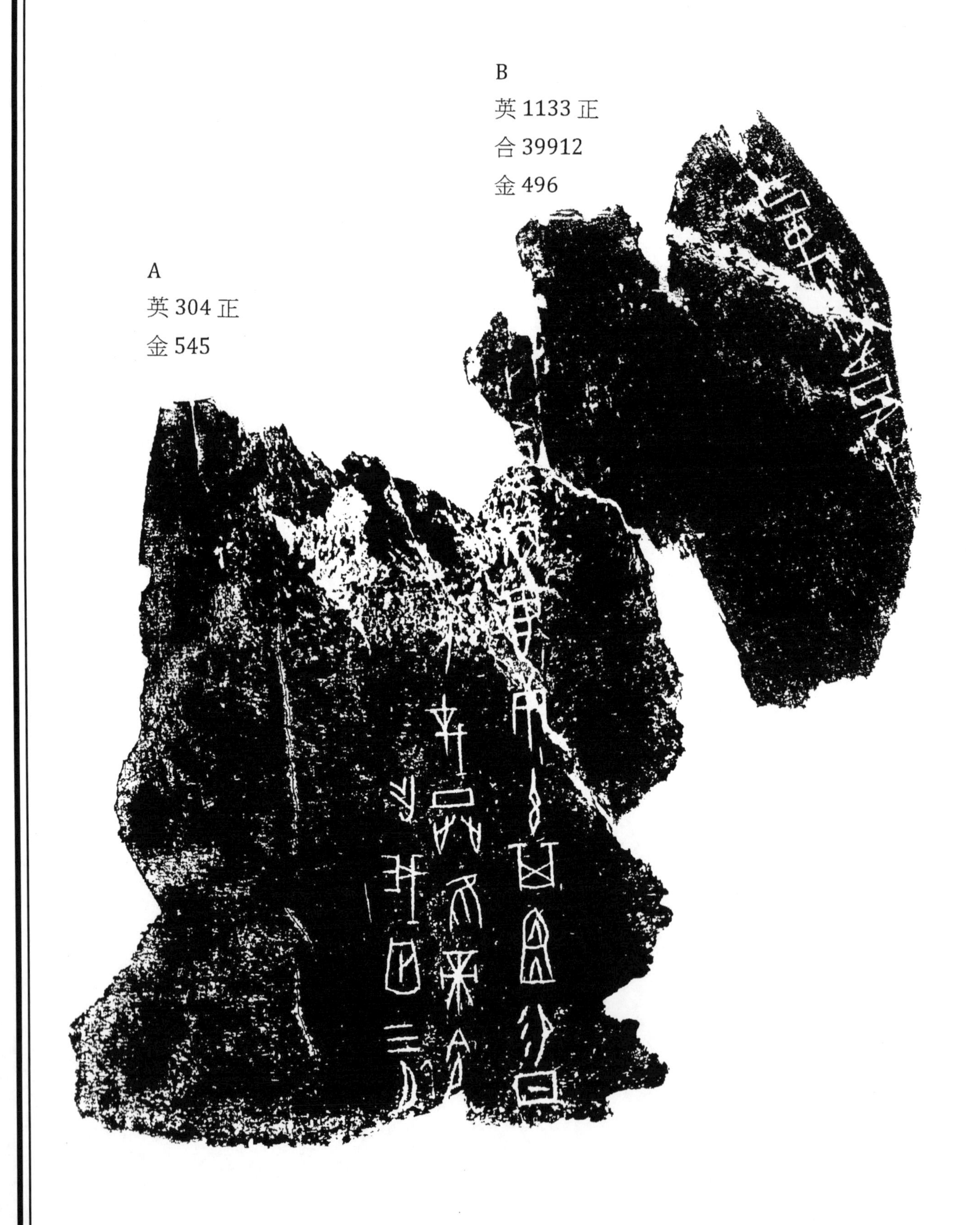

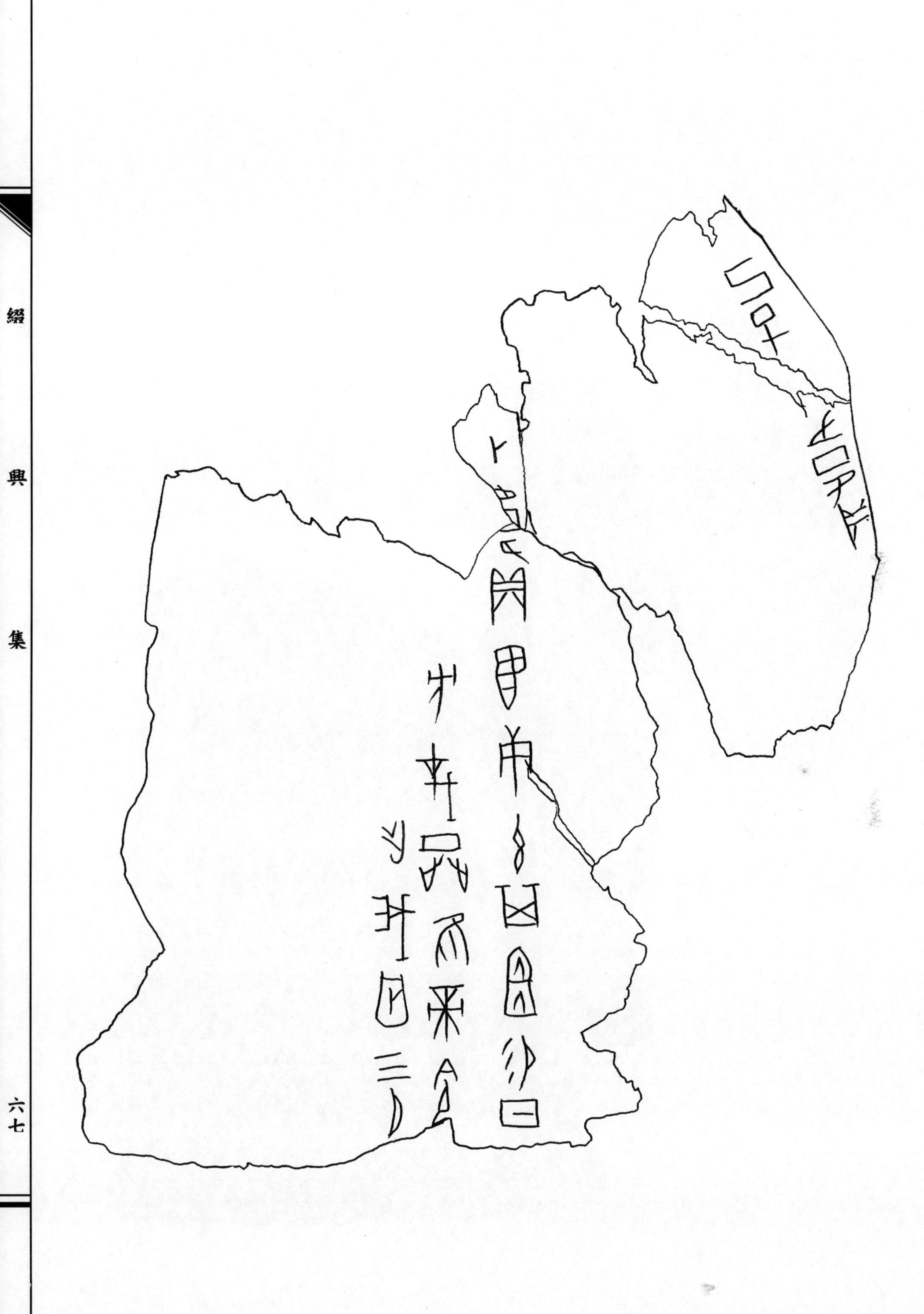

（83）

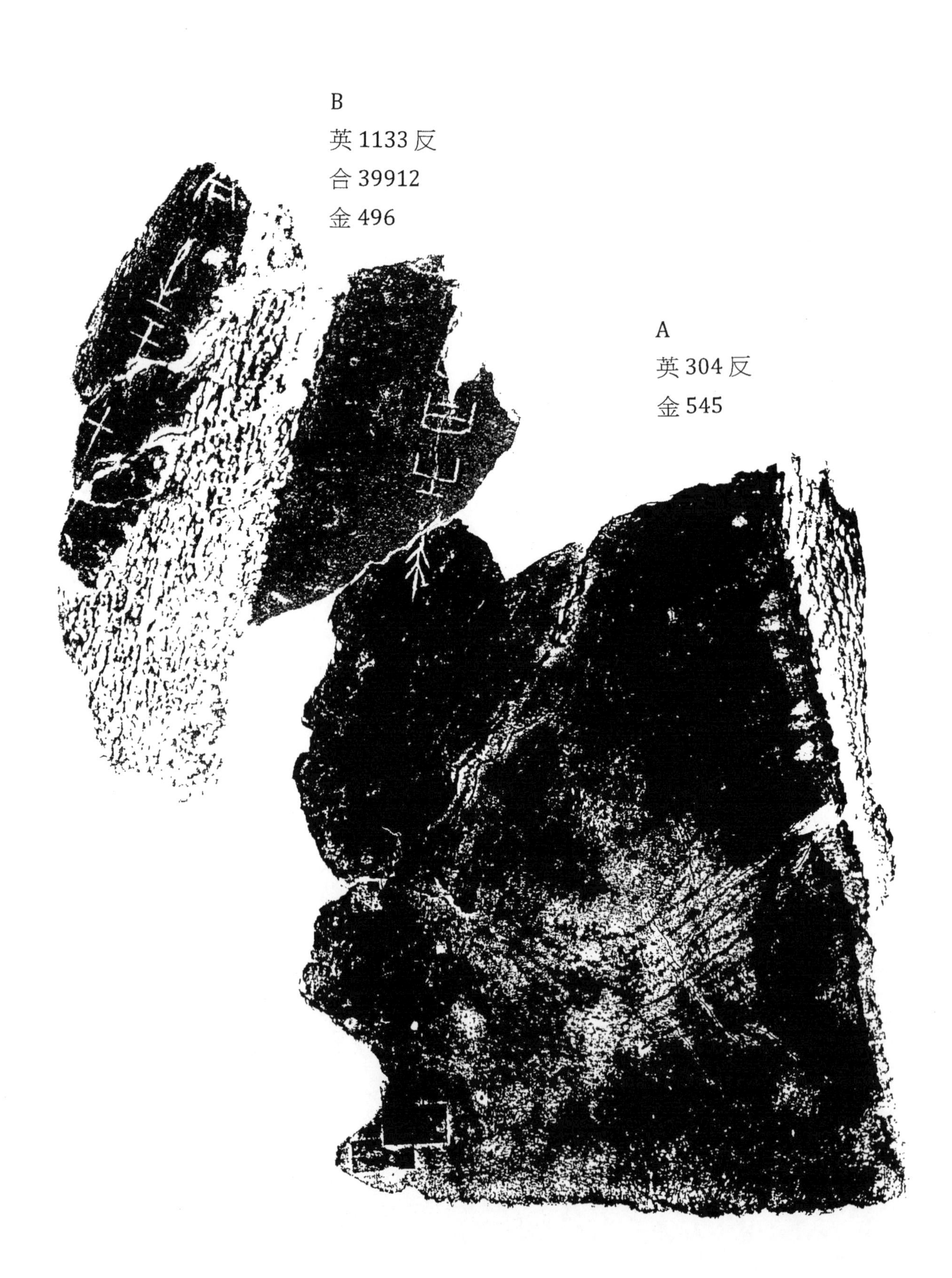

B
英1133反
合39912
金496

A
英304反
金545

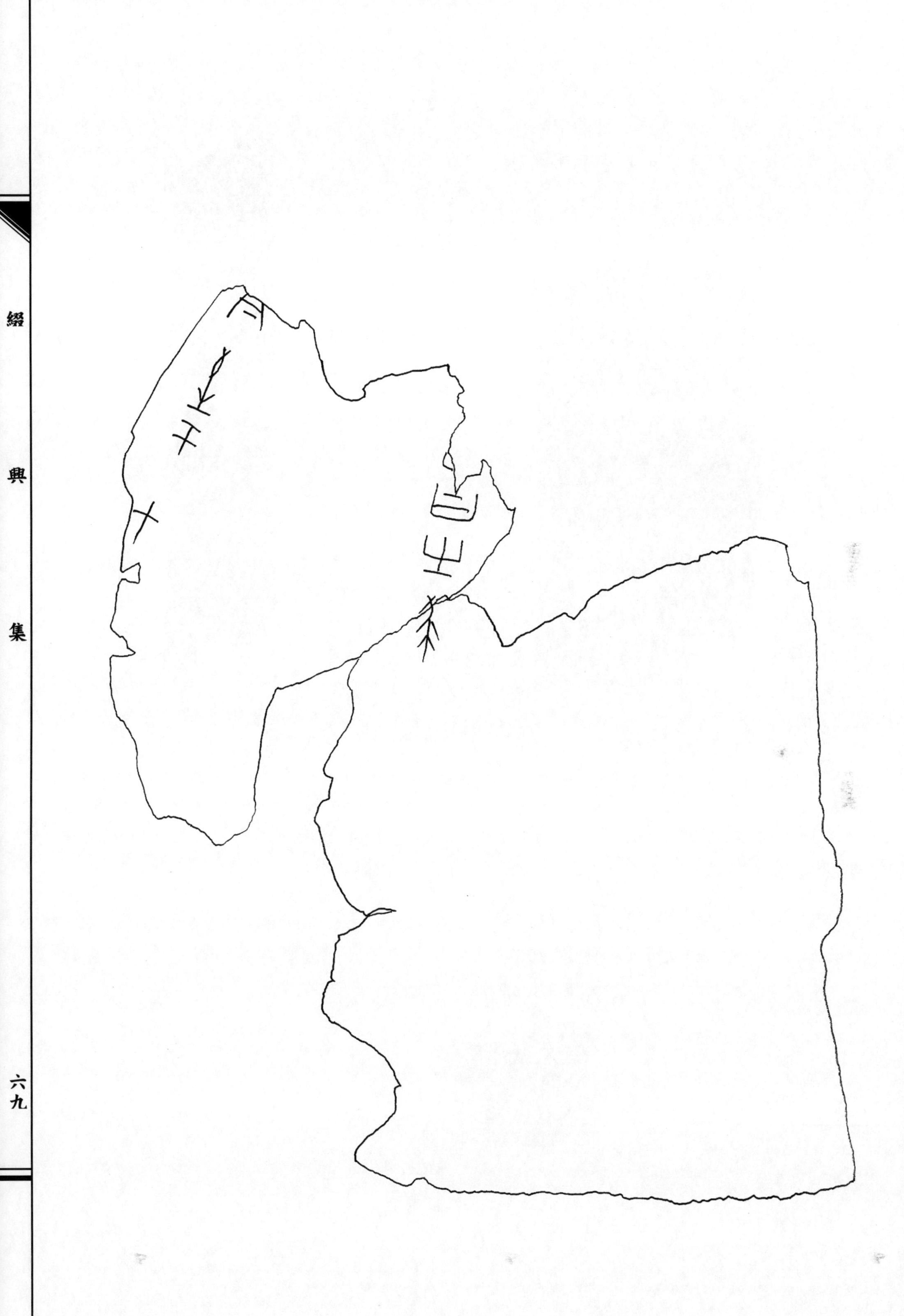

（85）

劉影
李愛輝
張宇衛

A
合 36591
簠游 43
簠拓 612

B
合 36697
續 3.22.8
歷拓 5728
北珍 910

C
合 36600
續 3.22.9
歷拓 5722
北珍 911

D
北珍 2919

（84）

A
合 35027
京人 2421

B
合 34964
續存上 2113
善 10396

（86）

A
合補 11366
歷藏 7290
善齋 3.30a.7

B
合 37553
後上 11.7
通 674

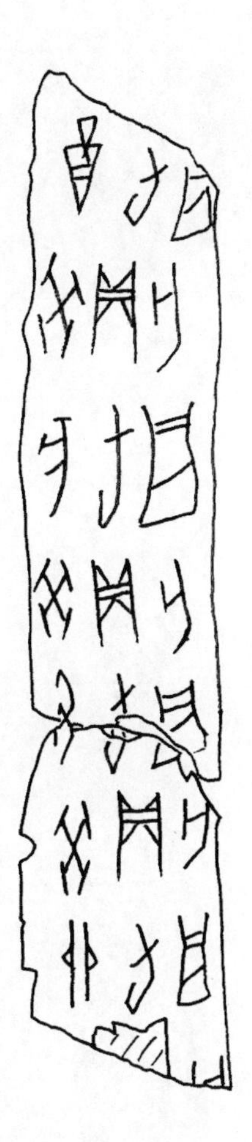

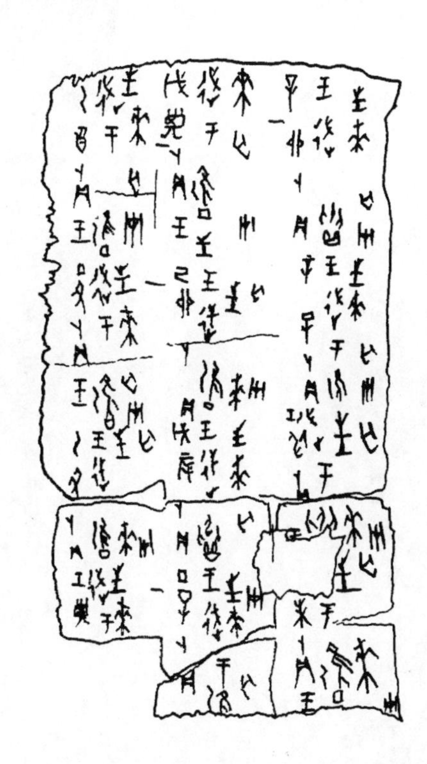

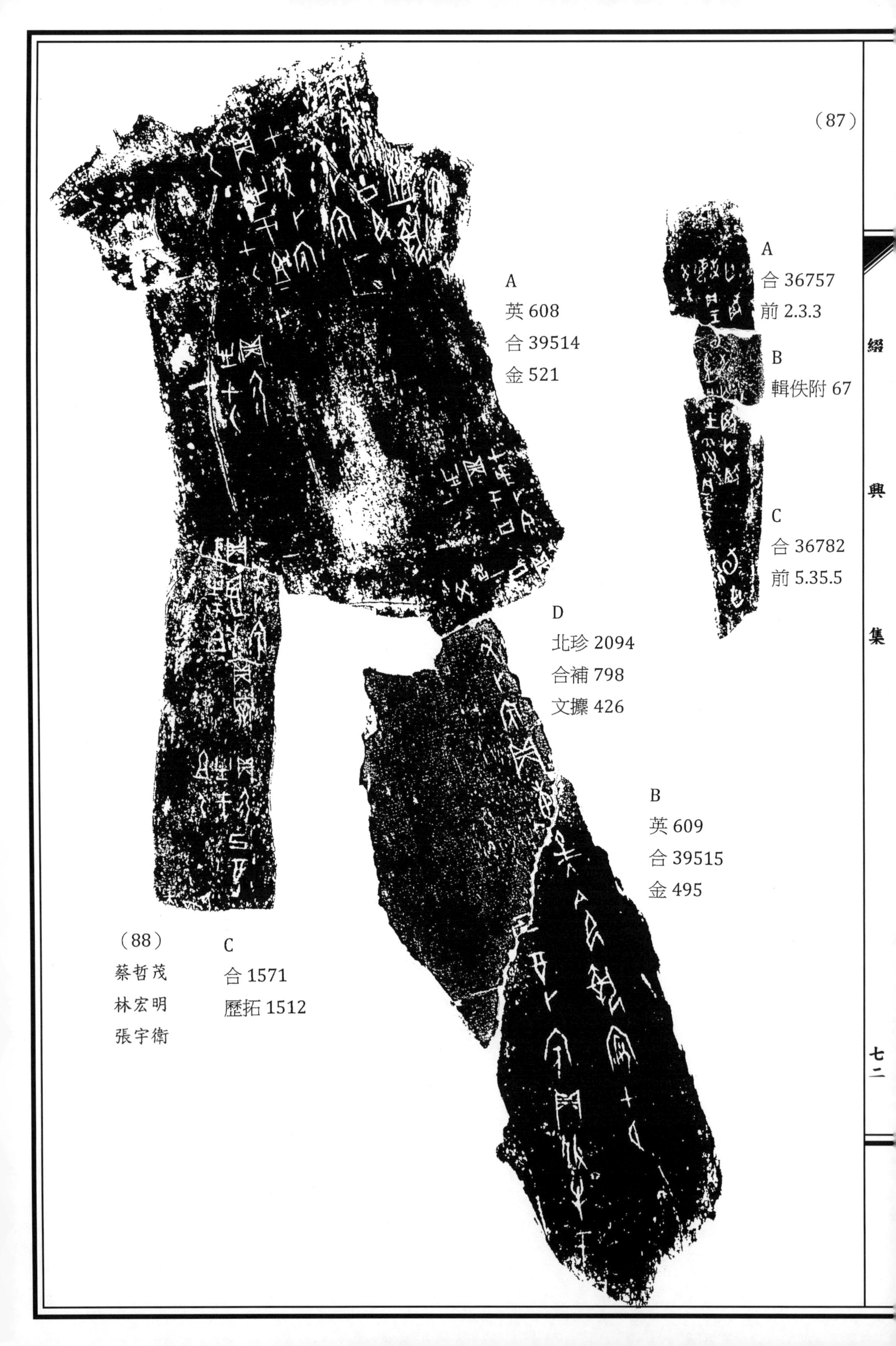
（87）
A
合 36757
前 2.3.3
B
輯佚附 67
C
合 36782
前 5.35.5
A
英 608
合 39514
金 521
D
北珍 2094
合補 798
文攈 426
B
英 609
合 39515
金 495
（88）
蔡哲茂
林宏明
張宇衛
C
合 1571
歷拓 1512

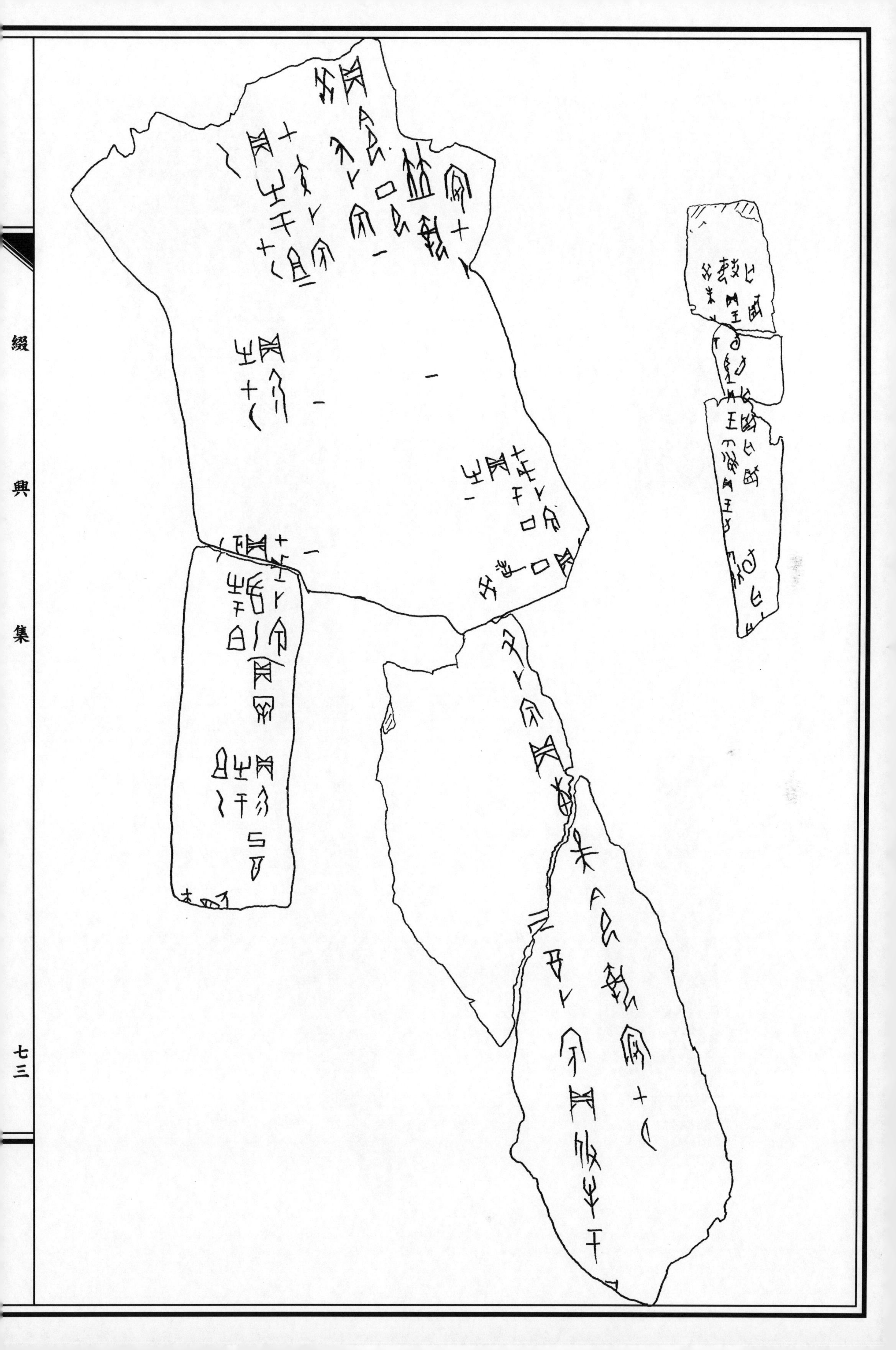

（90）

A
合補 338
山東大 3
存補 2.100.1
存補 2.102.2

B
合 11792
京人 731

（89）

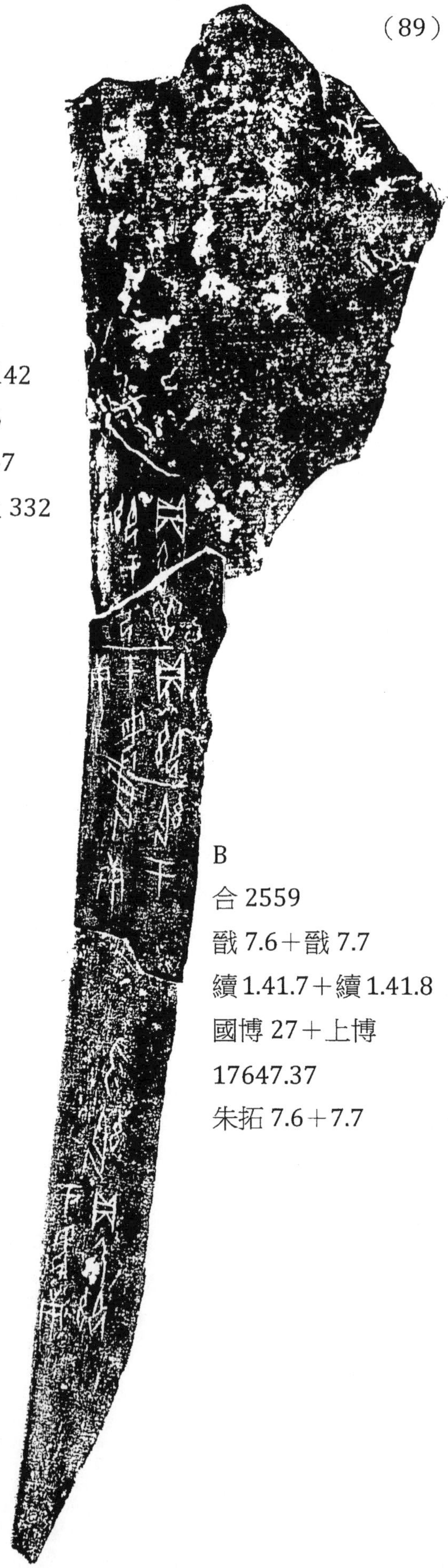

A
合 15142
善 216
合 2047
續存上 332

B
合 2559
戩 7.6＋戩 7.7
續 1.41.7＋續 1.41.8
國博 27＋上博
17647.37
朱拓 7.6＋7.7

（91）

A
合補 12715
歷藏 10885
善齋 3.37b.3

B
合 37928
安明 3168

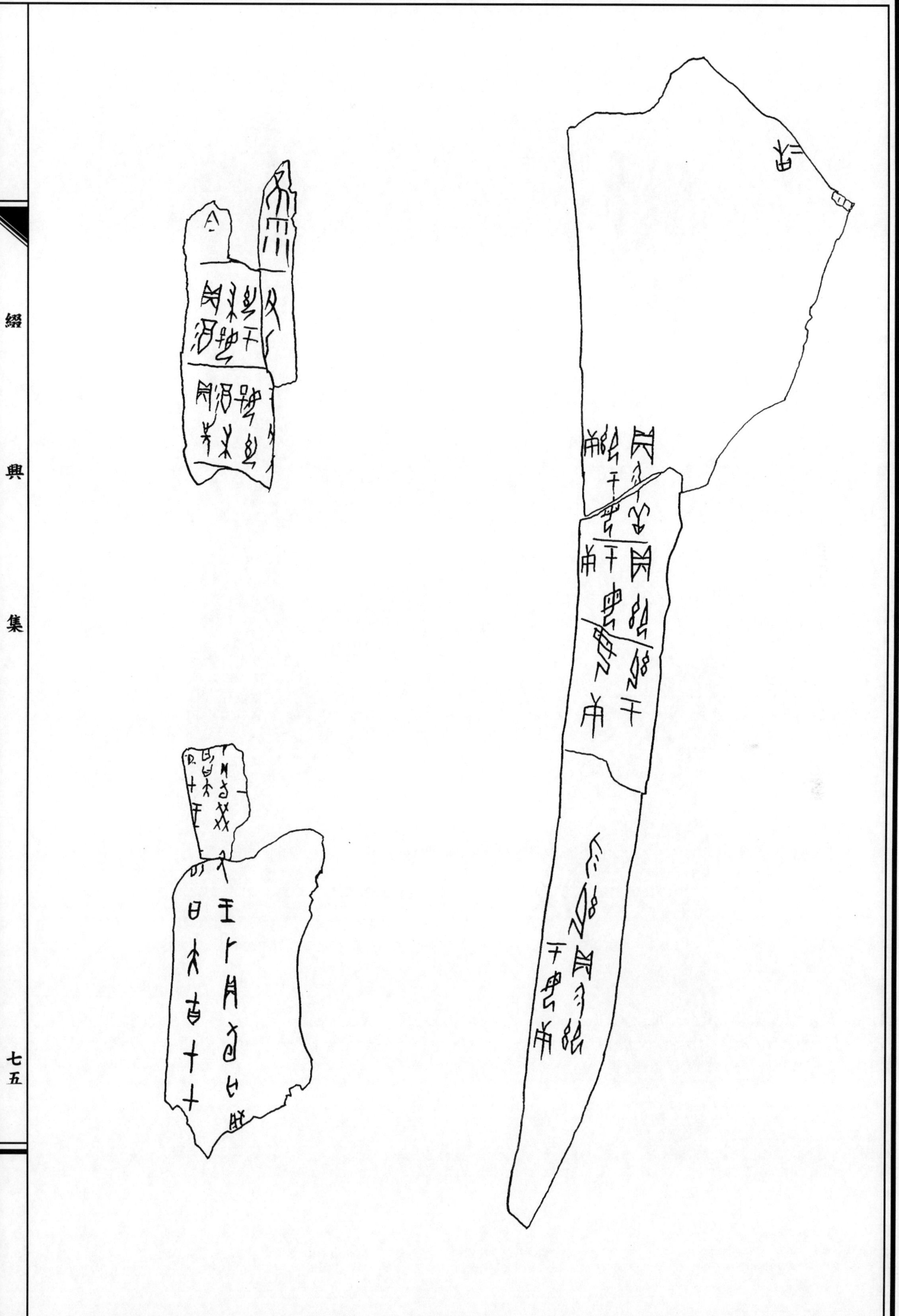

（92）

常玉芝
張宇衛

C
合 36779
續 3.29.4
簠地 9
簠拓 634

B＋C＝合補 12732

B
合 36774
珠 1258

A
合 36895
前 2.13.1

（93）

A
合 37775
善 4933
善齋 2.66b.6

B
合補 13080
歷藏 15804
京 5316

（94）

A
上博 2426.680

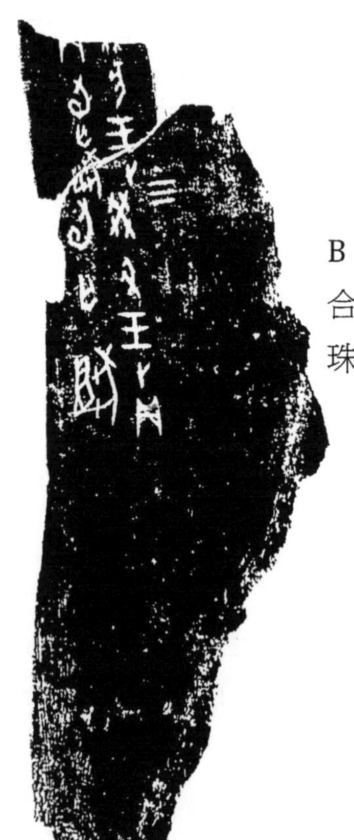

B
合 39214
珠 488

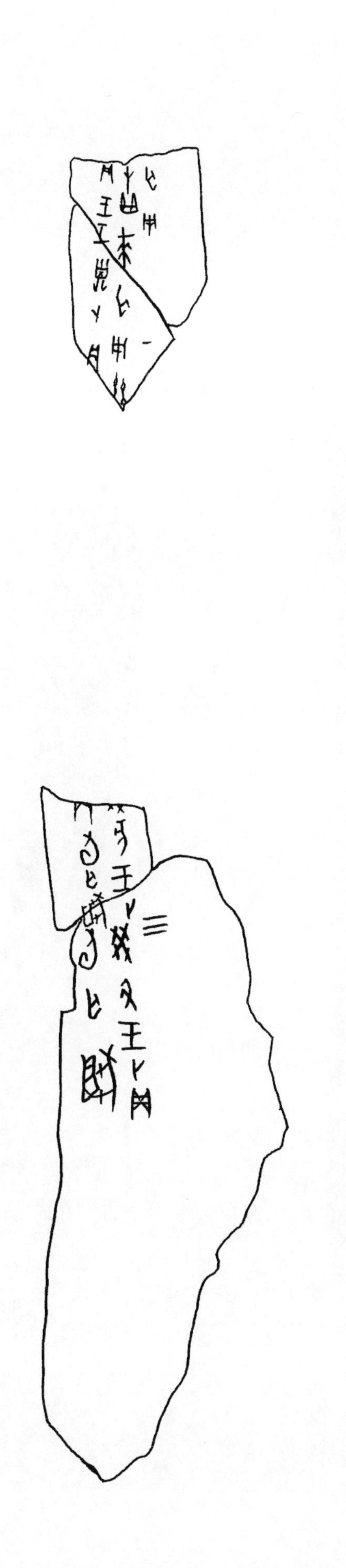

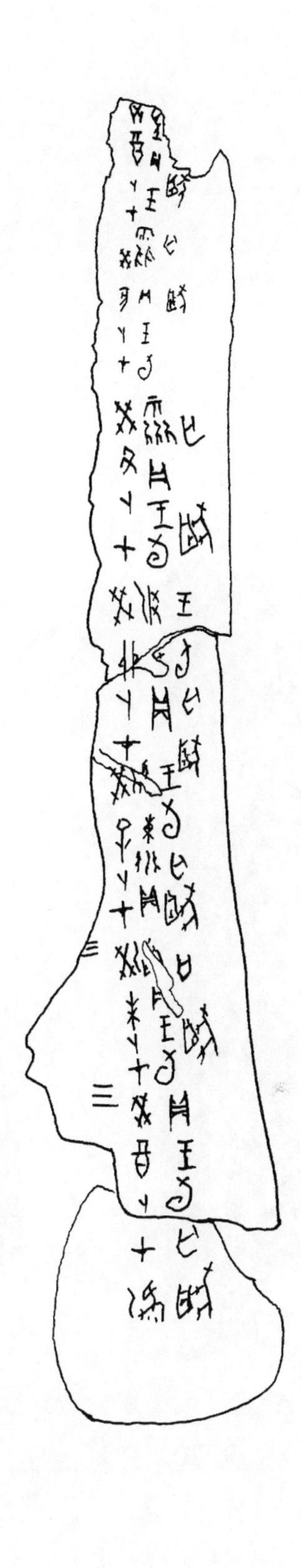

（95）

蔡哲茂

張宇衛

A

合 37917

續 6.1.4

簠拓 908

B

合 39331

前 5.17.1

歷拓 6823

山東 596

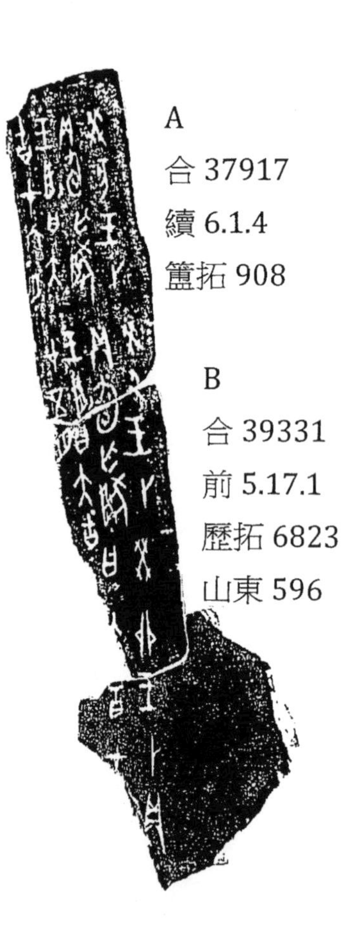

C

合補 13088

歷藏 18586

（96）

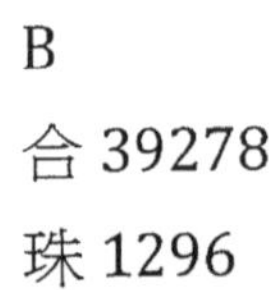

B

合 39278

珠 1296

A

合 37933

簠雜 22

簠拓 911

續 6.5.9（不全）

（97）

B

珠 1250

A

合 39220

珠 743

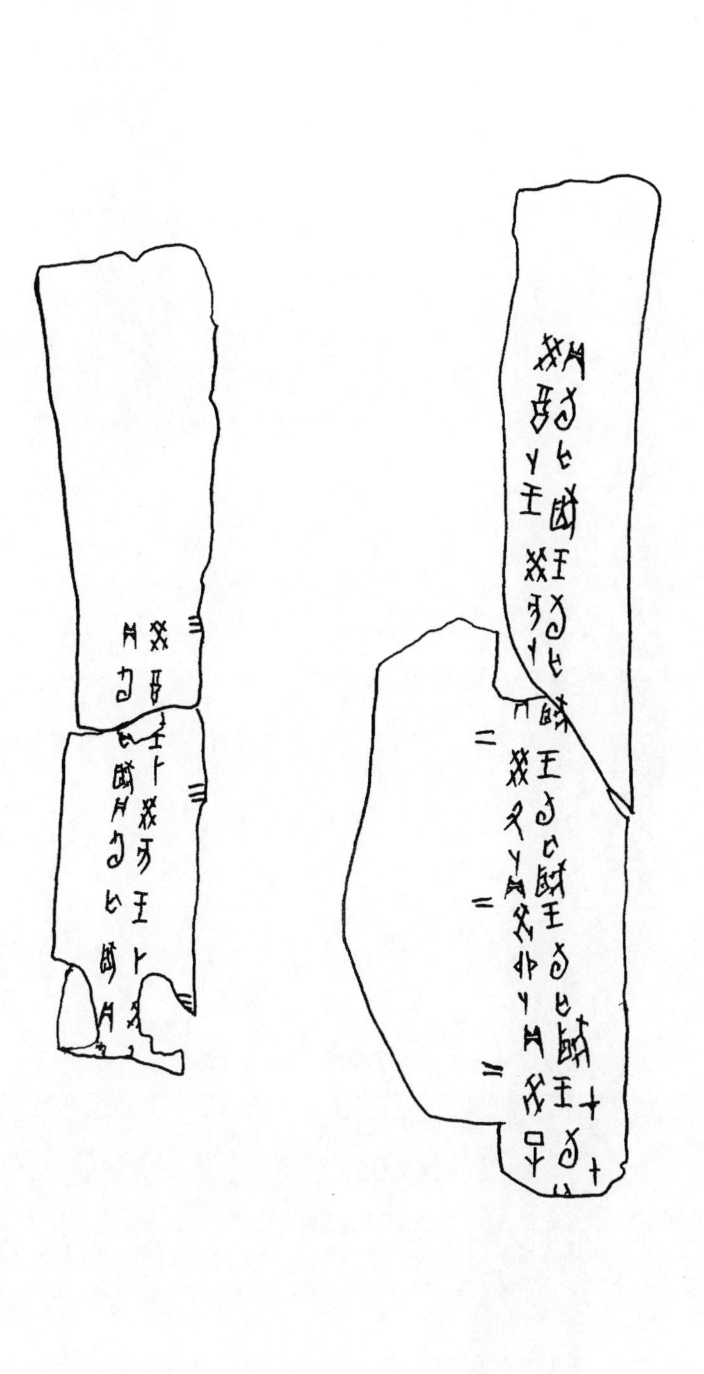

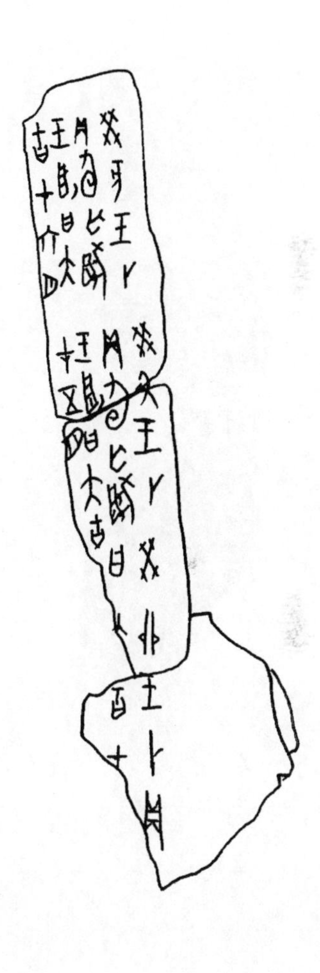

（98）

B
珠 441

A
合 37786
前 5.31.4
通 718

（99）

A
巴黎藏甲骨 25

B
合 37416
重博 14
重慶三峽 149

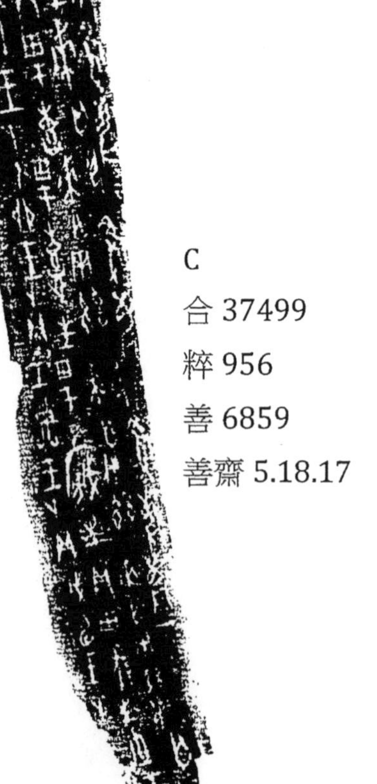

C
合 37499
粹 956
善 6859
善齋 5.18.17

（100）

A
合 39283
續存上 2550

B
明後 2742
南明 819

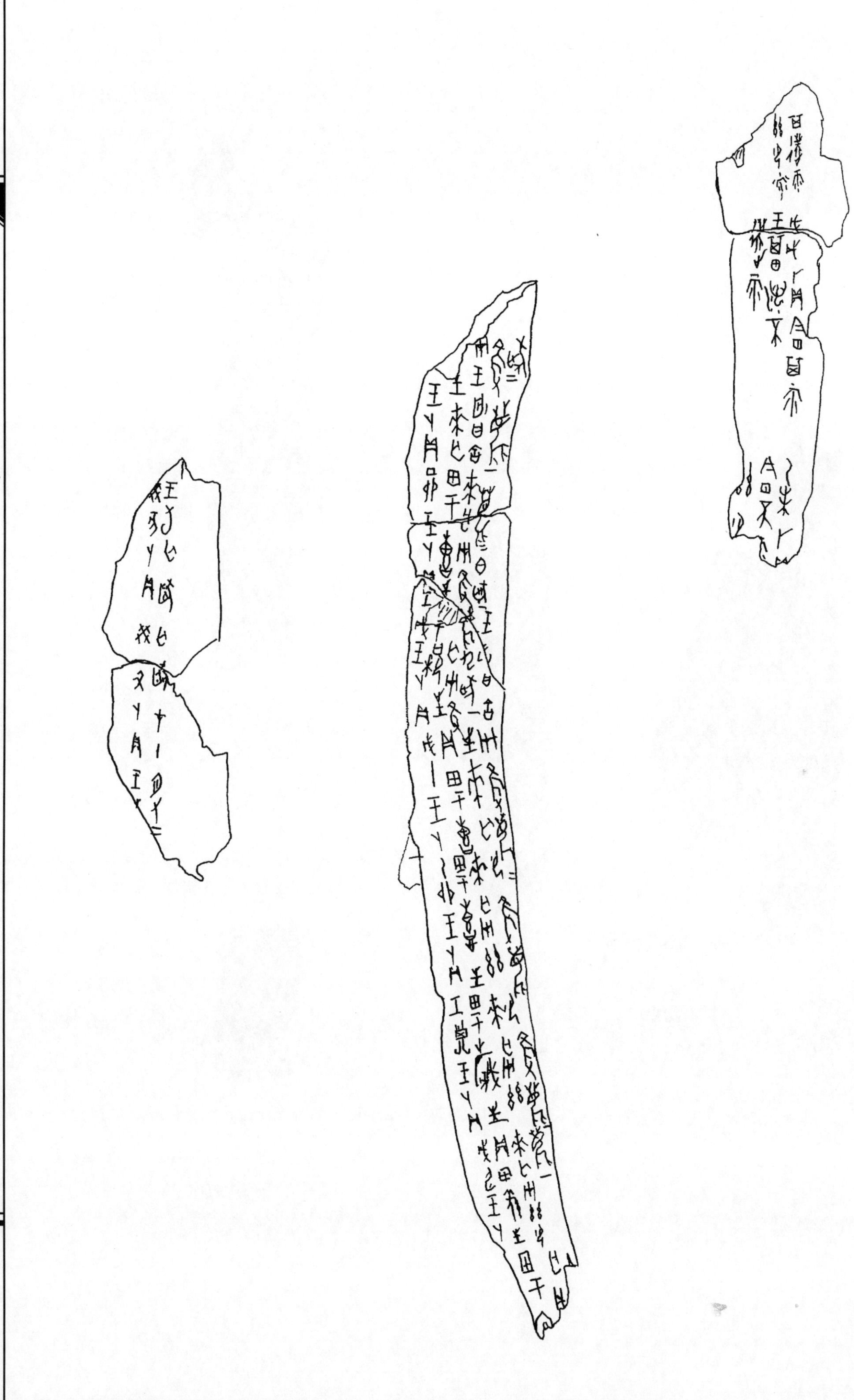

（101）

林宏明

張宇衛

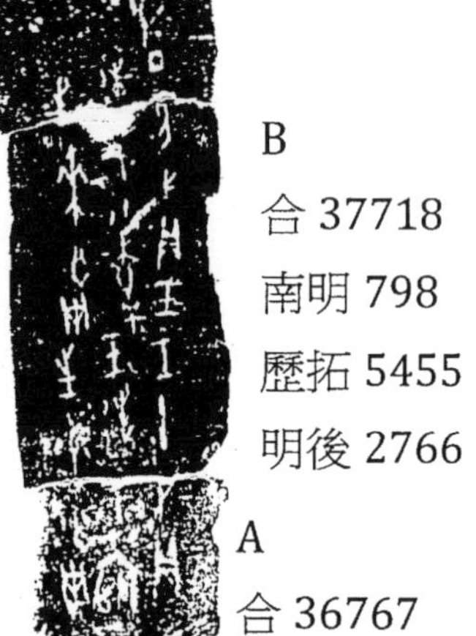

C

續存上 2384

B

合 37718

南明 798

歷拓 5455

明後 2766

A

合 36767

京 5299

歷拓 12255

中歷藏 1778

尊 147

（102）

A

合補 12587

歷藏 11655

上博 2426.1189

B

合補 12630

歷藏 10827

（103）

A

合 37883

續存上 2647

善 10303

B

京 5510

（104）

許進雄

張宇衛

A

明後 2773

南明 835

B

合 37864

續 2.1.3（不全）

天 31

歷拓 10297

甲零 62

C

合 37851

歷拓 7873

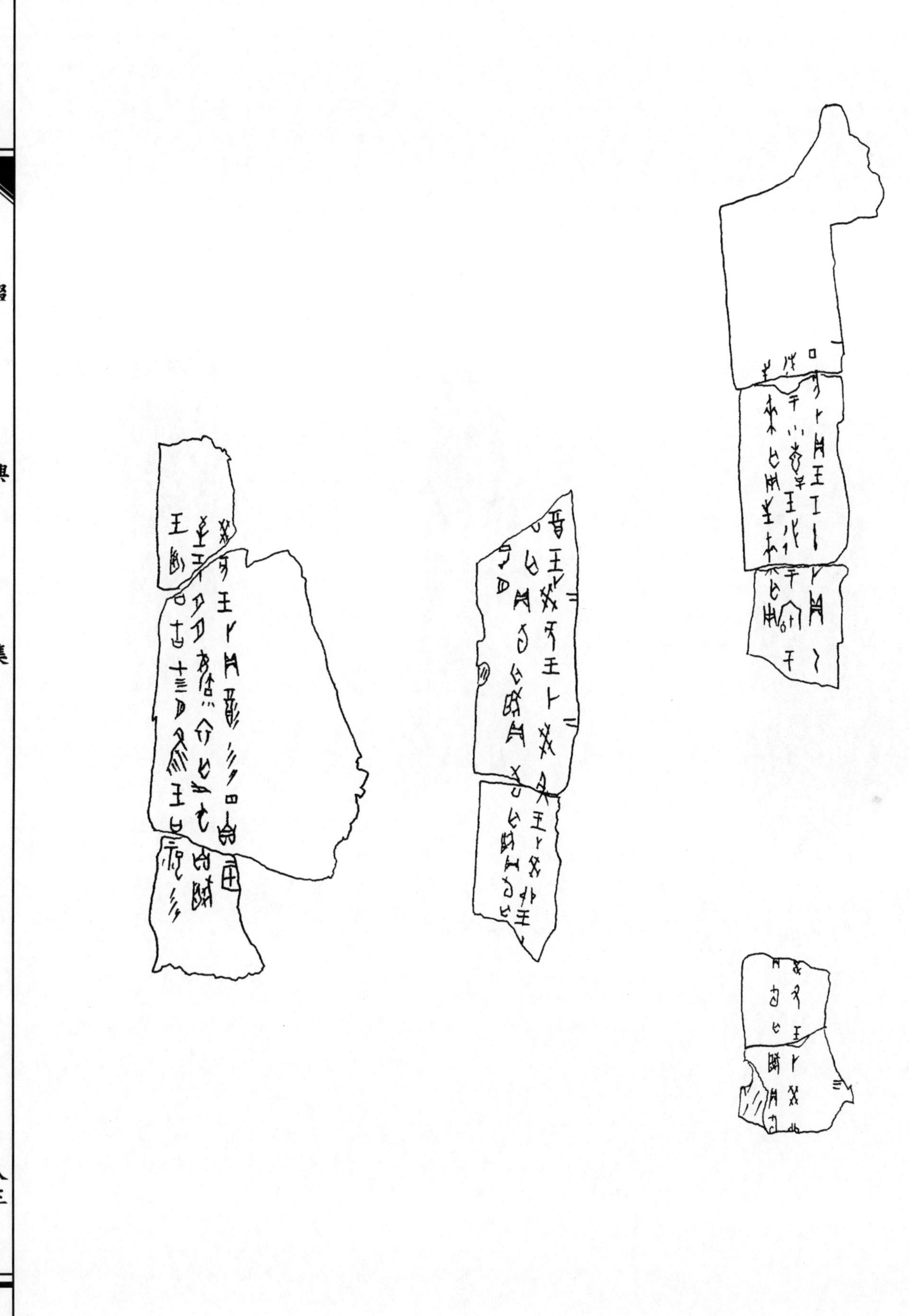

（105）

A

合 36401

京人 2933

B

明後 2774

南明 827

（106）

A

合 37601

珠 117

B

明後 2758

南明 795

（107）

A

懷 1896

B

合 37894

粹 1460

善 10266

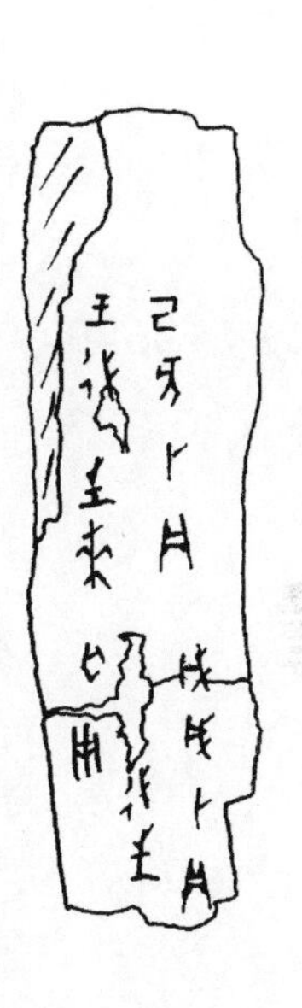

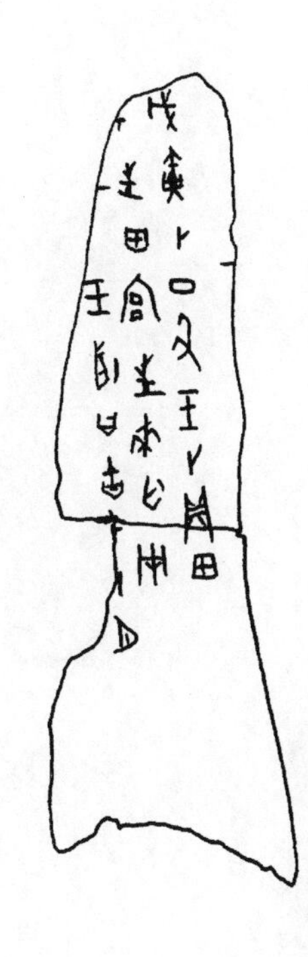

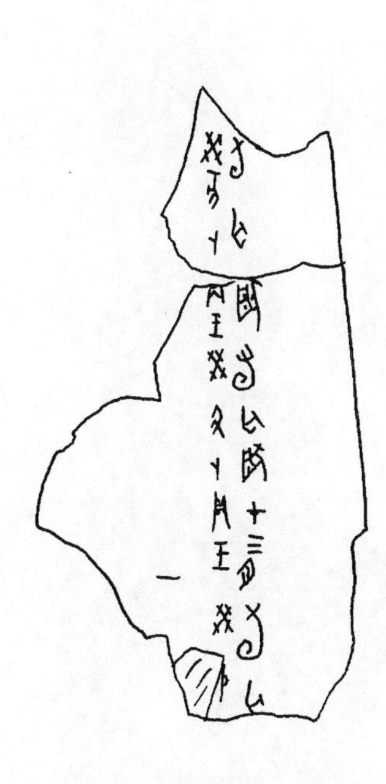

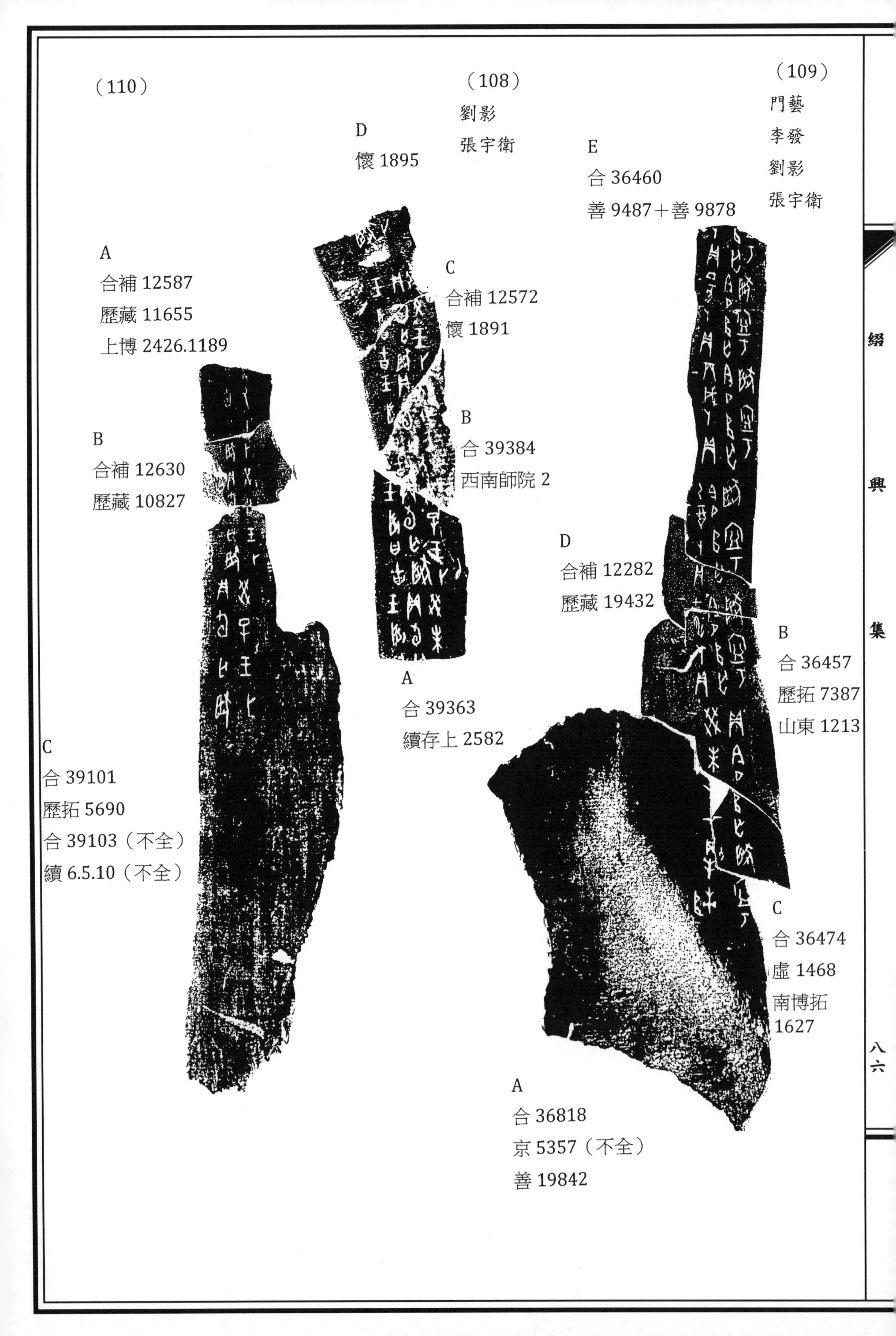
（110）
A
合補 12587
歷藏 11655
上博 2426.1189
B
合補 12630
歷藏 10827
C
合 39101
歷拓 5690
合 39103（不全）
續 6.5.10（不全）
（108）
劉影
張宇衛
D
懷 1895
C
合補 12572
懷 1891
B
合 39384
西南師院 2
A
合 39363
續存上 2582
（109）
門藝
李發
劉影
張宇衛
E
合 36460
善 9487＋善 9878
D
合補 12282
歷藏 19432
B
合 36457
歷拓 7387
山東 1213
C
合 36474
虛 1468
南博拓
1627
A
合 36818
京 5357（不全）
善 19842

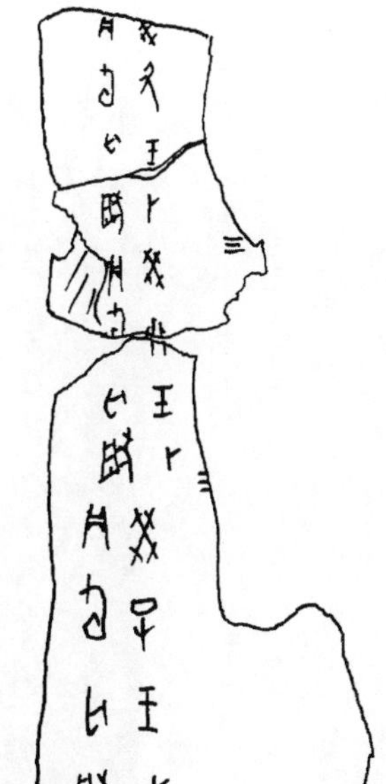

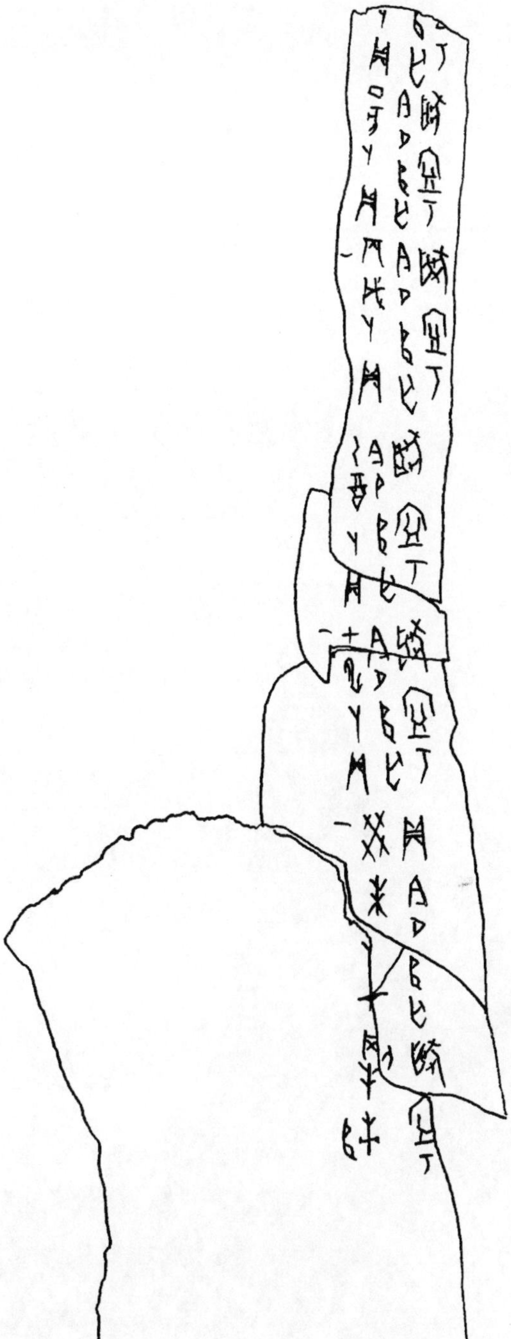

（111）

A
京 5605
北圖 4242

B
合 39152
續存上 2619

（112）

A
京 5384
北圖 3175

B
合 41836
續存下 946

（113）
門藝
張宇衛
林宏明

E
合 37522
簠游 117
簠拓 687
續 3.33.5

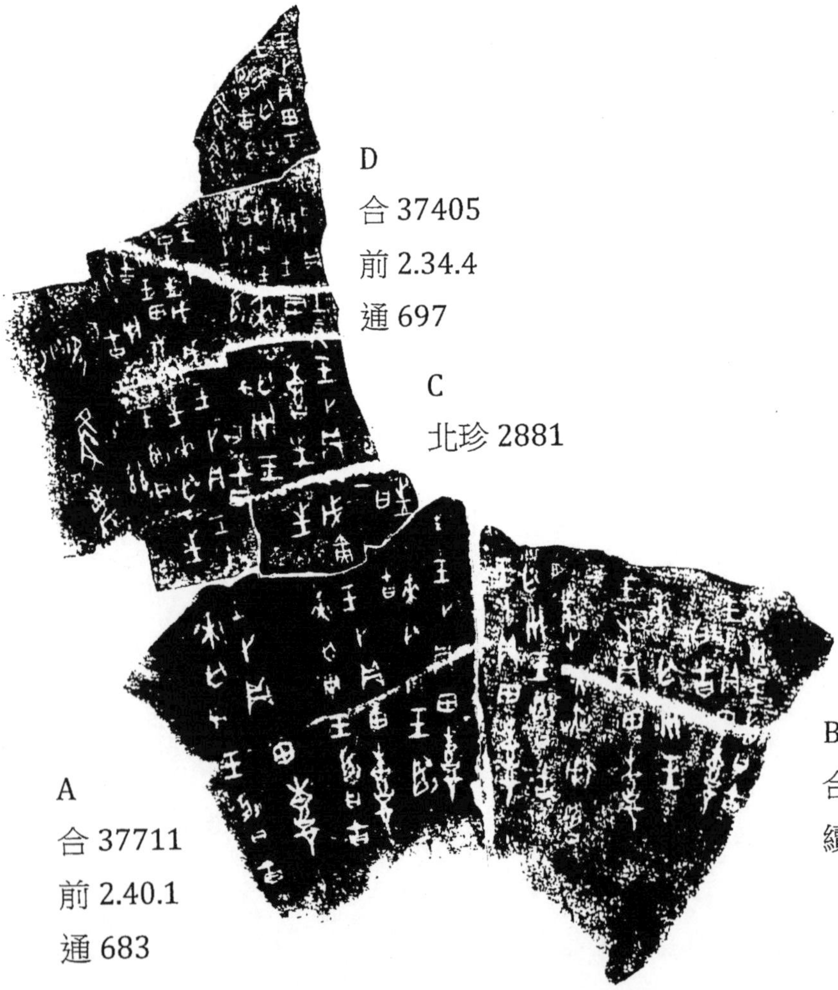

D
合 37405
前 2.34.4
通 697

C
北珍 2881

A
合 37711
前 2.40.1
通 683

B
合 36203
續 1.4.4

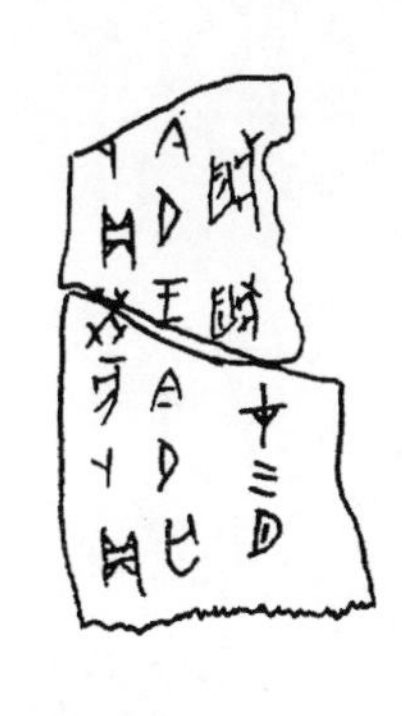

（114）

林宏明

張宇衛

C

明後 2740

南明 817

A

合 39072

續存上 2635

善 10553

B

合補 12791

續存上 2536

（115）

A

合 38989

珠 1243

東文庫 534

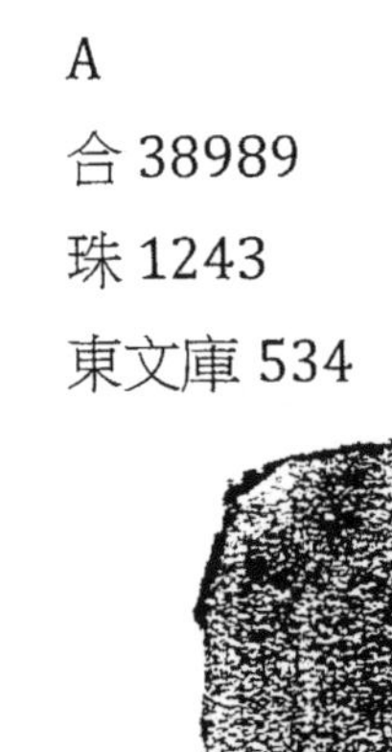

B

簠雜 8

（116）

A

京人 2901

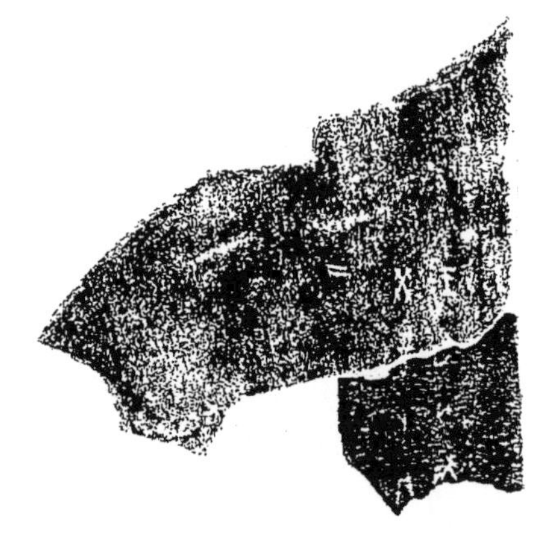

B

東文庫 544

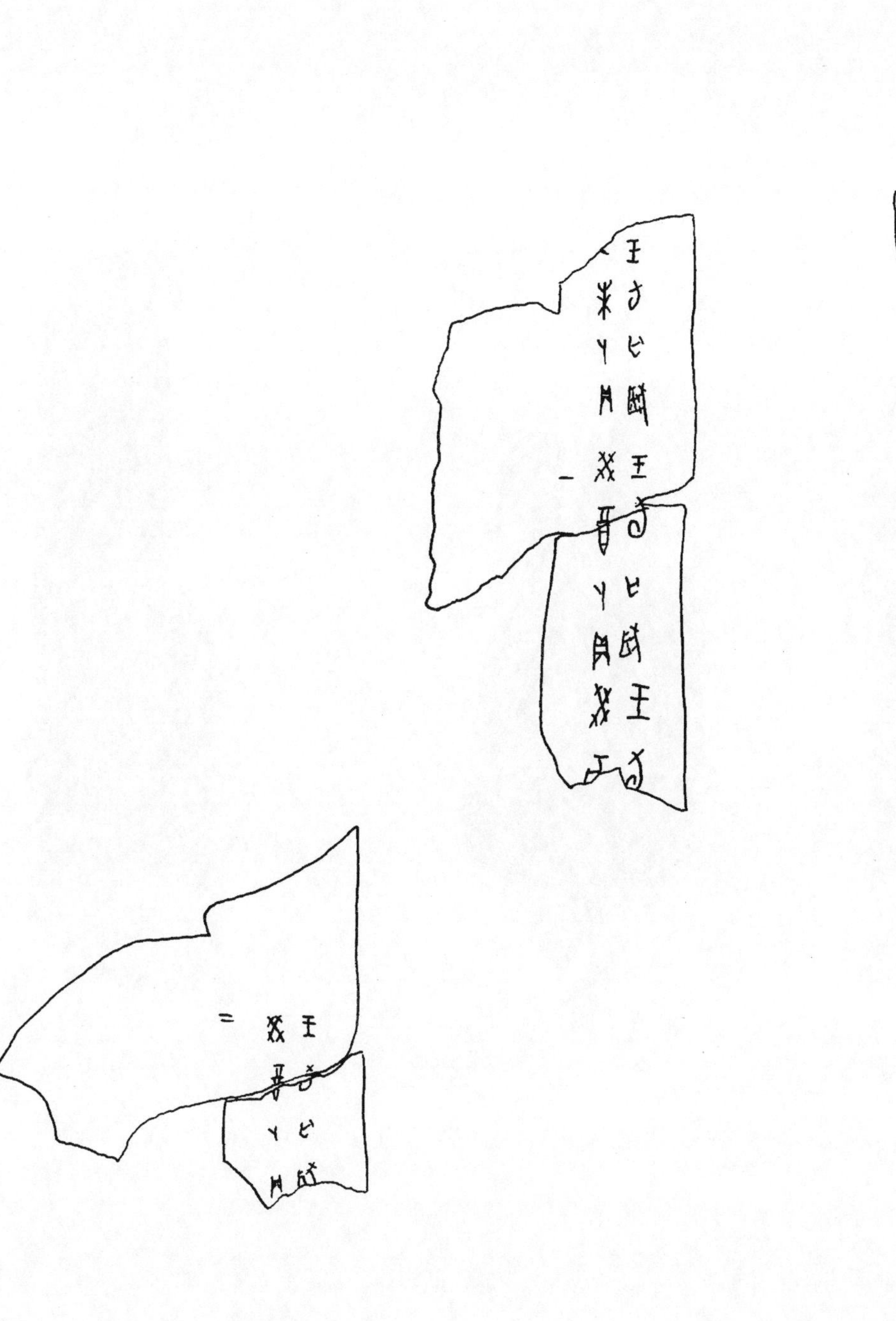

（117）

B
合 39128
善 10164

A
京人 2919

（118）

A
合補 12899
歷拓 4905

B
珠 239

（119）

A
輯佚 754

B
上博 34502.3

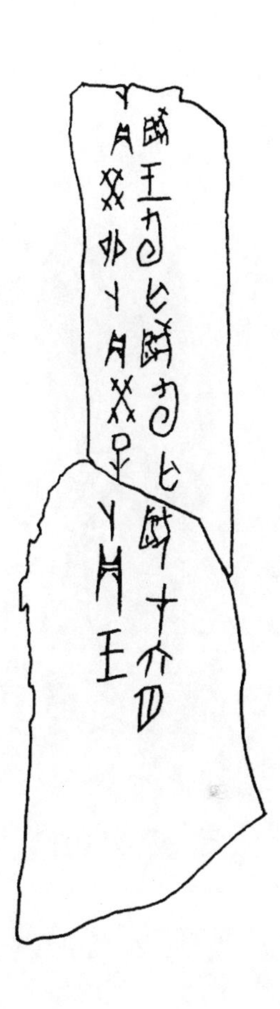

（120）

A
合 25579
甲 323

B
上博 2426.874

（121）

A
合 39220
珠 743

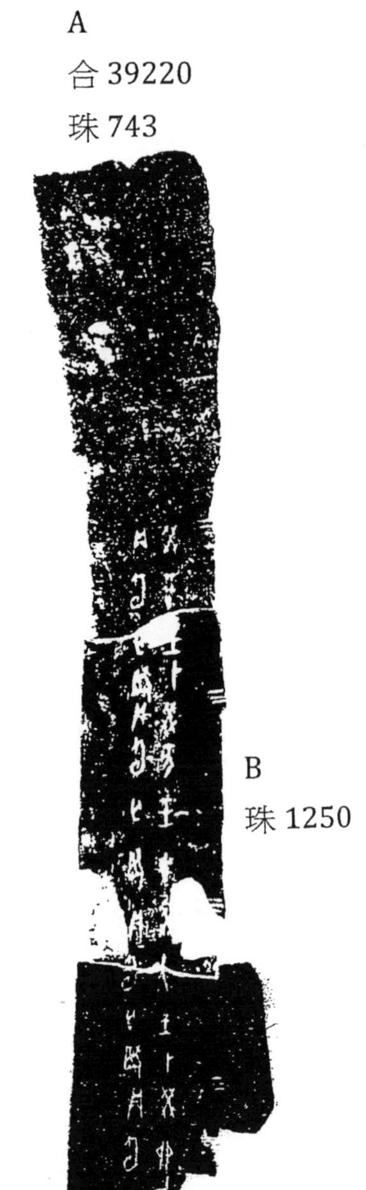

B
珠 1250

C
鄴齋 14.2

（122）

A
安明 1528

B
合 24229
後上 13.7

C
北圖 2010

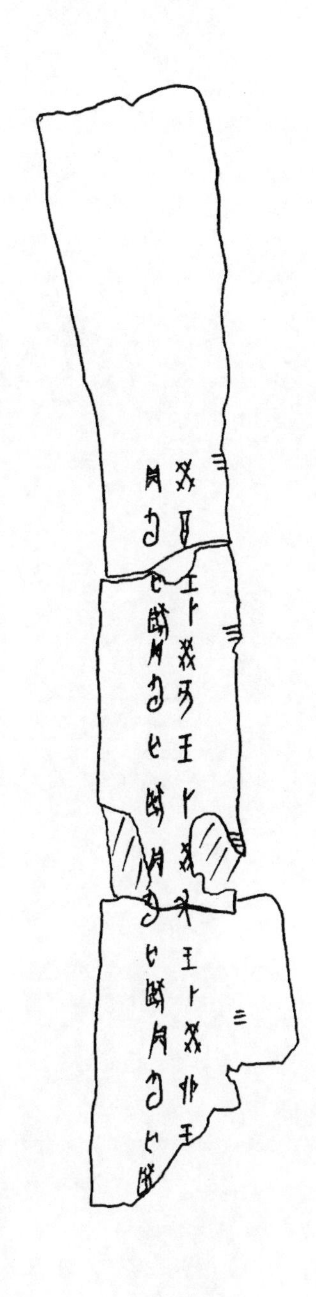

（123）
持井康孝
張宇衛
林宏明

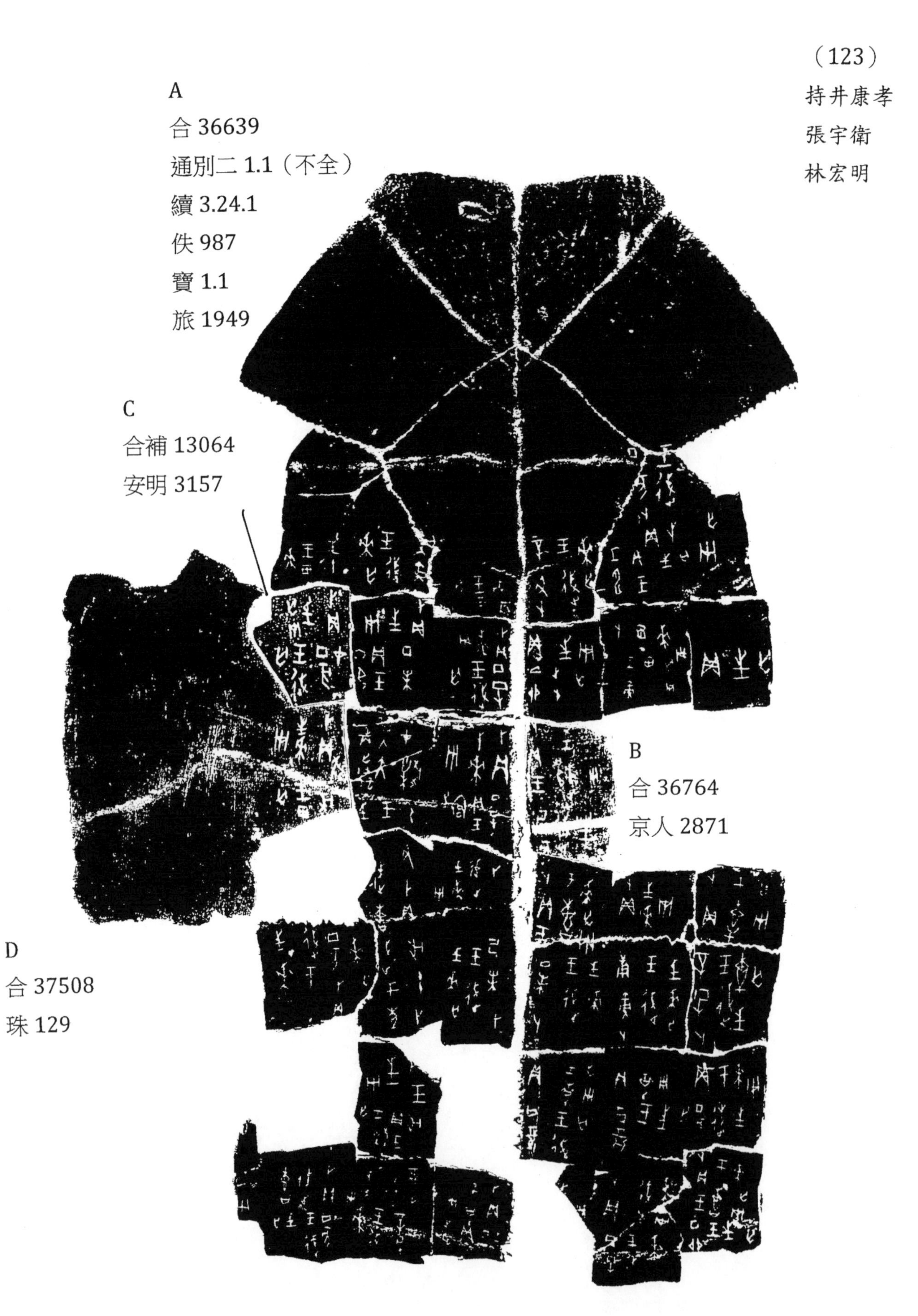

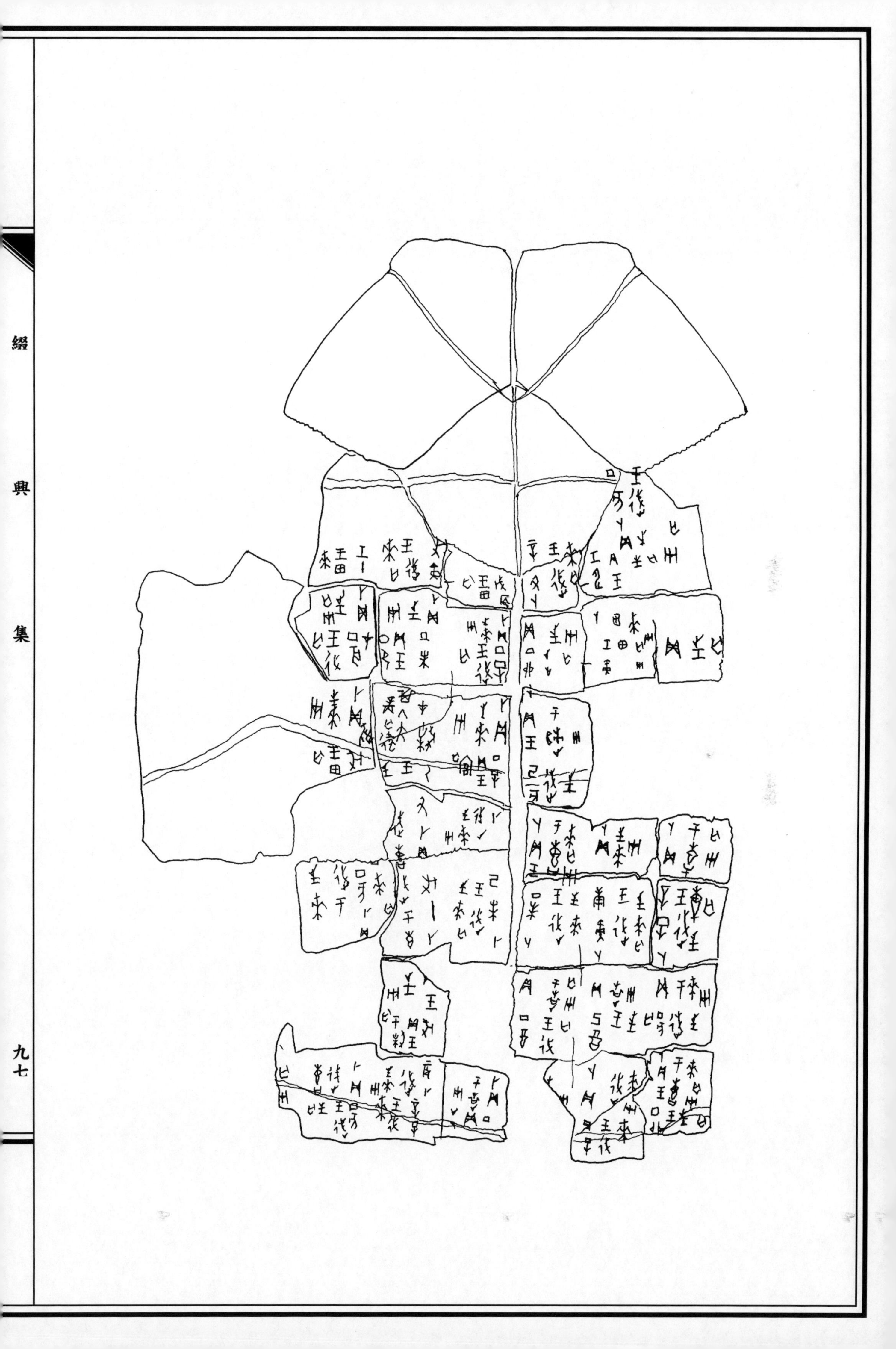

（124）

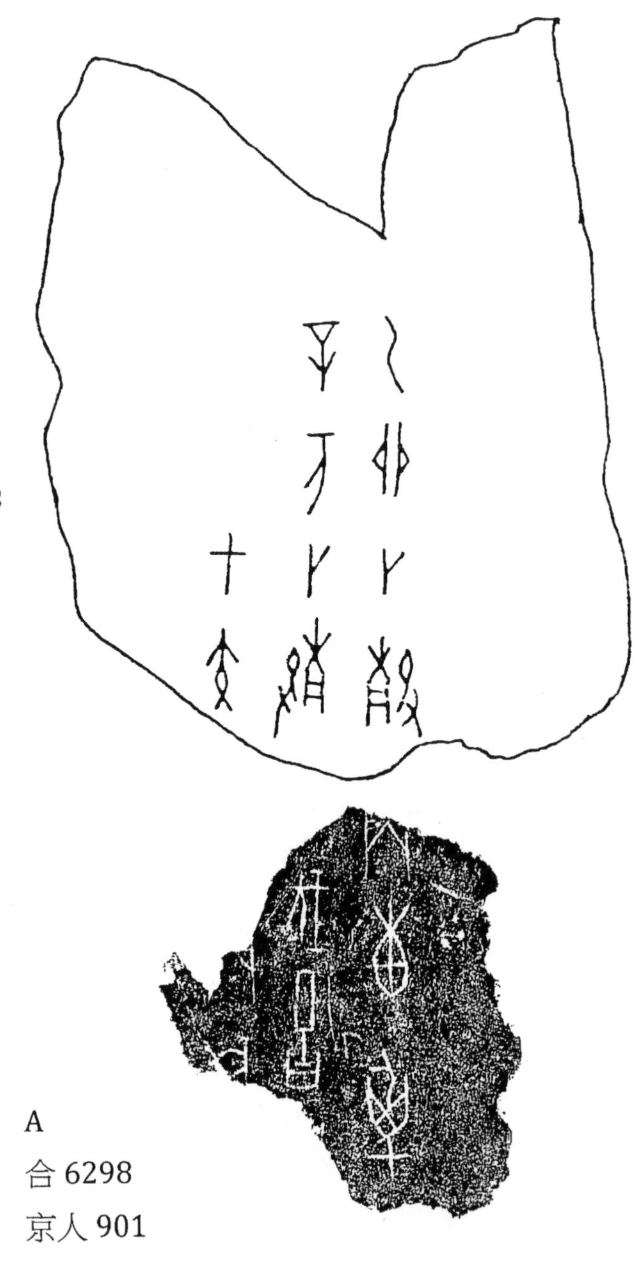

B
蘇德*美日 218

A
合 6298
京人 901

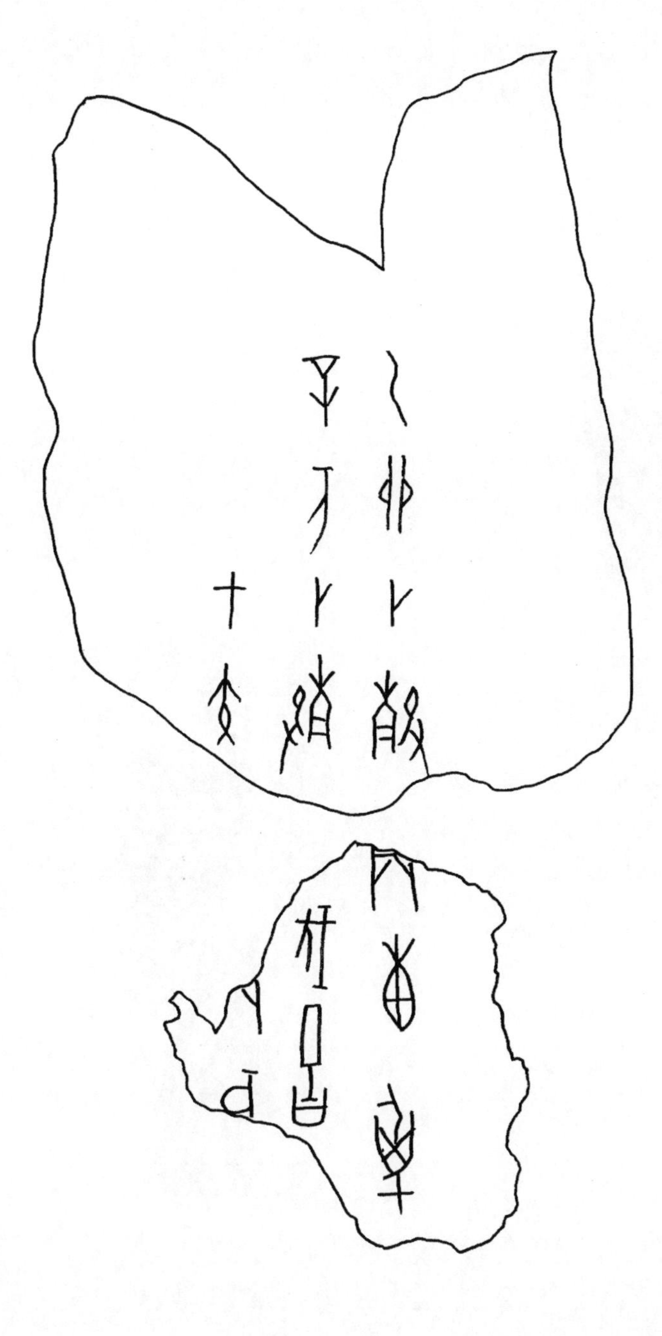

（125）

A
合補 12680
歷藏 10799
合補 12839
續存上 2526

B
甲詮 177
虛 1729

（126）

B
甲詮 62
虛 573

A
合補 12691
續存上 2514
合補 12884
歷藏 14302

（127）

B
甲詮 432
虛 1507

A
合補 11330
歷拓 1501

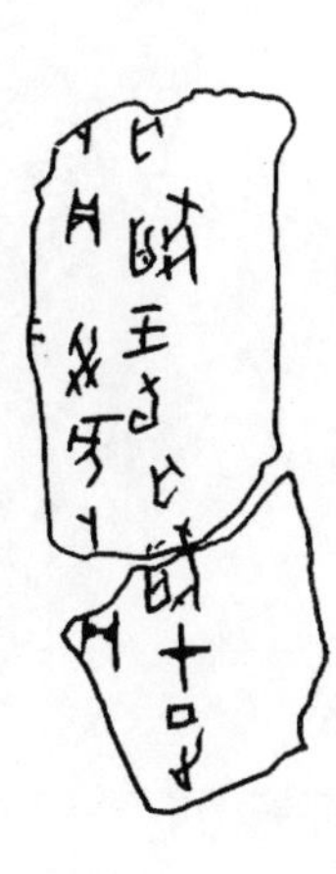

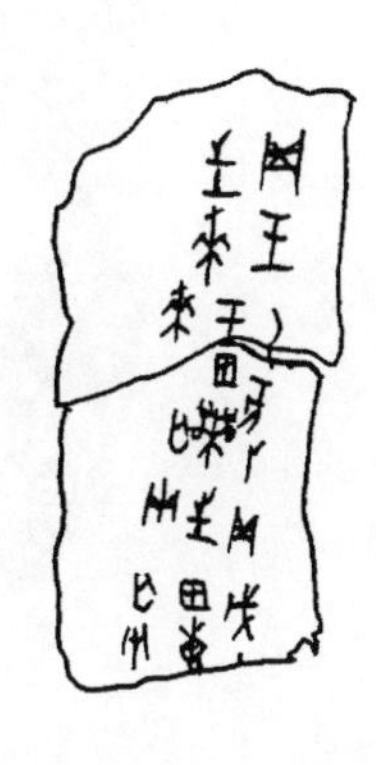

（128）

A
合 36721
京 5335
北圖 2893
合 36722

B
合 36414
甲詮 64
虛 918
南博拓 888

（129）

A
英 2663

B
甲詮 172
虛 370

（130）

A
合 39242
珠 1235

B
甲詮 167
虛 563

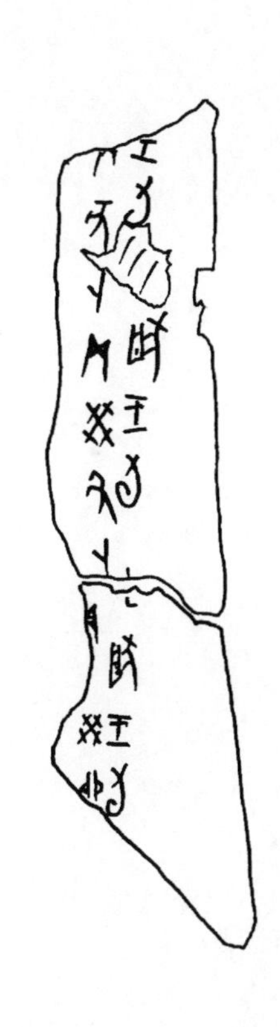

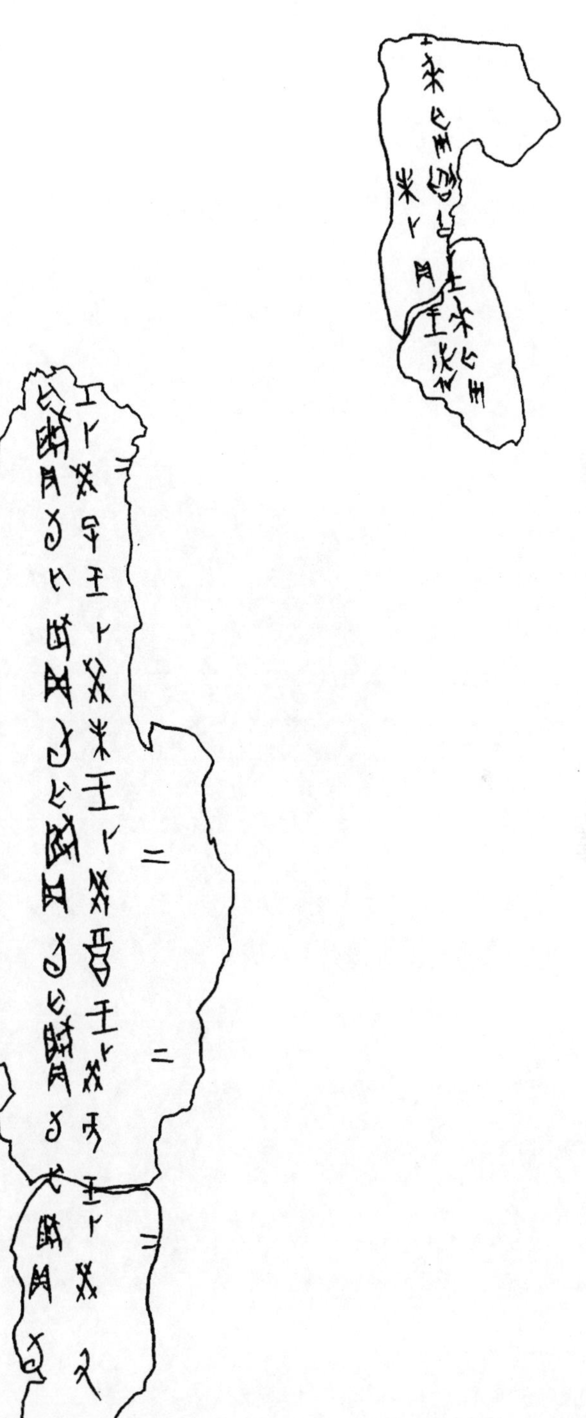

（131）

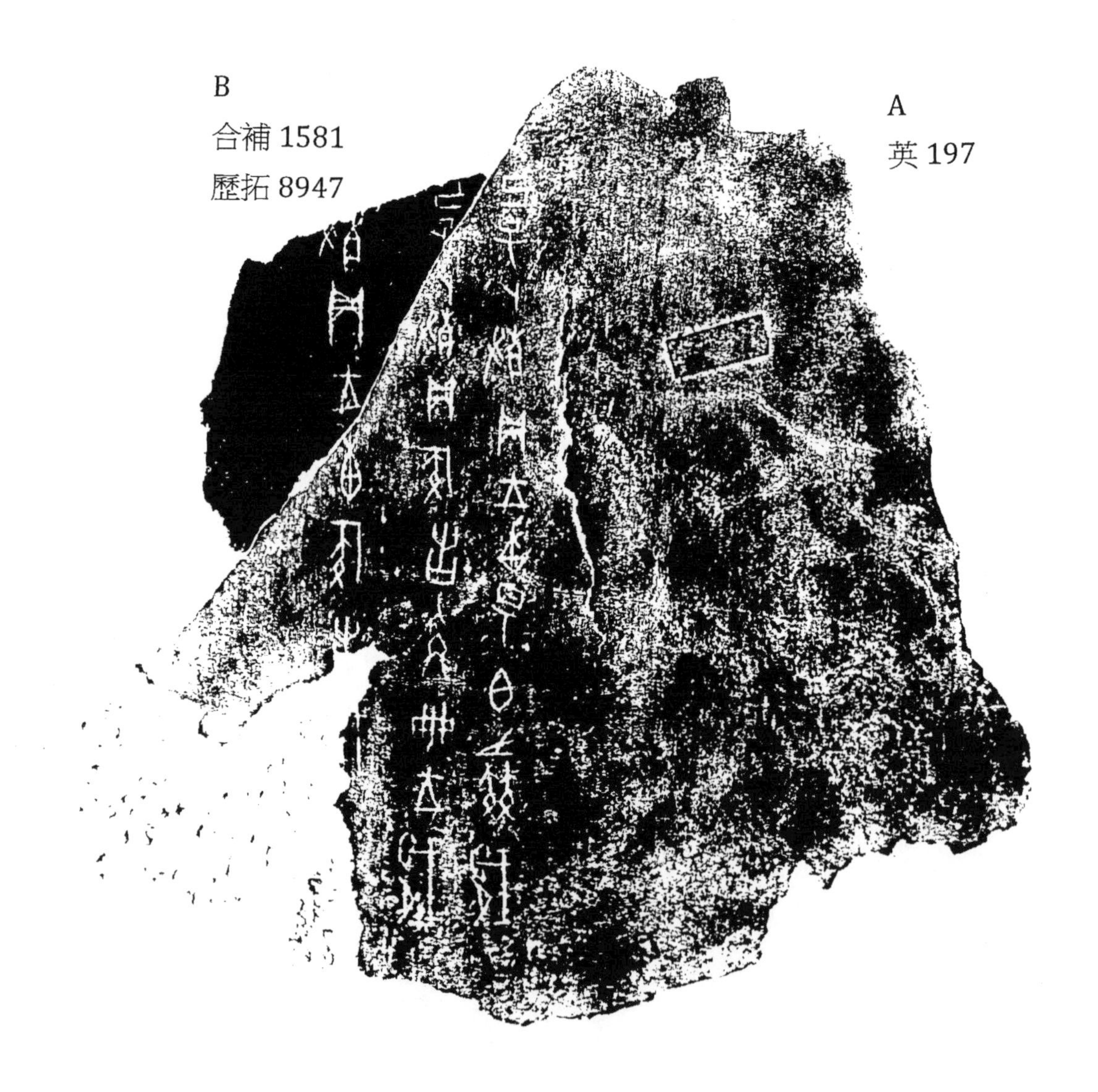

(132)

劉影

張宇衛

A

合 16378

善 11026

D

合 3596 正

京人 879a

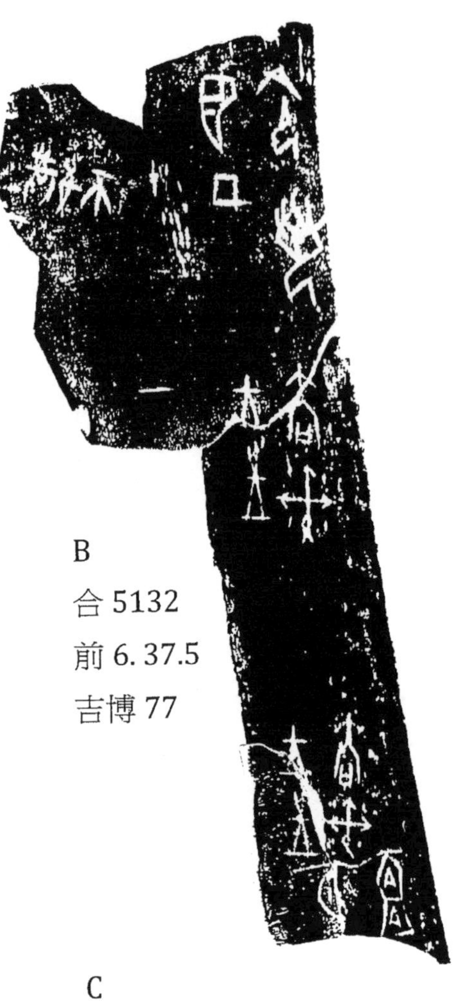

B

合 5132

前 6. 37.5

吉博 77

C

張世放所藏甲骨 42

E

合 5141

龜 1.10.9

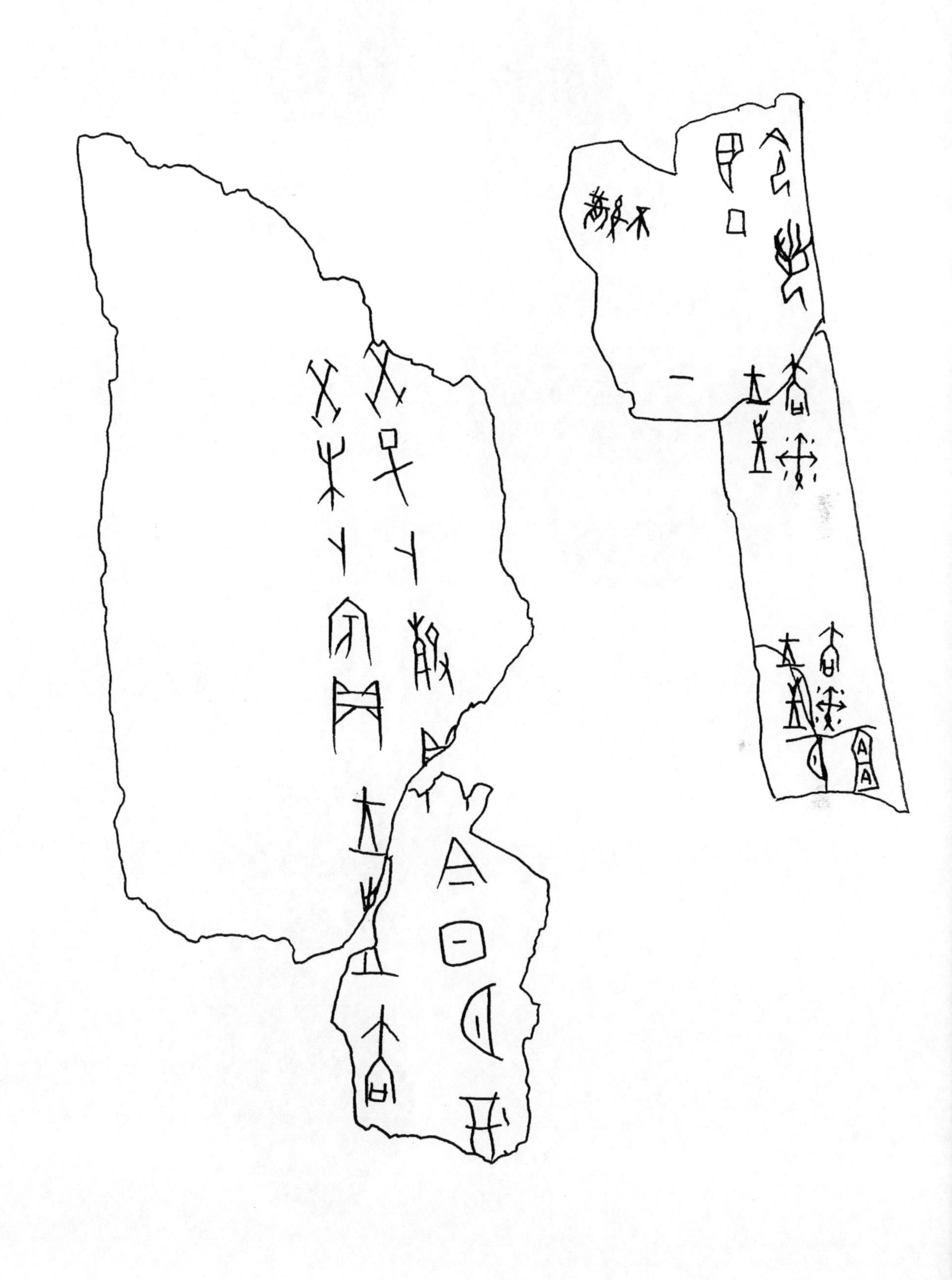

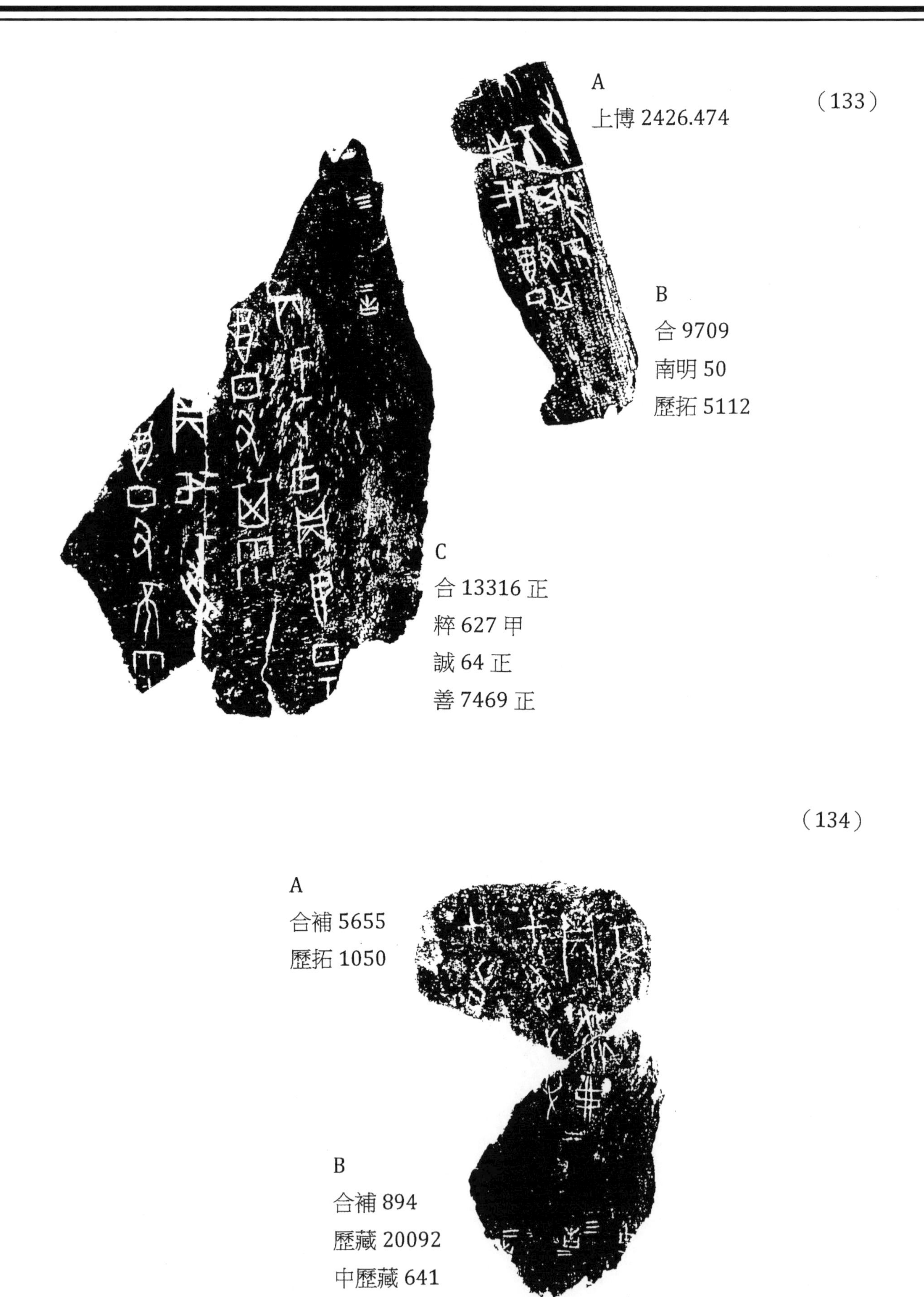

（133）

A
上博 2426.474

B
合 9709
南明 50
歷拓 5112

C
合 13316 正
粹 627 甲
誠 64 正
善 7469 正

（134）

A
合補 5655
歷拓 1050

B
合補 894
歷藏 20092
中歷藏 641

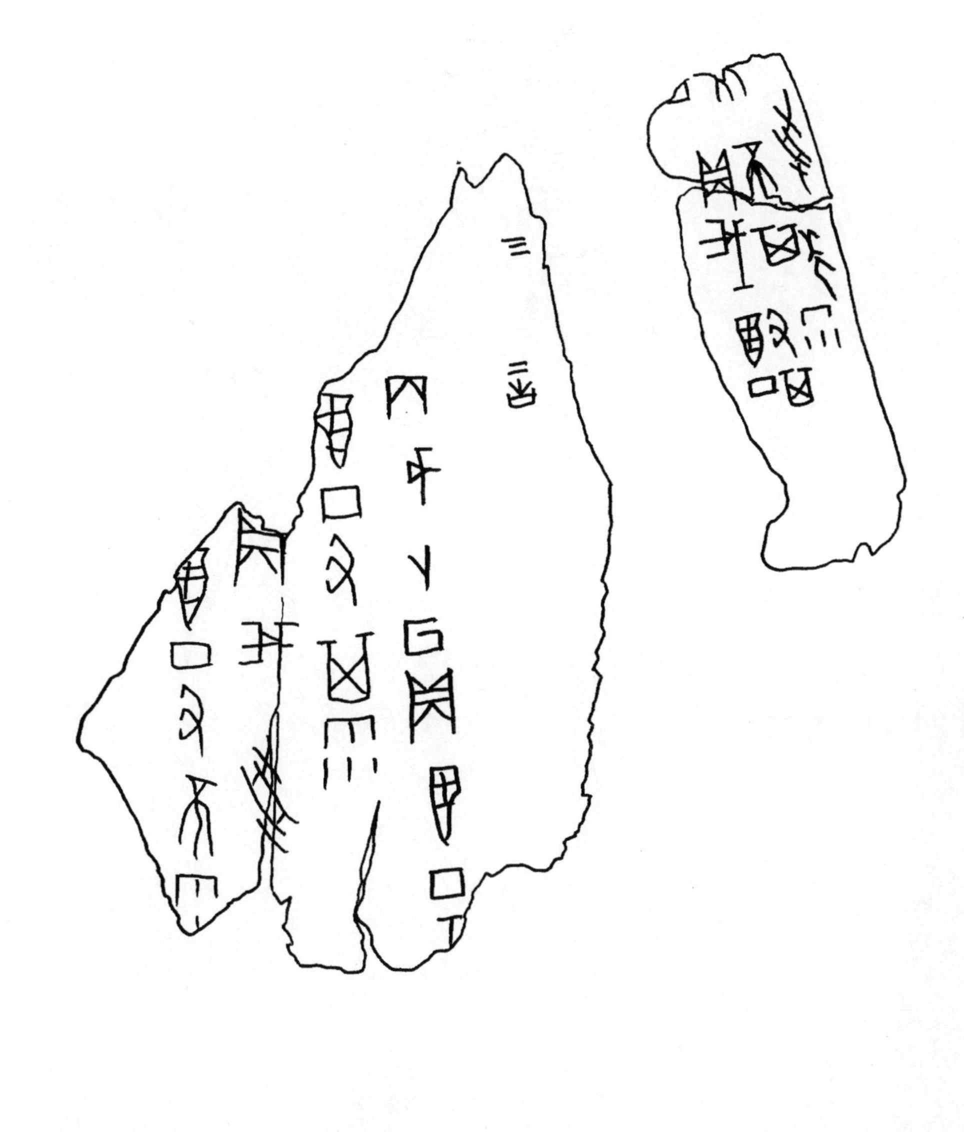

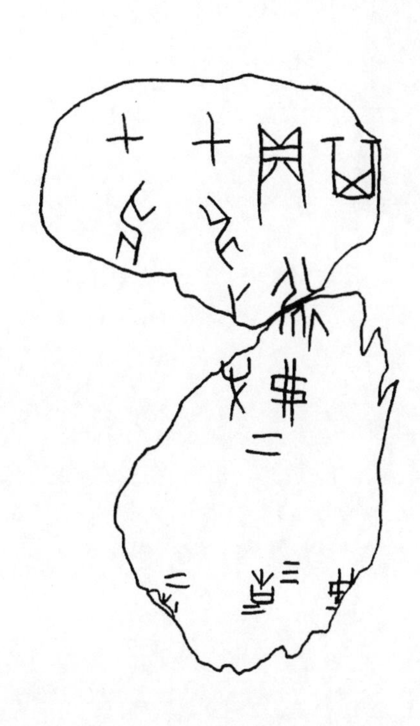

（137）

A
愛 43
合 41193
蘇 20

B
合 23074
善 601

（135）

B
輯佚 813

A
合補 11335
懷 1858

（136）

B
合 37724
歷拓 7002

A
合 37500
甲零 86
歷拓 10205

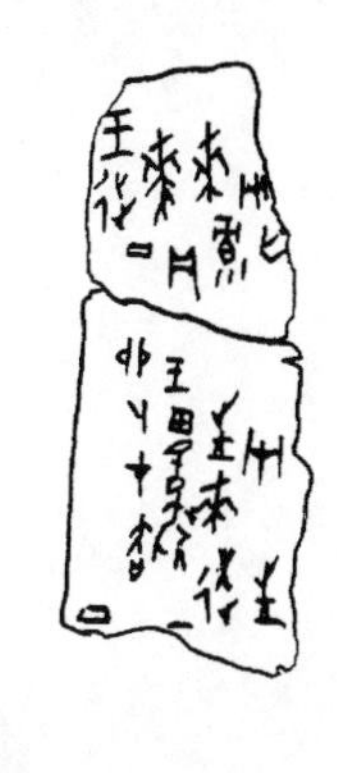

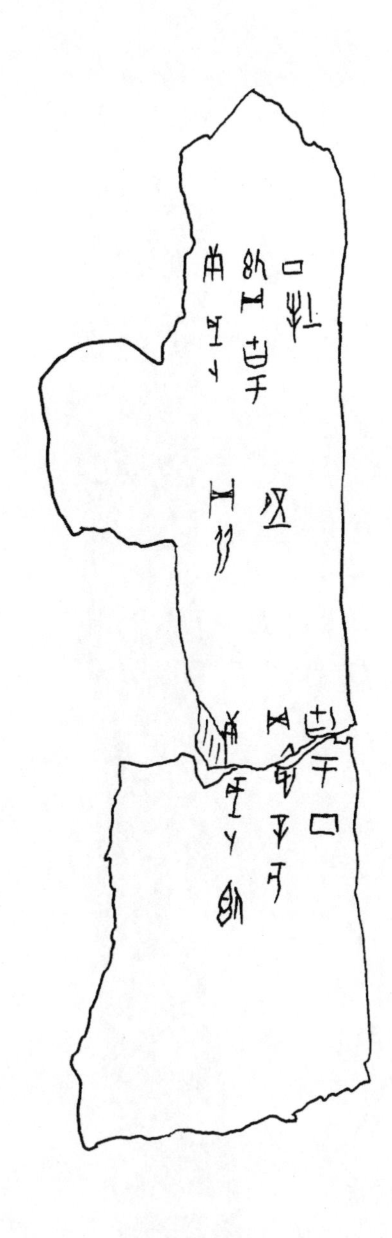

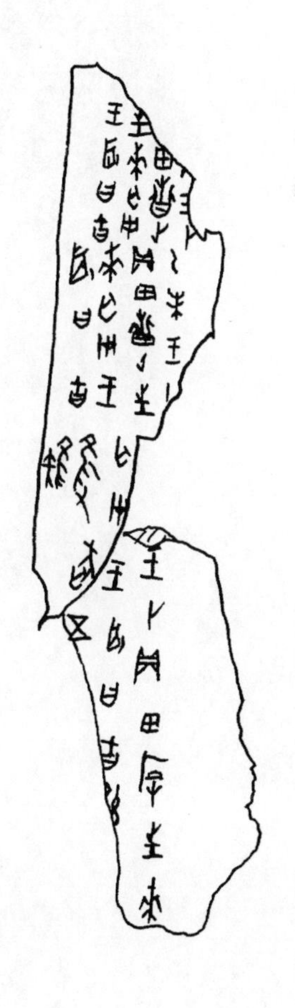

（138）

A
愛 47
合 41163
蘇 31

B
合 25510
戩 19.4
歷拓 9311
續 2.11.4
上博 17647.155
朱拓 19.4

（139）

A
合 23741
善 4591

B
愛 55
合 41197
蘇 32

C
合 22762
戩 2.9
歷拓 9120
續 1.9.2
上博 17647.14
朱拓 2.9

（140）

A
愛 57

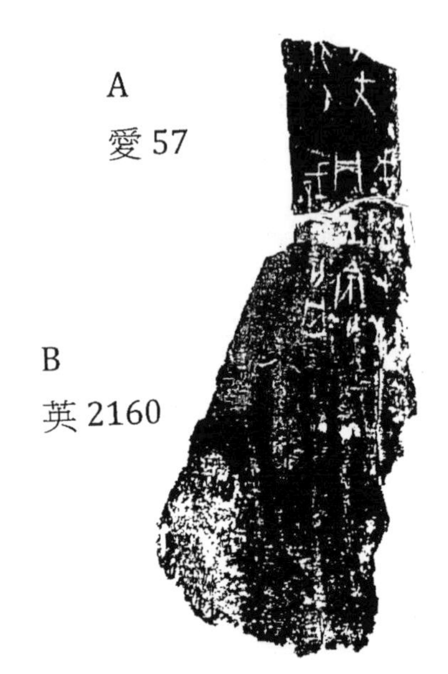

B
英 2160

（141）

A
龜 1.29.7

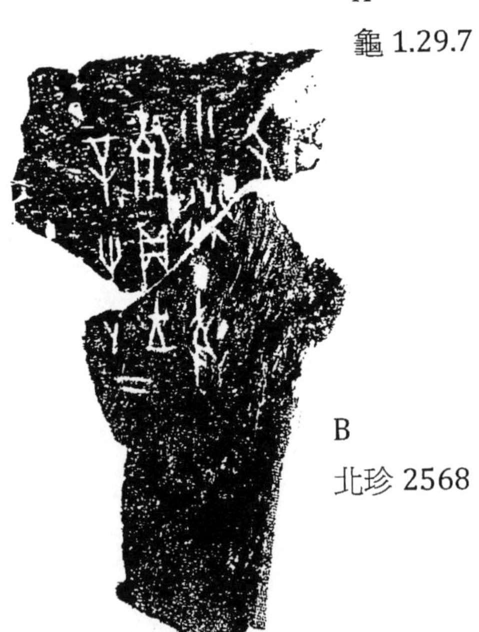

B
北珍 2568

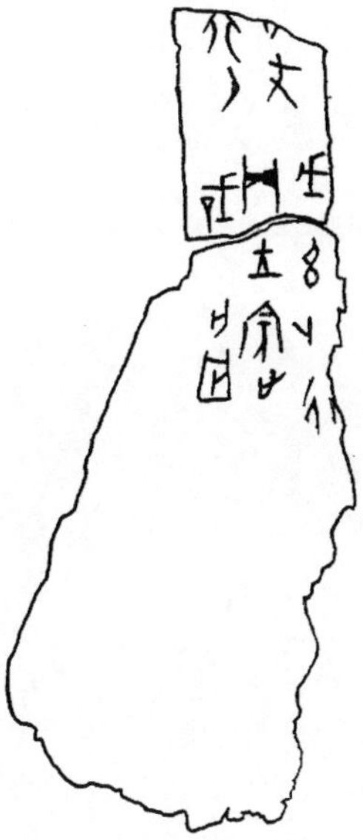

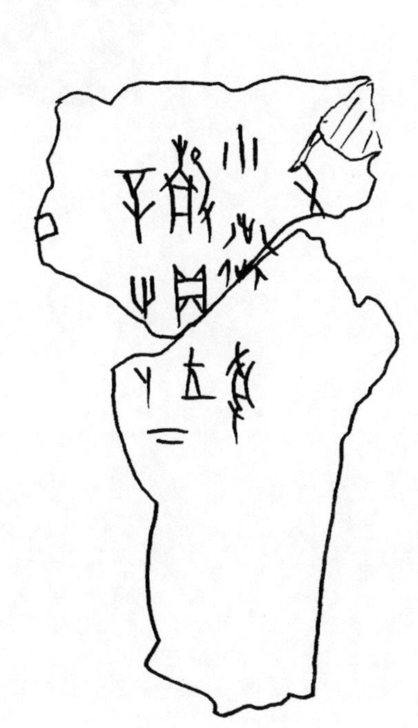

（142）

A
合 861
前 6.20.1（不全）
歷拓 7126
山東 871

B
合 17150
善 5349
善齋 7.46b.7

（143）

B
合 12451
粹 739
善 7408
善齋 7.32a.4

A
合補 3293
歷藏 14512
善齋 7.28a.5

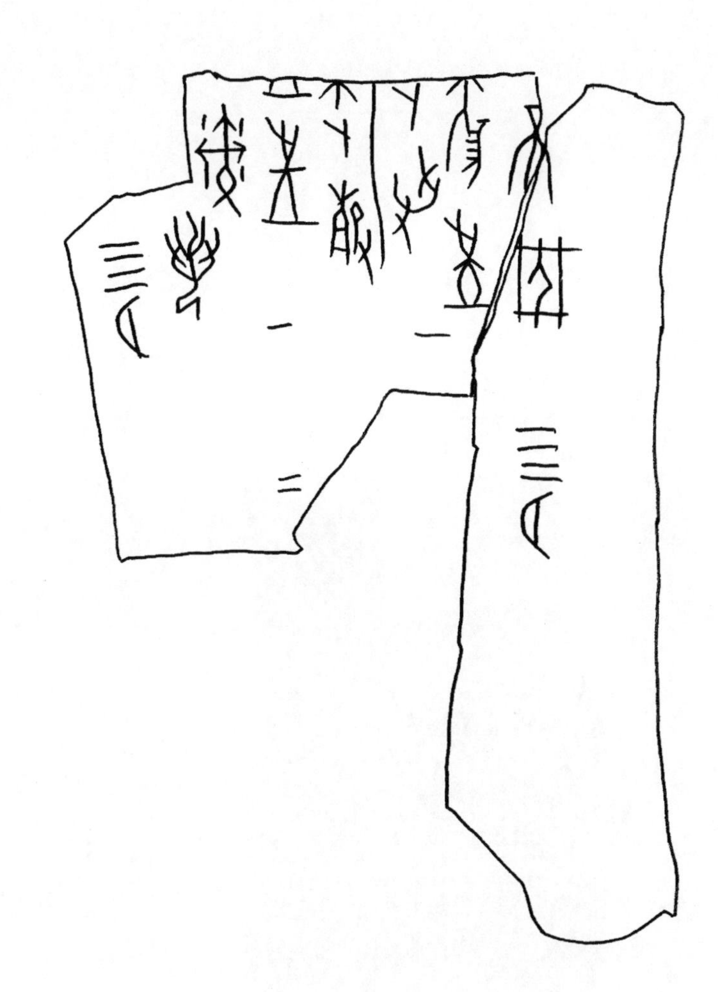

（144）

C
合 24367
南明 395
歷拓 5251

B
善齋 7.12b.3

A
合 24364
粹 1570 正
善 9169 正
京 3493

（145）

B
善齋 5.39b.2

A
合 34855
京人 2429

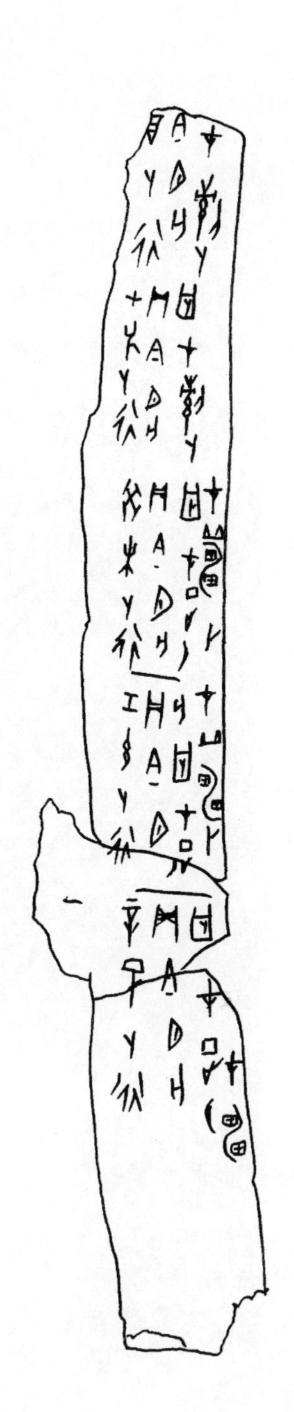

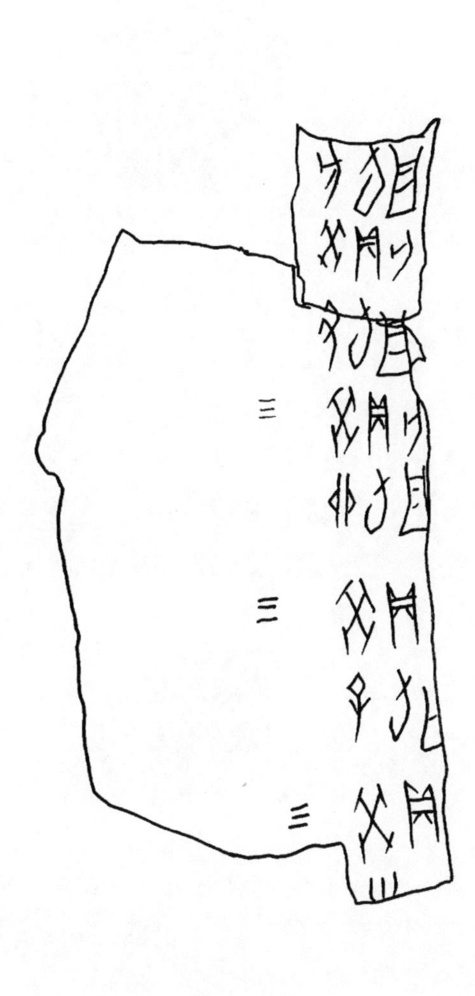

（146）

A
合 17608
粹 1515 甲
善 14500 正
善齋 7.23b.9

B
善齋 7.18b.9

（147）

A
合 39005
珠 213

B
善齋 5.29b.2

（148）

A
合補 7971
歷拓 9817
上博 17647.548
殷餘 17.3

B
瑞典 62

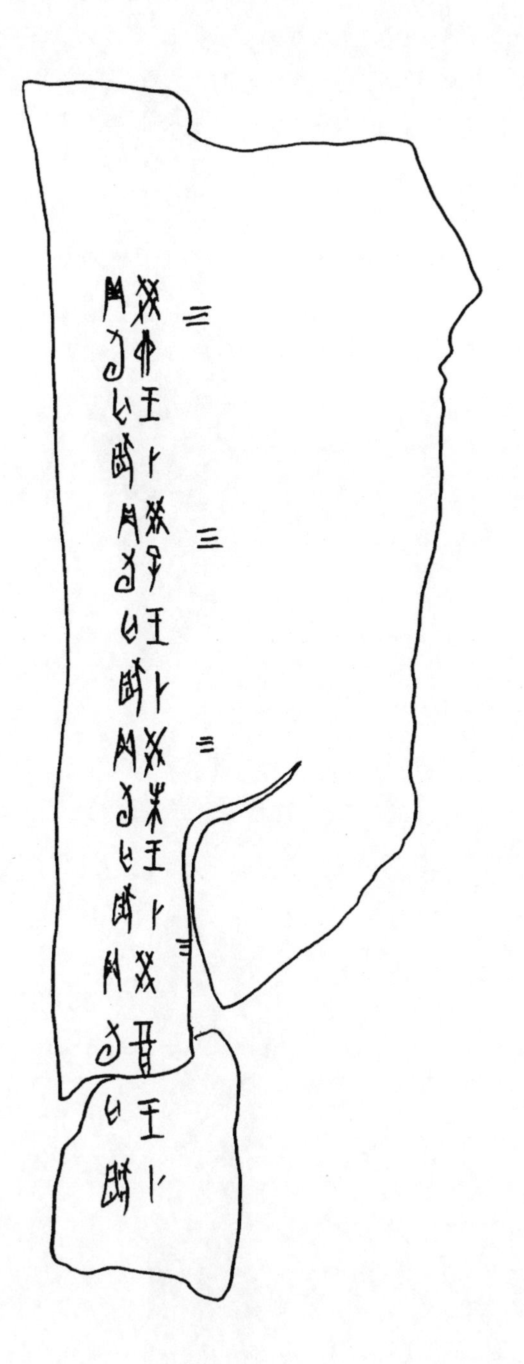

(149)

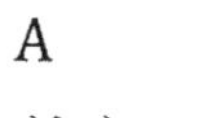

A
善齋 2.52A.1

B
合補 12954
歷藏 16858

(150)

A
合 39257
珠 1292
合補 12857
東大 921

B
合 39201
續存上 2945

(151)

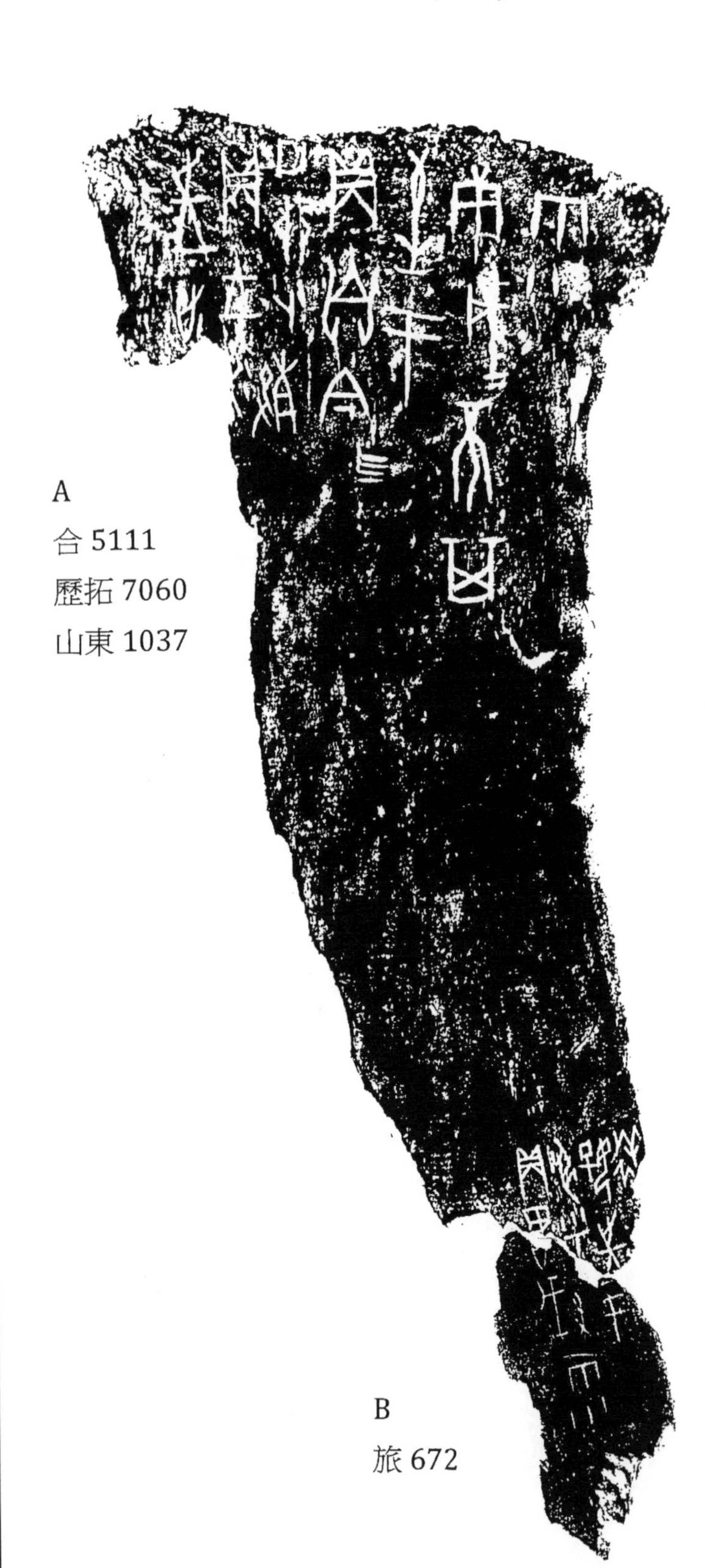

A
合 5111
歷拓 7060
山東 1037

B
旅 672

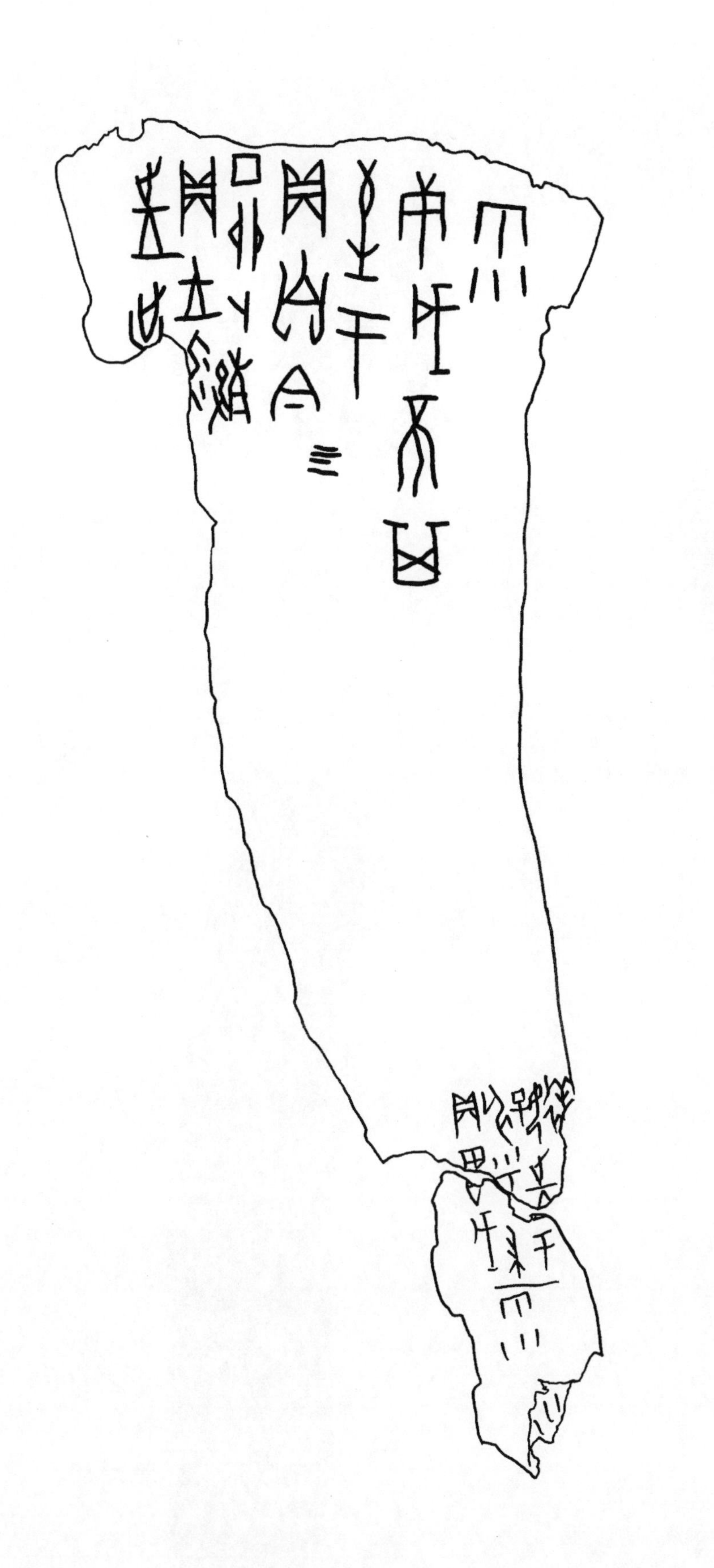

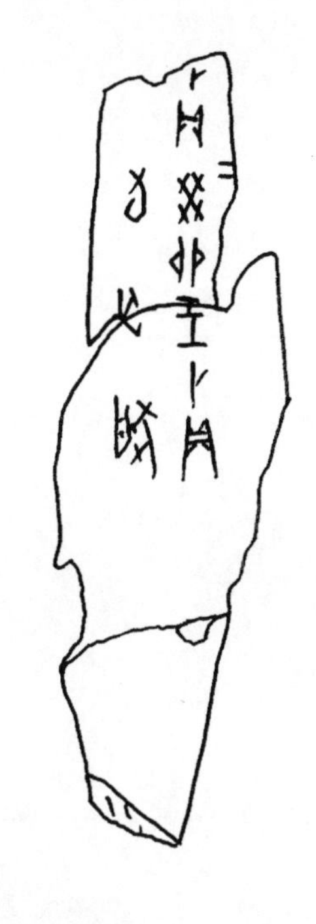

（152）

A
合 7577
契 73
北珍 788
歷拓 6186

B
善齋 2.17A.7

（154）

A
合補 12890
歷藏 10192

B
旅 2123

C
合 39198
續存上 2655（不全）
善 10239

（153）

A
合 24406
續 6.12.8
歷拓 9786
上博 17647.525
殷拾 6.7

B
合 22636
粹 84
善 387

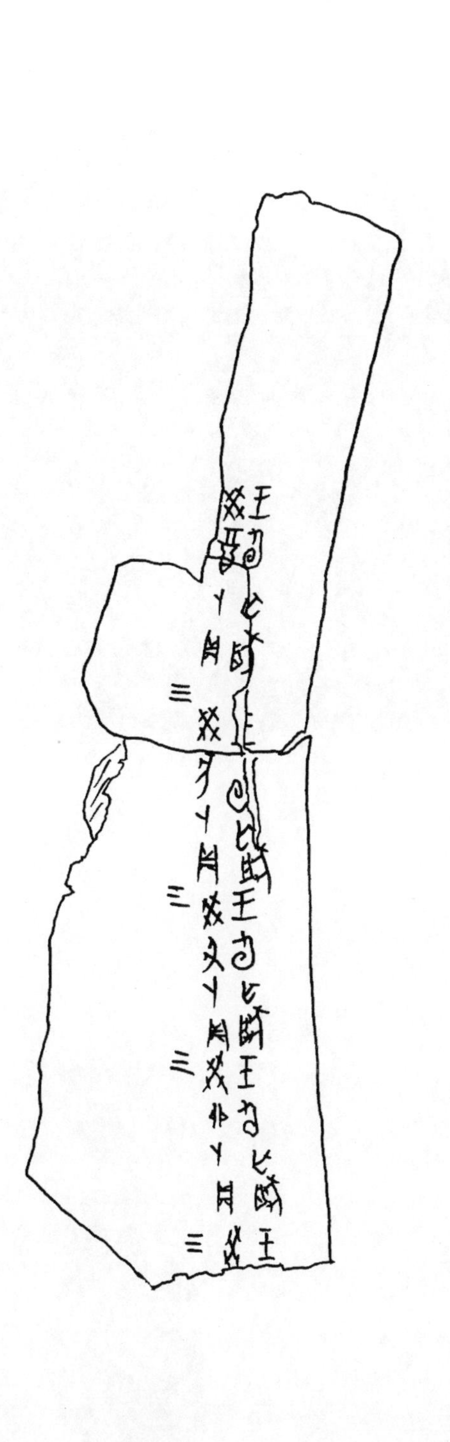

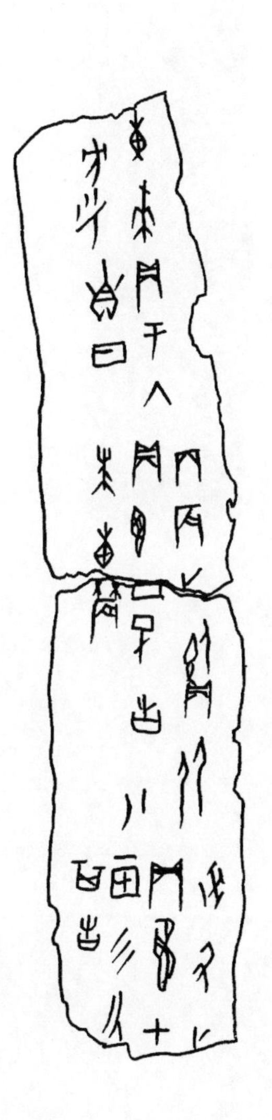

(155)

A

旅 548

B

英 553

金 389

合 40402

(156)

A

善齋 6.44A.6

B

合 34912

京人 2459

(157)

A

旅 487

B

合補 4707

歷藏 20338

善齋 2.91a.1(不全)

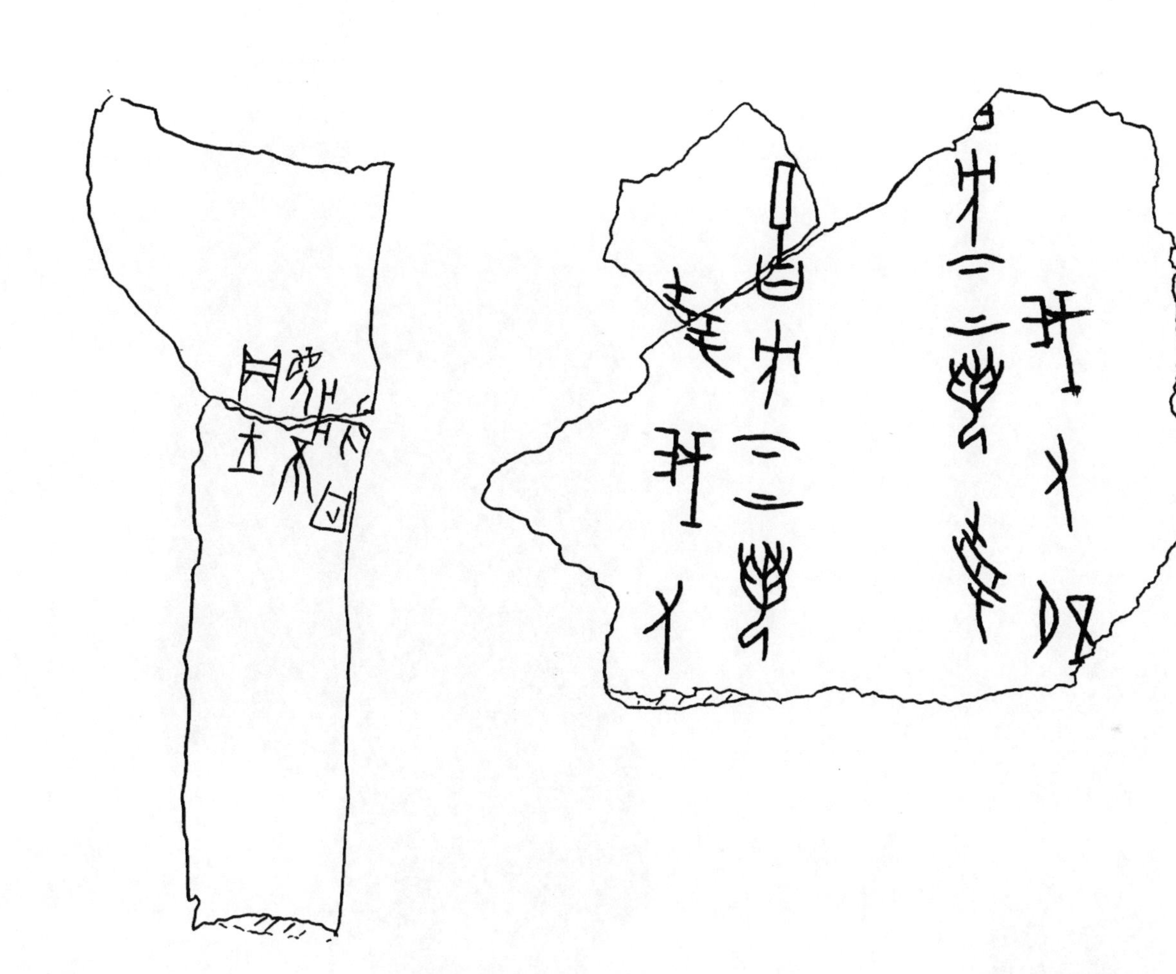

（158）

A

簠雜 4

B

中島 50

彙編 133

合補 11239（不全）

珠 747（不全）

（159）

A

合補 925

歷藏 15694

京 2301

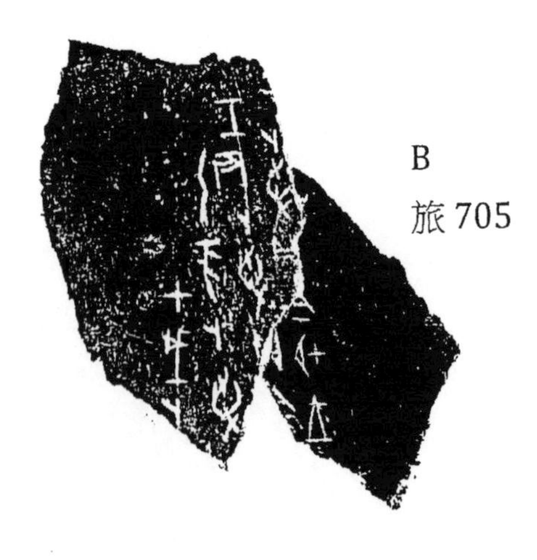

B

旅 705

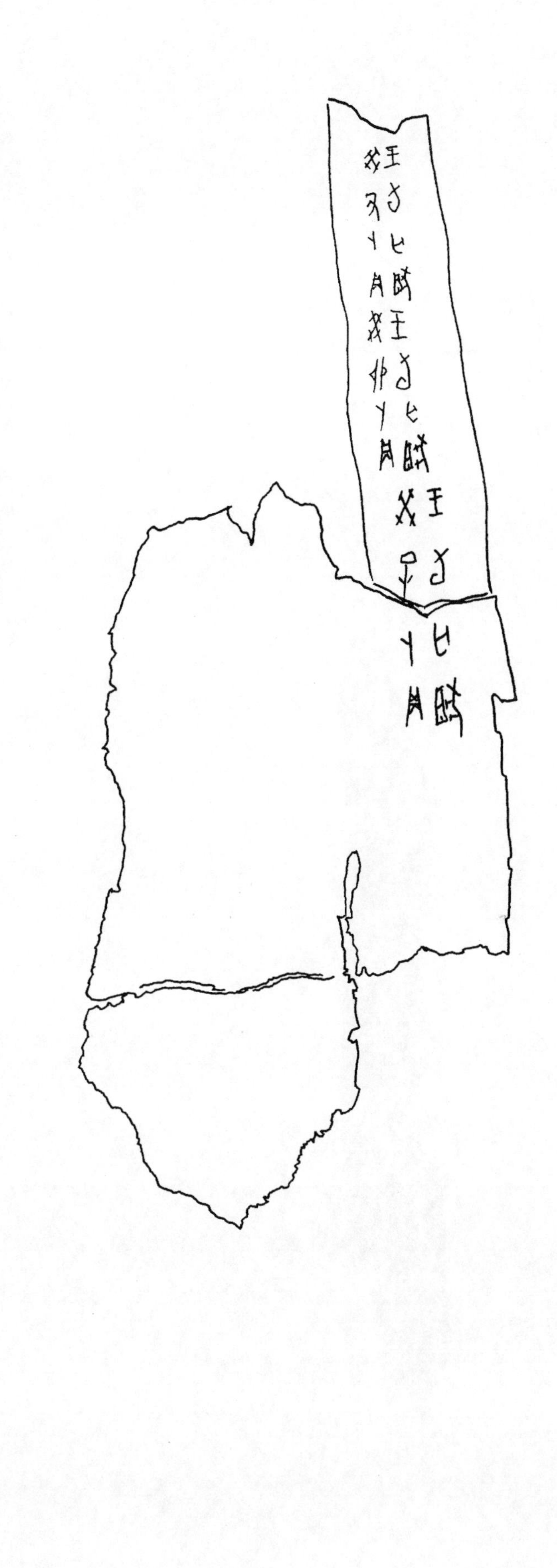

（160）

A
合 7692
前 7.16.1

C
善齋 7.26a.1

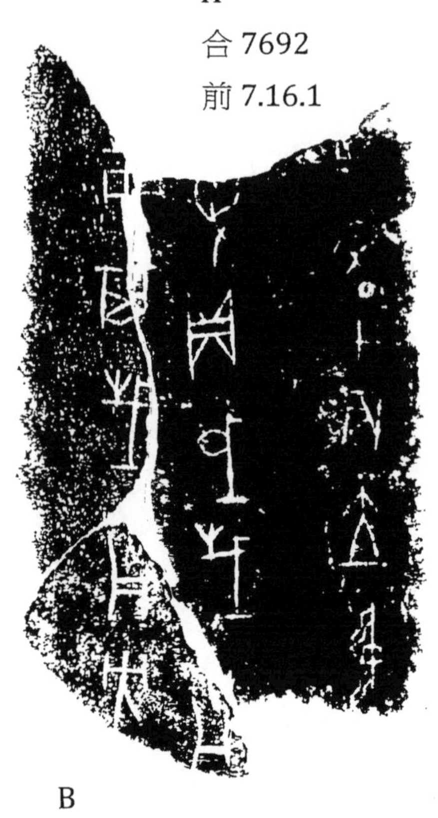

B
合 8622
京人 916

（161）

B
國博 251

A
存補 3.45.3

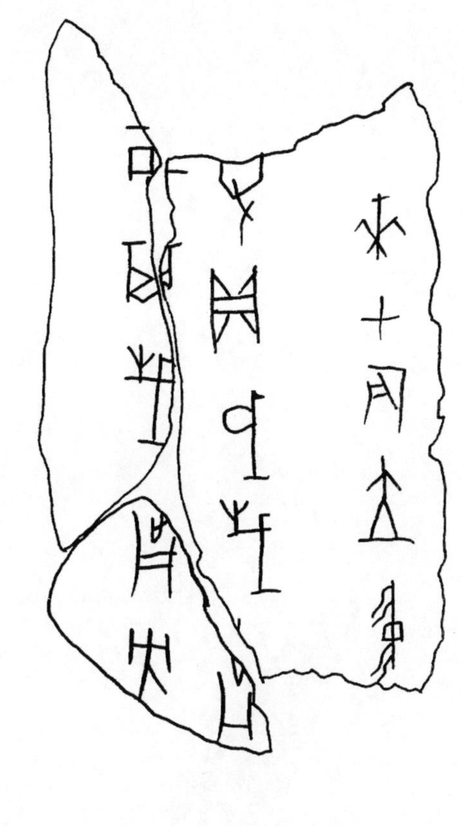

(162)

B
山東 825

A
合 25799
合 24341(部分)
歷拓 11951
錄 493
真 4.21

(164)

B
善齋 6.27b.8

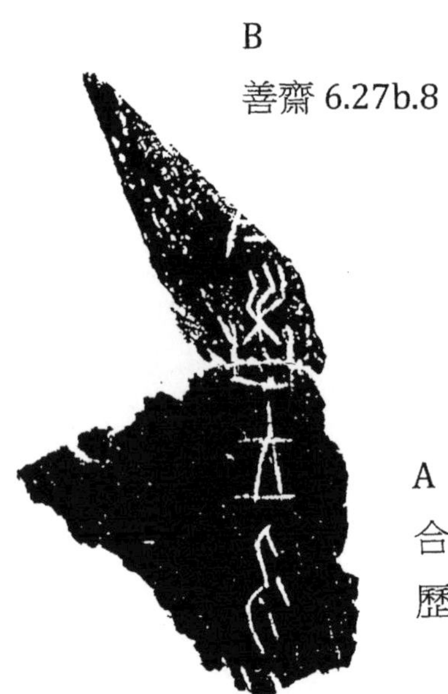

A
合補 1669
歷藏 20373

(163)

A
合 35765
京人 2741

B
善齋 2.20A.8

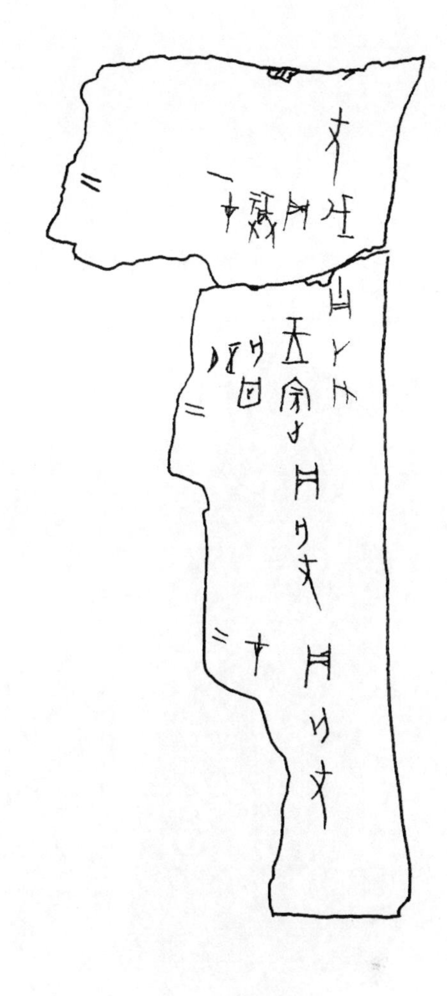

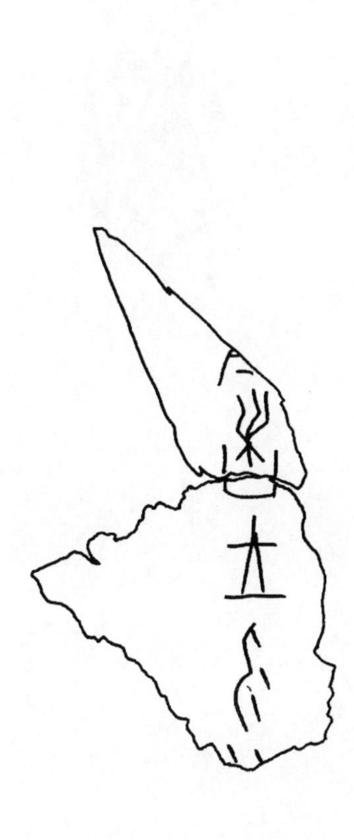

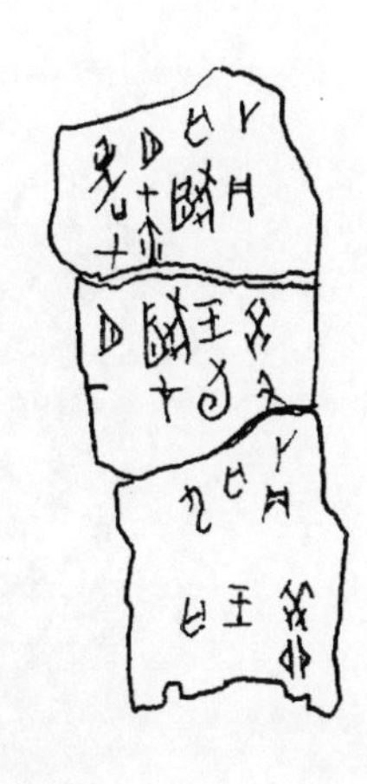

（165）

A
合補 12714
續存上 2490

B
北珍 1376
合 41934
南師 2.264

（167）

A
珍秦齋 14

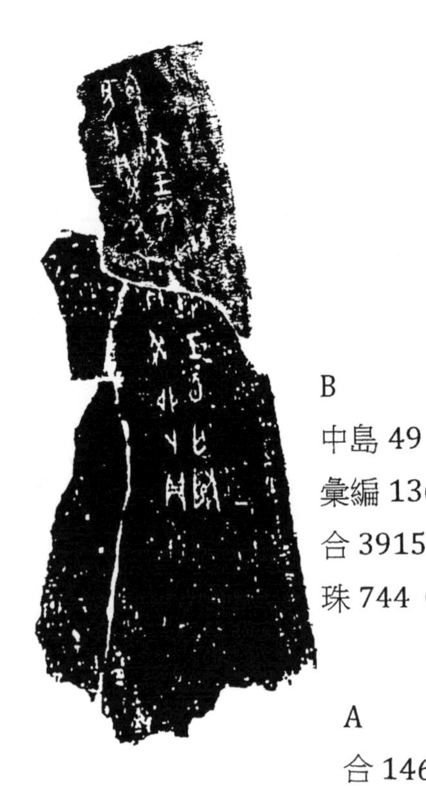

B
中島 49
彙編 136
合 39158（不全）
珠 744（不全）

（166）

A
合 14610
後上 13.10（不全）
歷拓 7142
山東 937

B
上博 17647.746
殷餘 13.5

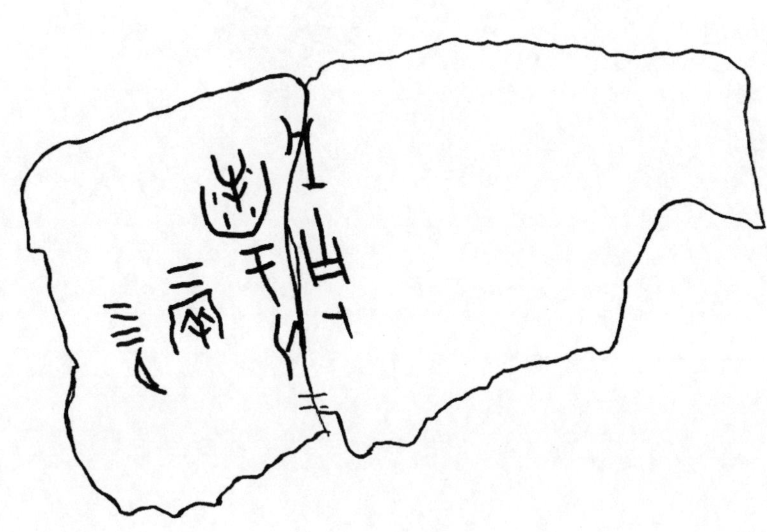

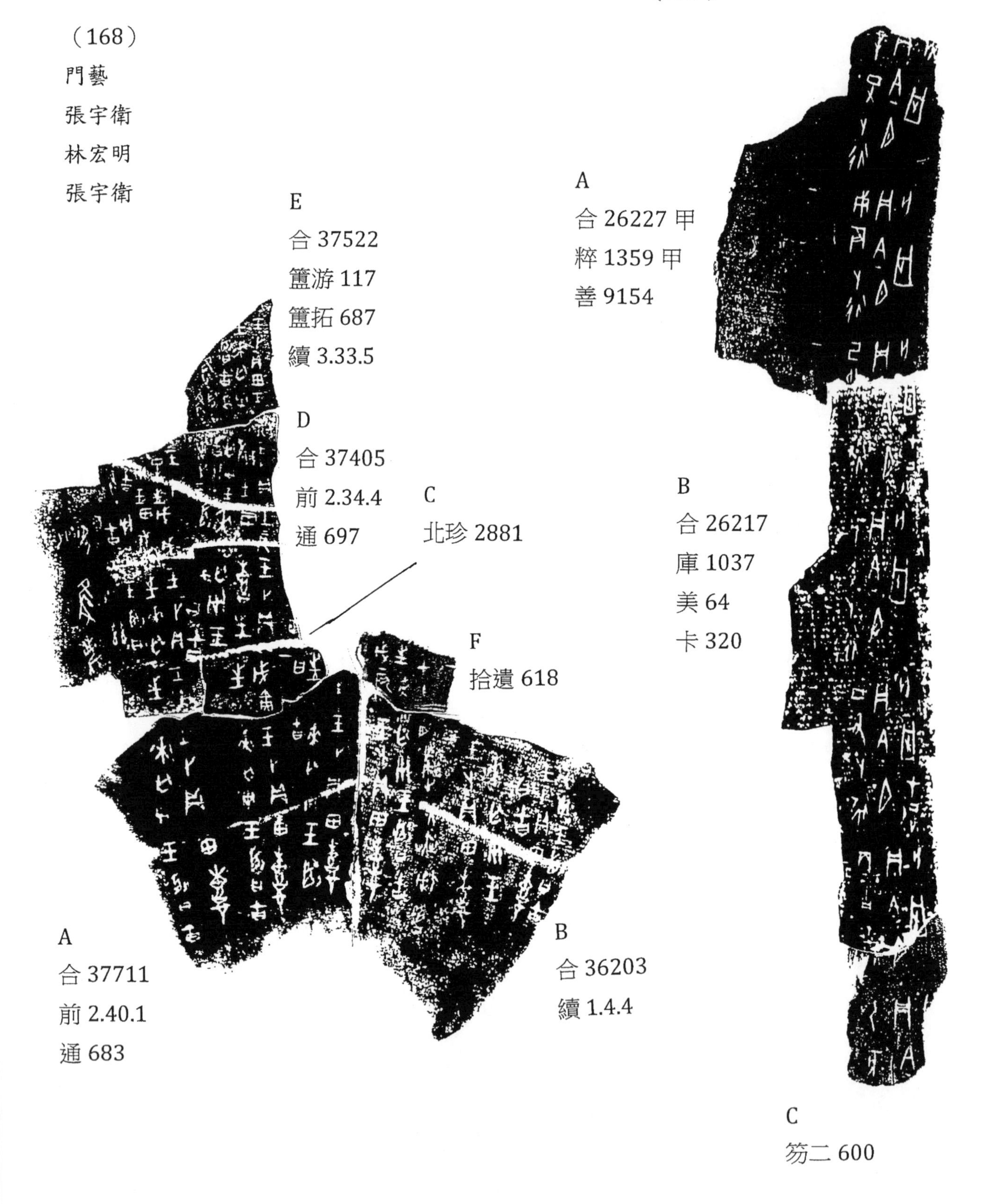

（168）

門藝

張宇衛

林宏明

張宇衛

E

合 37522

簠游 117

簠拓 687

續 3.33.5

D

合 37405

前 2.34.4

通 697

C

北珍 2881

F

拾遺 618

A

合 37711

前 2.40.1

通 683

B

合 36203

續 1.4.4

（169）

A

合 26227 甲

粹 1359 甲

善 9154

B

合 26217

庫 1037

美 64

卡 320

C

笏二 600

（170）

A
笏二 1111

B
合 35405
善 18761

（171）

A
笏二 1034

B
合 38954
龜 1.29.5

（172）

B
英 2548
合 41828
庫 1608

A
笏二 1388

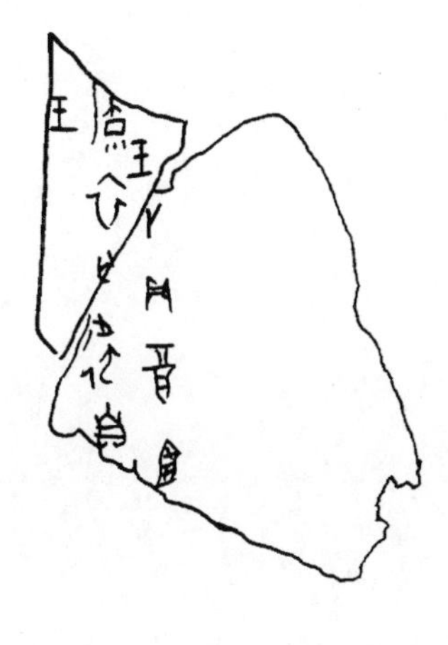

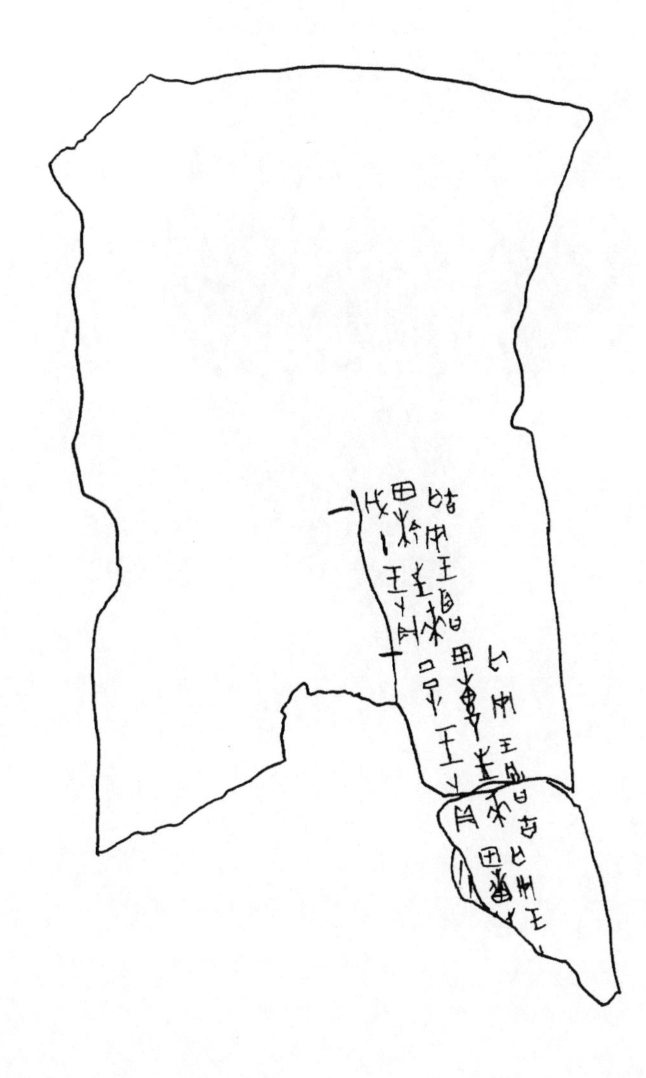

（173）

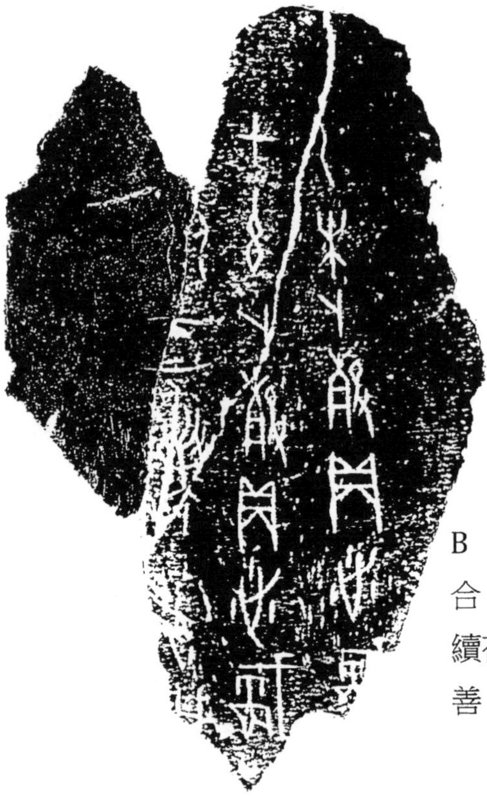

A
重慶三峽 5

B
合 3958
續存上 687
善 6392

（174）

B
合 7383 正
歷拓 7096 正
山東 891

A
重慶三峽 80

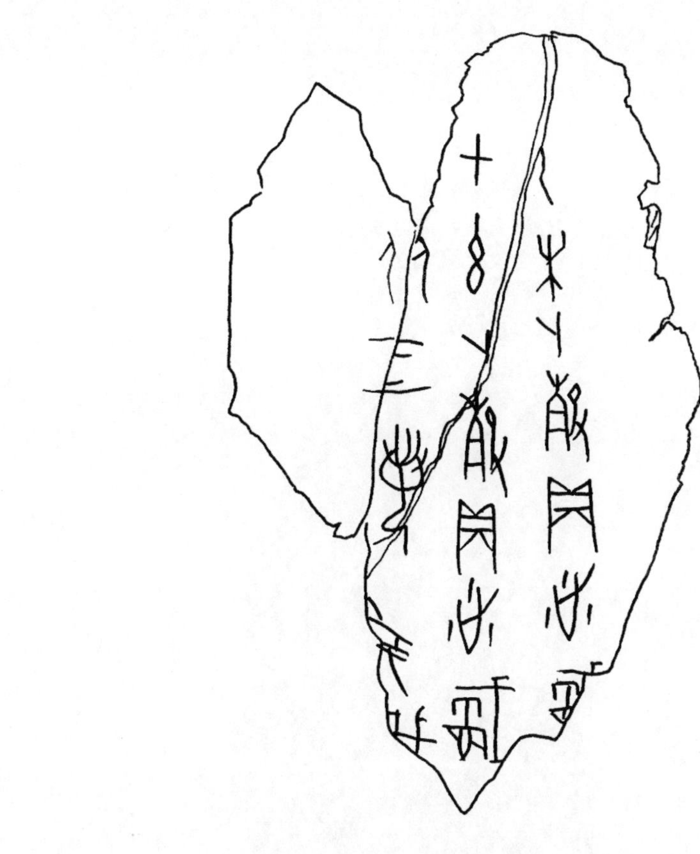

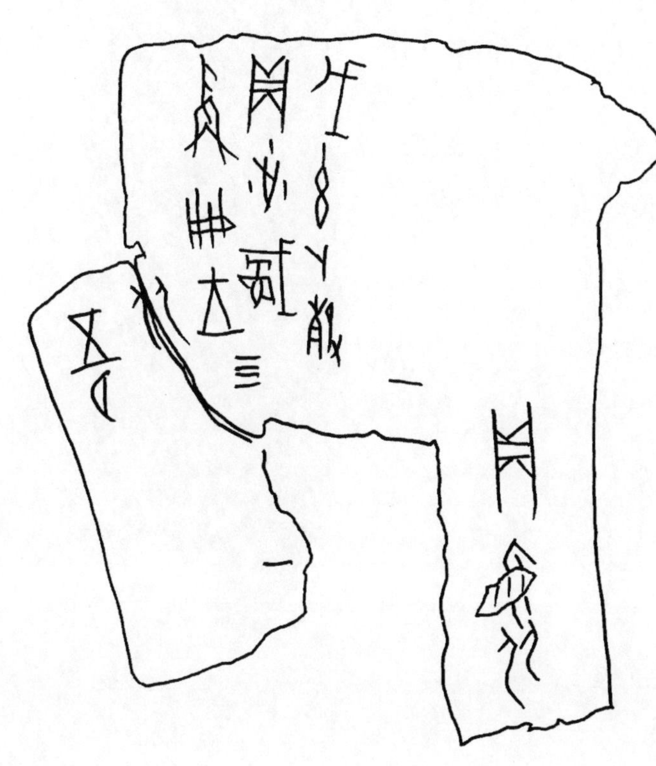

（175）

A
英 630

B
合 10622
沐 98
北圖 27
掇三.728

（176）

A
合補 6139
歷藏 14395

B
合補 1842
歷藏 6132
善齋 5.29.18

C
合補 731
歷藏 18857

D
合 6283
歷拓 10821
旅 538

E
旅 89

（177）

A
合補 1995
東大 1035
合 3581
珠 990

B
英 422

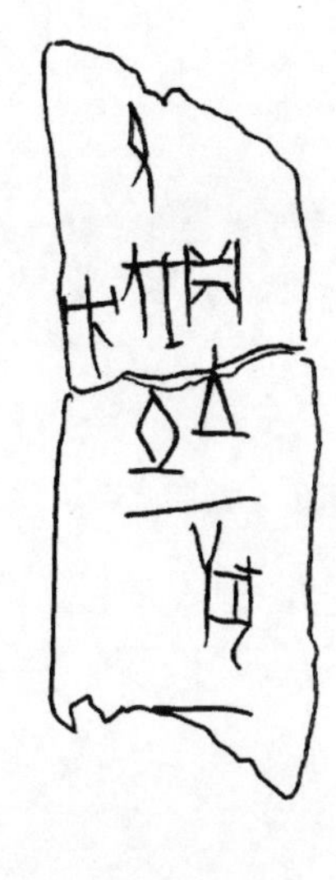

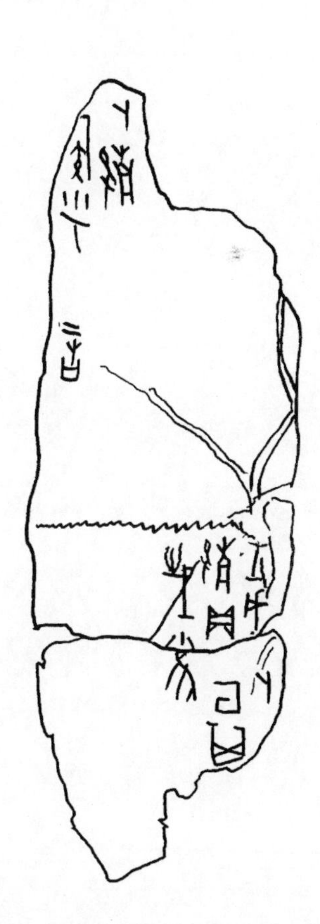

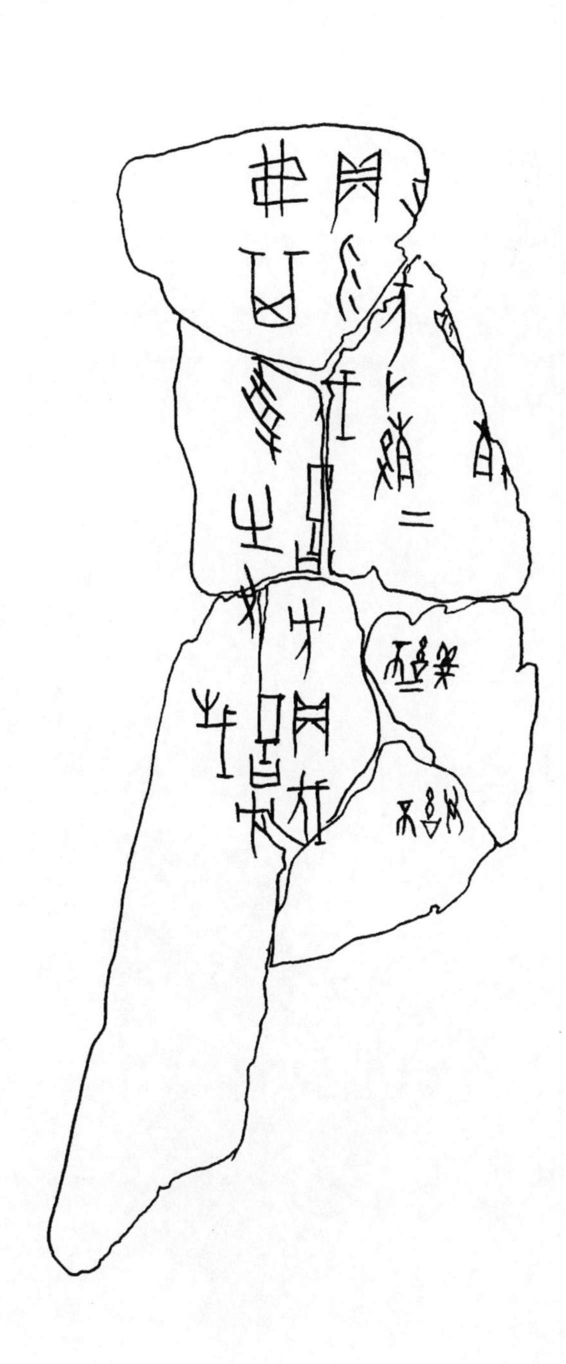

（178）

A
北珍 2290

B
合 6400
中歷藏 307
文攈 394
尊 102

（179）

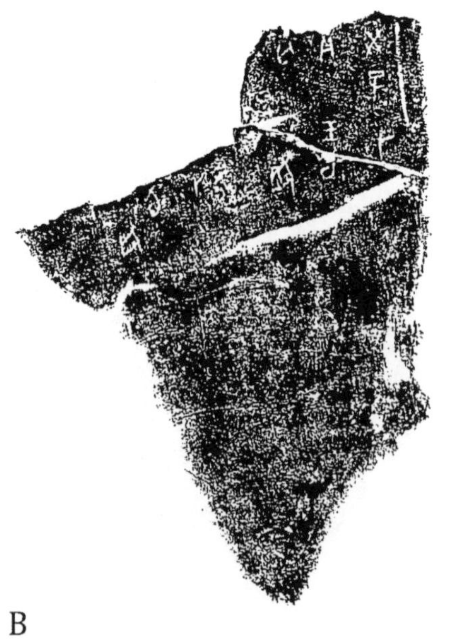

A
京人 2773

B
京人 2755

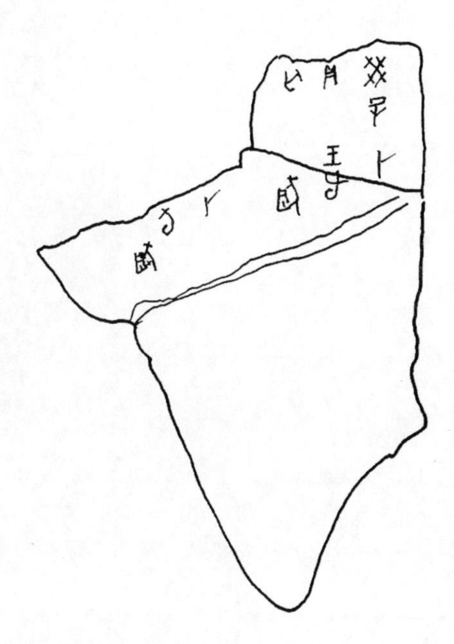

（182）

B

輯佚 475

A

合 22608

南博 147

（181）

A

合 41940

日匯 238

小林 26

B

鄴齋 6.1

（180）

B

上博 2426.149

A

合補 8684

歷藏 25735

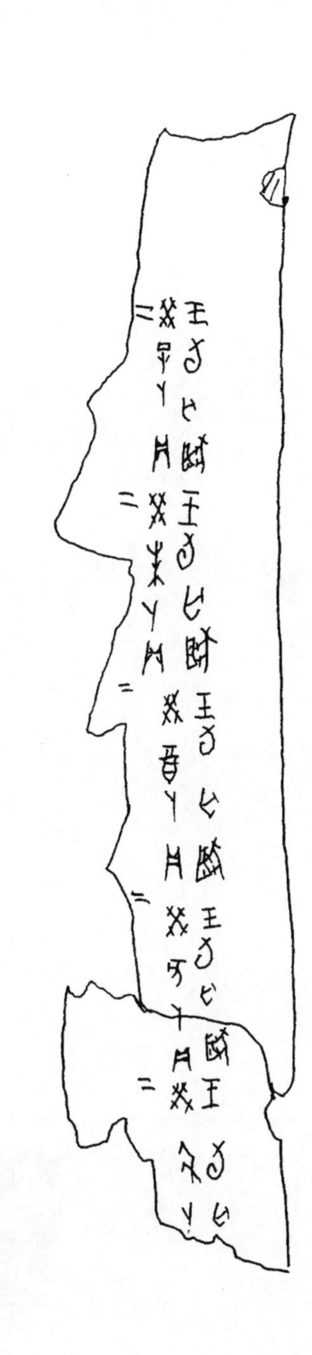

（183）

A
合 25832
歷拓 9773
上博 17647.426
殷拾 16.1

B
合補 7735
歷藏 11173

（184）

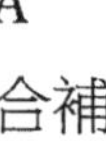

A
合補 7770
京人 1304

B
合 22993
南坊 3.134
歷拓 1585
掇三 817
中歷藏 1340

（185）

劉影
張宇衛

C
合 23106
粹 275
善 5517
善齋 7.76b.3

B
拾遺 313

A
輯佚 319

（186）

A
合 39301
歷拓 12264

B
合補 12617
歷藏 10924

（187）

A
合 39024
續存上 2690
善 10498
善齋 2.55b.1

B
誠 24

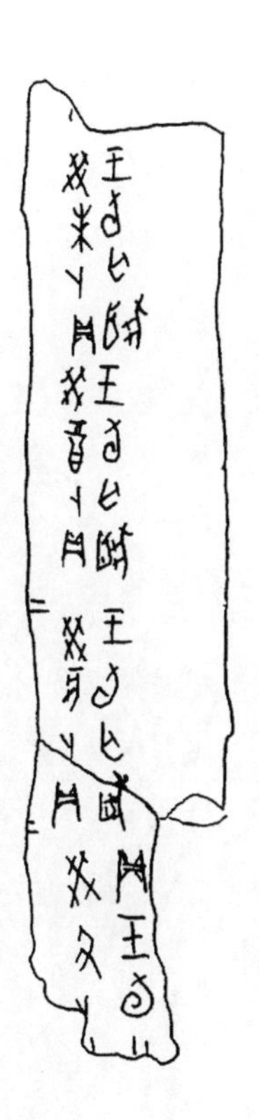

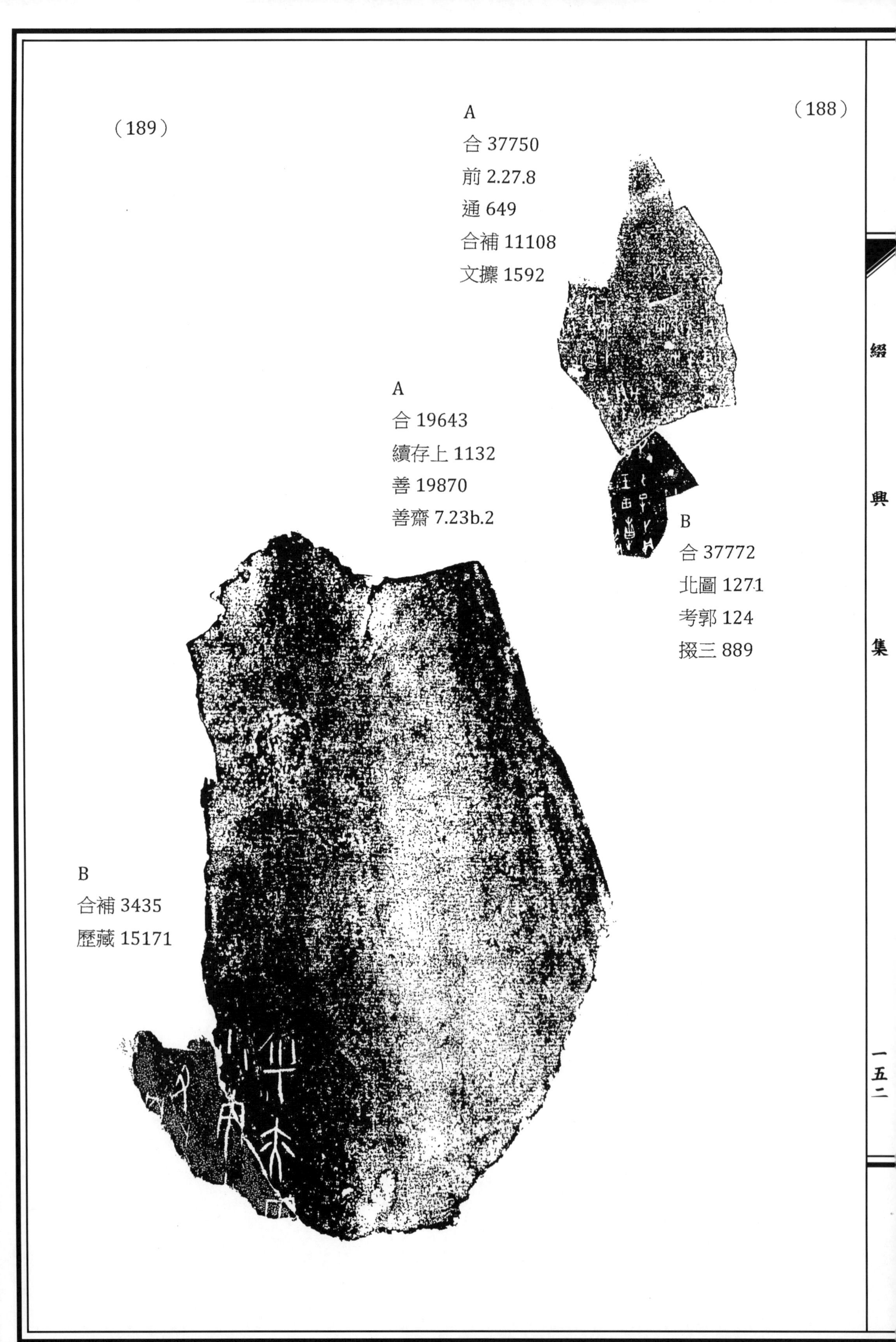

（188）

A
合 37750
前 2.27.8
通 649
合補 11108
文攈 1592

B
合 37772
北圖 1271
考郭 124
掇三 889

（189）

A
合 19643
續存上 1132
善 19870
善齋 7.23b.2

B
合補 3435
歷藏 15171

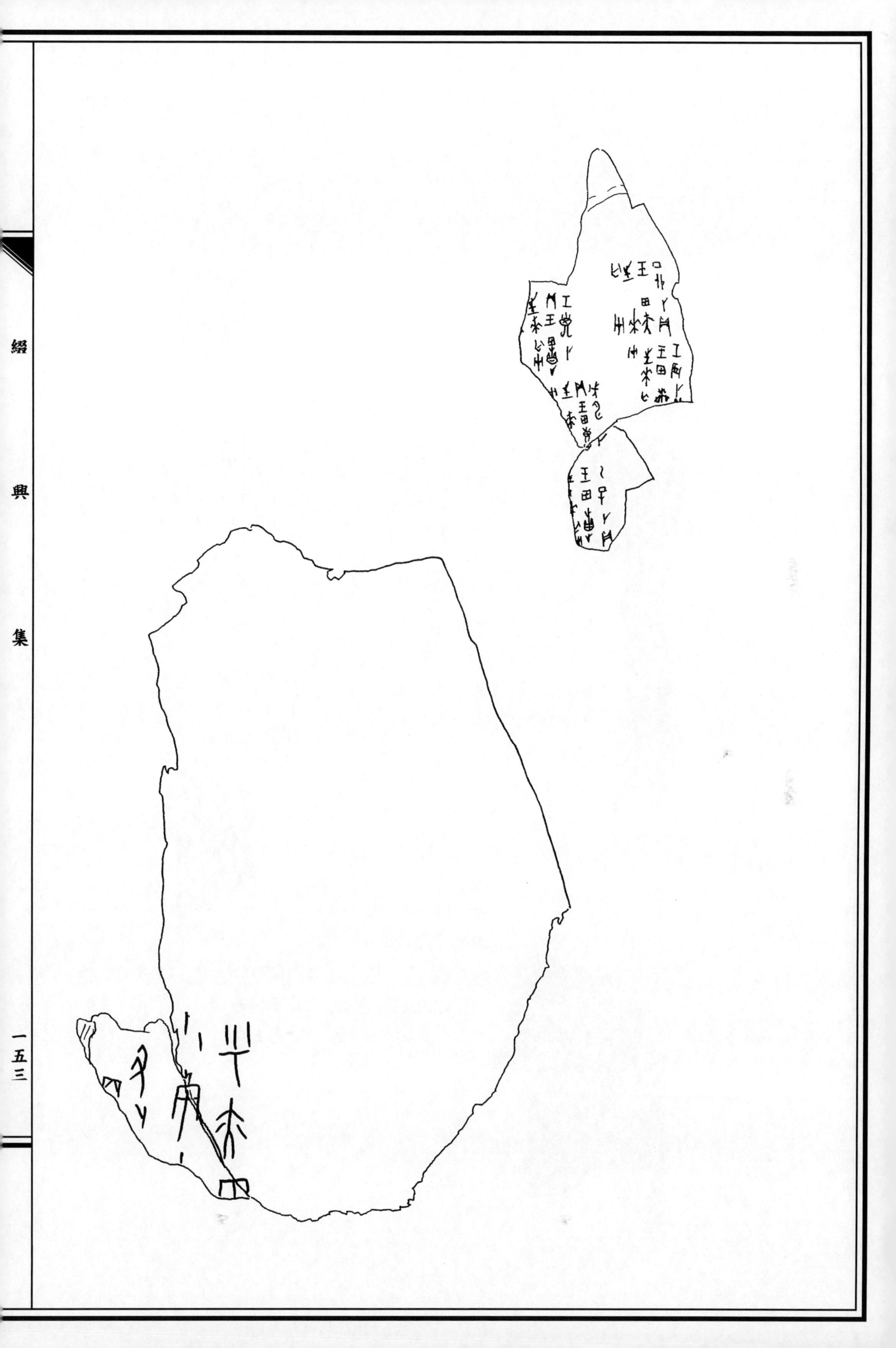

(190)

A
合 36295
歷拓 229
中歷藏 1651

B
合 35674
歷拓 228
中歷藏 1641

(192)

A
合 23474
前 1.41.1

B
合 23479
歷拓 7669
山東 1484

(191)

B
合補 11369
歷藏 7187
善齋 4.56a.4

A
合 37705
京 5289
北圖 3442

(193)
李愛輝
林宏明
張宇衛

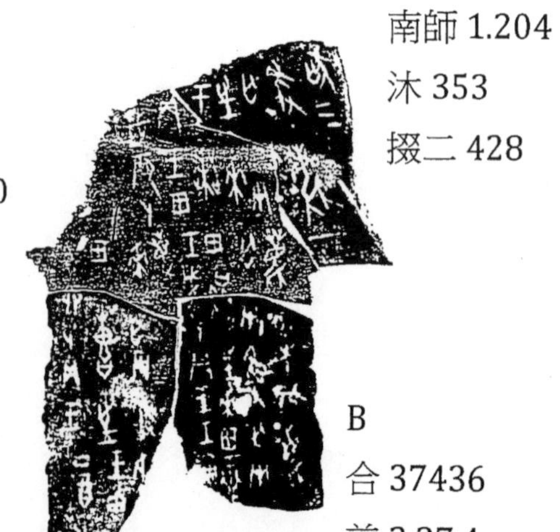

A
上博 43970

C
合 37427
南師 1.204
沐 353
掇二 428

B
合 37436
前 2.37.4

D
英 2549

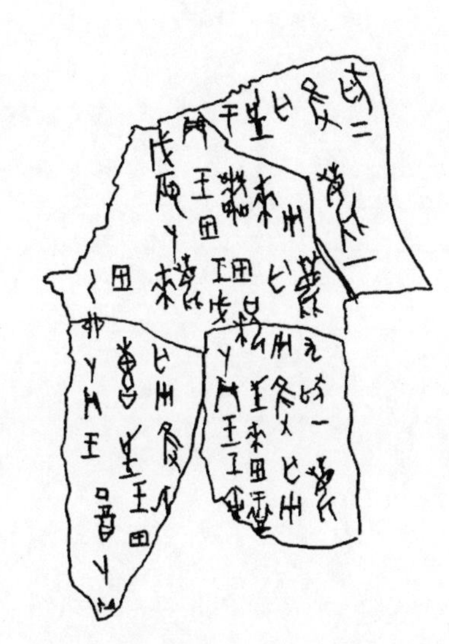

（194）

B

合 37819

南京師院 2

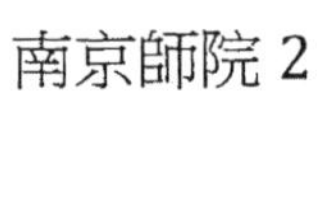

A

合補 11322

安明 3131

（195）

B

合補 12912

歷藏 10781

A

上博 2426.366

（196）

A

北珍 1413

B

合 35908

歷拓 4788

（197）

A

合補 11362

歷藏 6968

善齋 3.80b.3

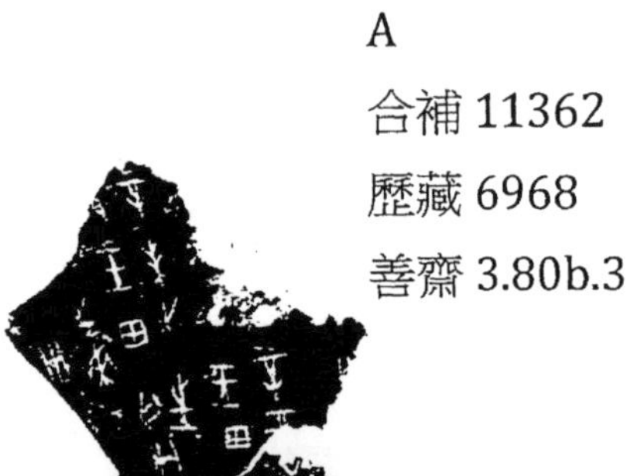

B

安明 3136

（198）

A
山西文物 2

B
合 39246
鄴三下 35.11
北圖 1887
京 5480

（200）

A
合 29080
續存上 1989
善 4684
善齋 4.39b.1

B
善齋 1.59b.3

（199）
李愛輝
張宇衛

C
合補 11974
歷藏 3131

A
合補 11716
歷藏 2935

B
合補 10974
歷藏 3764

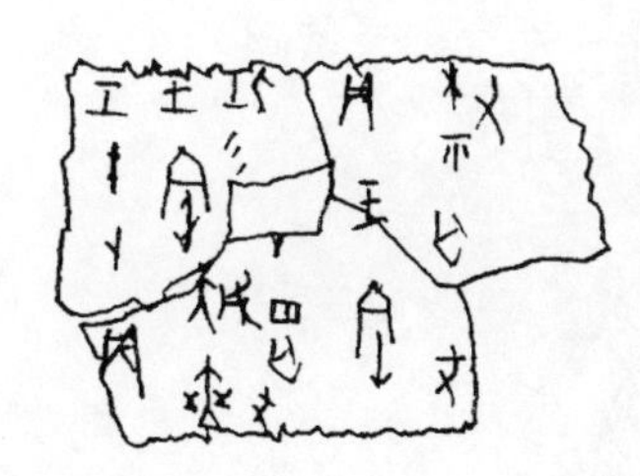

（201）

A
合 6492
粹 1108
善 5240
善齋 7.47a.5

B
善齋 5.41.9

（202）

A
合 36276
簠帝 90
簠拓 198
續 1.25.2（不全）

B
山東 1252

綴興集

——甲骨綴合與校釋

張宇衛　著

文獻研究叢書・出土文獻譯注研析叢刊 0902018

綴興集——甲骨綴合與校釋

作　　者　張宇衛
責任編輯　林以邠

發 行 人　林慶彰
總 經 理　梁錦興
總 編 輯　張晏瑞
編 輯 所　萬卷樓圖書股份有限公司
臺北市羅斯福路二段 41 號 6 樓之 3
電話 (02)23216565
傳真 (02)23218698

發　　行　萬卷樓圖書股份有限公司
臺北市羅斯福路二段 41 號 6 樓之 3
電話 (02)23216565
傳真 (02)23218698
電郵 SERVICE@WANJUAN.COM.TW
香港經銷　香港聯合書刊物流有限公司
電話 (852)21502100
傳真 (852)23560735

ISBN 978-986-478-345-8
2020年6月 初版二刷
2020年5月 初版一刷
定價：新臺幣600元

如何購買本書：
1. 劃撥購書，請透過以下郵政劃撥帳號：
帳號：15624015
戶名：萬卷樓圖書股份有限公司
2. 轉帳購書，請透過以下帳戶
合作金庫銀行 古亭分行
戶名：萬卷樓圖書股份有限公司
帳號：0877717092596
3. 網路購書，請透過萬卷樓網站
網址 WWW.WANJUAN.COM.TW
大量購書，請直接聯繫我們，將有專人為您服務。客服：(02)23216565 分機 610

Printed in Taiwan

國家圖書館出版品預行編目資料

綴興集——甲骨綴合與校釋 / 張宇衛著. -- 初版. -- 臺北市 : 萬卷樓, 2020.05
面； 公分. -- (文獻研究叢書. 出土文獻譯注研析叢刊 ; 902018)
ISBN 978-986-478-345-8

1.甲骨文 2.注釋 3.研究考訂

792.2　109001659

蔡序

甲骨學發展至今，已經產生了一些研究的子領域，如文例、鑽鑿、塗朱以及最重要的文字考釋。或是與其他領域結合，如商代史、考古坑位等。然而有一個研究的子領域，過去並不受重視，那就是甲骨綴合。外行人或許會錯誤地認為綴合不過是拼圖遊戲，人人可做。事實上，若非對甲骨辭例、字體、分期、斷代等基本知識有所認知，是很難做出成績的。

這十多年來，由於網路發達，發表文章已不受出版社或期刊稿擠的限制。只要有好的意見，便可刊布在網站上，大家都可以先睹為快。甲骨綴合更是引起年輕世代的注意。先秦史研究室網站上，發表者已達三四十多人，成果非凡。而且由於眾人的投入，甲骨綴合猶如樸克牌接龍遊戲。《卜辭通纂》曾著錄一版河井氏藏大龜，先後由六個人加綴復原，見於本書的第五十七組，即是由郭沫若、郭若愚、門藝、張宇衛、李愛輝、林宏明接力完成。此一工作從一九三四年郭沫若的《殷契餘論》開始，迄於二〇一四年，歷時長達八十年。這也可以說明甲骨綴合是隨時都有可能有新的發現。

張宇衛自二〇一一年前後開始從事甲骨綴合，至今日集結其綴合成果出版成書。其綴合成果豐碩，共收錄二百零二組，其量不可小覷，而其品質也是卓有貢獻。以下舉幾個例子：

第十一組有「呼子畫以敖新射」、「允其敦」、「師般以疚又」、「貞𢀛方弗敦」這四條卜辭可以看到商王命子畫與師般領兵敦伐𢀛方，而骨首的刻辭又說：「辛丑卜賓貞：叀彗令以戈人伐𢀛方，𢦏。」可以看到為了討伐𢀛方，商王在多子族的子畫、王族的師般、多尹的彗（黃族、黃多子之一）貞問選擇。這正如我過去在《甲骨綴合集》219組所綴合出的內容一樣，商王也是在王族、多子族與多尹中選擇該派何者贊王事。這一版綴合告訴我們商王出征前的調派謀畫，依賴占卜決定出征主力。

第三十九組的綴合是利用史語所藏甲骨（乙8935+史購46）而成，我曾經到庫房實物覆核此組綴合，證明是正確的。這一組綴合，復原了反面上的「郭」、「𣦼」二字是相連的，這恰好可以證明正面卜辭上的文句。正面上的卜辭寫的是「于雀亡郭」，經由此綴合後，我們可以發現這裡應該是「于雀（勾）郭」與「勾郭于丁」正可對讀。因為反面上記載「郭」病入膏肓，所以在正面上卜問向武丁或雀的神靈祈求保佑「郭」。這組復原的史料，証明了武丁與出征大將雀、𠂤及黃多子之一的郭的關係。發前人所未見，貢獻不可謂不大。

第一四二組中，商王卜問給逃亡的奴隸施加刖刑，這些奴隸會不會暴斃？在目前所見的甲骨文中，這個資訊只見於此綴合。在綴合之前，我們只能知道

商王會對逃亡的奴隸施以刖刑，但綴合後，我們可以看到，商王關心這些奴隸能否存活，以繼續奴役，或是警告其他奴隸。此可以窺見商代如何統治底層。

在張宇衛之前已經有很多學者從事甲骨綴合，但不免有誤綴的地方，此在所難免。本書的幾則綴合，舉出了過去以為是正確的綴合，其實有誤，而應該改與其他甲骨相拼合。如下所舉數例：

本書第七十四則，指出拙著《甲骨綴合集》第十三則是誤綴，並改綴上正確的甲骨。而且此組是可以實際接上的實綴，而非拙作中不能實際接合的遙綴，大大增加可靠性。

本書第一一五、一一六則糾正了我的一則舊綴合，張宇衛不僅將上片合38989與簠雜8綴合，還將我誤綴在下的東文庫544找到了可以與其綴合的京人2901，可謂一箭雙鵰。

本書第五十八則，更正了李愛輝在《甲骨拼合集》第304組的誤綴。兩綴在圖版上似乎可以一上一下，三片並存，然而根據第五十八則的綴合內容，可以推測李綴該版的界畫不應延伸上去，從而也就可知李綴有誤。

本書第一一〇組更正了劉影在《甲骨拼合續集》第342的綴合，劉綴看似折痕密合，但旬字字跡不類，下片旬字有拉長為長方形之意，而上片合39147則傾向方整。

同樣的情形，亦見本書第一四七組。林宏明《契合集》162則原本看似折痕密合，但張宇衛指出《契合集》162接合的「酉」與「王」二字距離過近，不符合上面一向規整的行款。

本書第一六七組更正《契合集》164組，同樣也是折痕看似密合，但字體有不合之處。「旬亡憂」的「憂」字，在林綴中，其右邊的犬旁顯得過於狹長。在「卜旬亡憂」之類的卜辭，類似的情形屢見不鮮，是綴合者經常會發生錯誤的領域，這邊也可以看出張宇衛能細心地在不疑處保持疑問。

甲骨綴合是甲骨學的基礎工作，須盡可能將史料復原，並破譯文字的內容，才能汲取出可靠的資訊，進一步構建可信的研究成果。張宇衛從事綴合工作將近十年，這期間除了綴合外，還發表了不少考釋古文字的文章。我從張宇衛開始從事綴合看到現在，深覺其發展前途不可限量。經過張宇衛數年努力不懈的付出，其綴合品質已經大大的提升。這有賴於對甲骨知識的高度熟悉，以及對每版甲骨都能爛熟於心，才能有如此成果。張宇衛目前春秋正富，以其在此書中對材料的熟悉程度，未來一定能在此紮實的基礎上一展拳腳，盡情施為。甲骨拼合固然是甲骨學的重要基礎工作，然未來未必要侷限於此，只要繼續努力，相信在甲骨學的各領域必能作出更大的貢獻。

蔡哲茂序於中央研究院歷史語言研究所

二〇一九年二月十五日

徐序

《綴興集──甲骨綴合與校釋》是張宇衛的第一個「甲骨綴合集」，也是宇衛自二〇一一年至二〇一八年所綴合（202組）的初步成果。該綴合例大部份發表於「先秦史研究室」網站，少部份則發表於《臺大中文學報》，持續有年，值得嘉許。甲骨綴合從一九一七年王國維首次綴合起，歷經董作賓（《殷曆譜》中多有綴合）、郭沫若(《卜辭通纂》中綴合30多版）、明義士（James Mellon Menzies）（〈表校新舊版《殷虛書契前編》並記所得之新材料〉綴合29版）、曾毅公（《甲骨綴存》、《甲骨綴合編》）、郭若愚（《殷虛文字綴合》）、李學勤（《殷虛文字綴合》，與前二者聯合編纂）、屈萬里（《殷虛文字甲編考釋》拼綴甲骨223版）、張秉權（拼綴《乙編》、《殷虛文字丙編》）、嚴一萍（《甲骨綴合新編》、《甲骨綴合新編補》）、黃天樹（及其學生們）（《甲骨拼合集》〔一至五集〕）、蔡哲茂（《甲骨綴合集》、《甲骨綴合續編》）、林宏明（《醉古集：甲骨的綴合與研究》）等人的，迄今已逾百餘年（1917-2020），總體綴合成果，甚為可觀。宇衛此書，踵繼前人，頗值期待。

甲骨綴合是甲骨研究的重要基礎，新資料不斷刊發，新成果則一再湧現。由於拓片或照片等圖版資料與甲骨實物之間存在區別，依據拓片或照片等所作的綴合，難免會出現一些偏差，因此，很多綴合成果仍需依賴實物的覆核驗證及利用各種科學方法去新綴。《綴興集──甲骨綴合與校釋》一書，乃從細微的角度去討論甲骨綴合中的各項問題。主體可分四大部份：其一為「綴合圖版與摹本」，其二為「綴合釋文與校釋」，其三為「參考書目」，其四則屬附錄，分別為「綴合組別校碼」、「本書綴合出處」、「引用甲骨著錄簡稱表」、「相關甲骨著錄綴合訊息對照表」。全書共綴合202則，屬有新綴、加綴和遙綴諸例。其中，新綴的大多為二版綴合，亦有少部份三版合綴的，如第1、7、63、87、99、121、133、144、154、160、169則。甚至有四版、五版合綴的，皆僅一例，前者為第4則，後者見於第176則。加綴的綴合片，大都在前人的綴合成果上新加，間亦有自己綴合後再加綴的，如121、122則。至於遙綴的，雖不多見，亦可見六例左右，如第7、8、20、54、124、132、133則。從這些成果中，可以看出宇衛對每一片甲骨資訊之掌握（即對分散在不同處而原屬同版的甲骨碎片之熟稔），更對前人綴合成果及甲骨形態學之掌握（即甲骨綴合所需的基本功），皆頗熟悉。在綴合方法上，不論是依字體、殘字、同文、契口（或龜骨本身位置）來綴合，皆可見其用心之處。雖是初作，實多可觀。大體而言，本書有以下特點：

一　綴合材料來源豐富

甲骨文的綴合，早期大多依私人發掘品舊材料為主，缺少地層關係和伴存遺物。其後則依據《甲編》、《乙編》拓本進行拼綴。今則多以《甲骨文合集》為主要的綴合材料。《綴興集——甲骨綴合與校釋》除了以《甲骨文合集》為主外，多處加綴了《合集》所未收的舊著錄，如：第8則以《合補》10835和《安明》2552合綴；第19則以《合補》2685和《英》160合綴；第116則以《京人》2901和《東文庫》544合綴；第21則以《存補》6.129.5和《存補》6.161.3合綴；第22則以《上博》2426.270和《存補》6.109.4合綴；第144則以《善齋》7.12b.3和《合》24364及《合》24367合綴；第154則以《合補》12890和《旅》2123及《合》39198合綴；第197則以《合補》11362和《安明3136》合綴；第88則以《北珍》2094和《英》608＊（＊號表示已綴，下同。）和《英》609＊及《合》1571＊加綴；第193則以《英》2549和《上博》43970＊和《合》37436＊及《合》37427＊加綴；第199則以《合補》11974和《合補》11716＊及《合補》10974＊加綴；第8則以《合補》982正和《合集》7259＊及《合補》1430＊遙綴（加綴）；第55則以《中歷藏》1769和《合集》36429遙綴。上舉諸例，多以《合集》所未收者加以綴合，可見宇衛對甲骨材料的掌握，頗為全面。

二　充分掌握前人綴合成果

隨著甲骨新資料的不斷豐富，學界的綴合成果層出不窮。學者或以網站發佈綴合之局部成果，如中國社會科學院歷史研究所先秦史研究室網站；或紛紛將綴合成果結集出版，如嚴一萍《甲骨綴合新編》、《甲骨綴合新編補》，蔡哲茂《甲骨綴合集》、《甲骨綴合續集》，黃天樹《甲骨拼合集》（一至五集），林宏明《醉古集》、《契合集》等。結集者易見，網站發布者，則需用心蒐羅。至於刊布於學報者，未必能一一得見。若掌握前人已綴成果，一可避免重綴，二可觀察前人之誤綴。宇衛此書新綴及加綴者頗多，能在日新月異的綴合中做出成果，說明作者對各家綴合瞭若指掌。也因對前人各類綴合的掌握，故能指出前人之誤綴，如第48則，島邦男曾在上加綴《前》2.17.7（《合集》36808），孫亞冰認為此組加綴當無問題。而屈萬里不予著錄，陳劍認為不可信，蔡哲茂則未收。本書則在論證後，認為是誤綴。又如115則、116則，本書皆以為可能誤綴，雖非斷然判定，然其論證仍多可參。

三　釋文考釋內容訊息完整

本書的釋文考釋內容訊息，頗為完整。利用殘字、同文例、照片、拓本、實物、契口、龜骨位置等訊息，作為綴合依據。又加上各家綴合、各種討論意見及組別各類訊息，考釋內容亦頗可觀。如本書透過綴合考釋，指出前人釋文

中之殘字或多釋之字，如第27則，指出《合》26254，《摹釋》、《合集釋文》、《校釋》、《摹全》缺釋「貞、亡」殘字。《合》26252，《摹釋》多釋出「庚」一條的「子、九月」。文中大量利用同文例對比分析，如1、3、4、6、7、8、13、14、15、16、17、20、22、23、48、54、70、71、72、74、80、131、134、46、152、160、16、174、176、185、201等，其中第8例，更根據同文例相比對，將原被視為實綴之例改為遙綴之例。契口是否相合，也是本書的判斷依據，如第12則，A、B二版為舊綴，本書加綴C版時，依據其與B版契口相合，既可補足「王、夕」二字，界畫亦相合，故加綴成新版。利用照片作為綴合旁證，如第30則為A（《合》22751）＋B（《拾遺》292），B版，焦智勤云：「骨，塗朱，在二期卜辭中，似不多見。」本書從「復旦大學文化人類學數字博物館」網站公布之館藏甲骨訊息，認為其中第62片即為A版，再從彩色照片上看出其亦塗朱，指出二版皆有塗朱，並做為此例的綴合旁證。凡此，說明本書的釋文考釋，內容完整。

四　釋文之考釋析論有據

本書釋文之考釋與析論，既能掌握各家綴合成果及各種論見，又能以己意做為綴合及考釋的依據。考釋與說明中，多指出補足、辭例、通讀、折痕、密合、兆序、誤綴、遙綴等情況，做為析論依據。如新綴後，討論綴合後可「補足」的釋文。如：

第30則，A、B二綴合後，可補足「子」、「翌」二字。

第31則，A、B二版相綴，契口相合。可補足「卜」、「賓」字。

第33則，A、B二版綴合後，可補足「其」、「災」字。此例頗多。又偶或論及可「補足筆畫」者，如：第37則，A版為《合補》12813（《合》37892＋《合》37907），本書加綴B版綴合後，可補足「卜」字的筆畫，並使文例可通讀，且符合「癸巳、癸卯、癸丑、癸亥」的旬日順序。

辭例方面，24則校釋指出：《合》13500，《摹釋》少了最右側「㱿」字，《摹全》多釋出一條辭例，少了最左邊的「勿」字。又如第35則校釋，指出《英》2631，《校釋》多釋出三條無關的辭例。

文例通讀方面，第24則校釋指出：A、B二版契口相合，文例可通讀，並形成「癸卯、癸丑」的曆日順序，月份上「十月、十月又一」也符合時間進程。

誤綴方面，本書偶有指出前人之誤綴，如第48則。又如第52則中，本書在B、C二版的舊綴中，加綴A版。二版綴合後，折痕相合，並可補足文例。而殷德昭曾在本則綴合之上方加綴《合》36757，本書認為是誤綴。

甲骨綴合中，還有一類是遙綴。遙綴是指兩片或兩片以上的甲骨，從書法風格、占卜內容及骨質特徵等方面的相似性去判斷它們可能是屬於同一版。兩者中間還存在斷片，不能直接拼綴，只能遙相綴合。因此，誤綴率較高。蔡哲茂指出：「遙綴的碎片也有可能分屬成套甲骨，或刻有同文卜辭的兩版以上的甲

骨中的不同版，因此不是絕對可靠。」確是經驗之談，可見遙綴並不容易。本書也有不少遙綴之例，如第7、8、20、54、124、132、133等則。如第7則乃根據《合》7528的同文例所進行的綴合；第8則乃根據為蔡哲茂所綴的A＋B版，本書則遙綴C版。第20則乃根據左右兩側的同文例，遥綴之後，三段文例的行距、字體、文例皆可對應通讀。第54則乃根據《合》6169、《合》6407（上半）的同文例，並從字體、行距、文例等現象進行遙綴。

第133則是作者在已綴（A、B二版）的基礎上，根據骨面刻辭、骨邊刻辭文例的對應，將C版與之遙綴。第132則是作者與劉影之已綴（A、B、C三版）及劉影所綴（D、E二版）加以遙綴，是較為特殊的例子。

此外，本書也指出遙綴之誤例，或證實他人之遙綴。前者如第74、83則及第28則。第28則之A版，《合集》認為是遙綴（郭沫若《殷契粹編》第1359甲乙，書中將二版上下擺放進行綴合），胡輝平認為「是屬於不可綴合的兩版卜骨」。經本書綴合，指出甲、乙二版無明確接點，且確為左右不同的牛肩胛骨，是以不能遙綴。後者如第109則，其中，A、C二版為門藝所綴，李發則先遙綴E版，B版為劉影實綴A＋C二版，本書加綴D版後，使得B、E二版得以實綴，間接證實了李發的遙綴。

由以上特點來看，本書不但視角多元而方法嚴謹，其綴合成果亦深具學術意義。吾人皆知，利用甲骨材料來研究商周的語言和歷史，必須先對甲骨進行綴合，盡可能地恢復其本來面貌，並再現其語言環境和歷史事實。學術研究貴在創新，而甲骨的綴合也應被視為是一種創新。通過綴合工作的基本訓練，更可培養發現問題與解決問題的能力。《綴興集——甲骨綴合與校釋》一書，雖是初試，對於甲骨學的推展，確是深具意義的。

臺灣大學中文系自來對甲骨學的研究，頗為多元，名家輩出。如董作賓、屈萬里、李孝定、金祥恆、許進雄等人，各具特色。董作賓多次主持殷墟挖掘，其在甲骨學上的成就，如大龜四版與貞人的發現、十個斷代標準的提出、殷曆的建構、殷代地理及制度的研究等，貢獻卓著，蜚聲國際。因其成就而與羅振玉、王國維、郭沫若合稱為「甲骨四堂」。屈萬里之甲骨學主要成就在《殷虛文字甲編考釋》，將三千九百餘片有字甲骨，拼綴為二二三版，並得新識及訂正舊說者七十餘字。李孝定之甲骨學主要成就在《甲骨文字集釋》，以孫海波《甲骨文編》為底本，博採眾說，定以己見，凡一百五十萬字，蠅頭細書，皆自手書。家師金祥恆之《續甲骨文編》，乃繼孫海波《甲骨文編》而作，所收甲骨文字，凡五萬餘，先後歷時十年，為研治甲骨必備之書。所撰論文百餘篇，以考釋甲骨文及古文字者為多。許進雄早年赴加拿大多倫多市皇家安大略博物館遠東部整理館藏的明義士甲骨，發現甲骨鑽鑿型態之斷代法。主要甲骨著作有《卜骨上的鑿鑽形態》、《甲骨上鑿鑽形態的研究》及其他相關論文，其間亦偶有綴合，近年則以普及方式談論殷墟甲骨文字。以上皆國際名家，足見本系甲骨研究之傳統與特色。自許進雄退休後，本（臺大中文）系的甲骨學研究稍見式微，後繼者少。我雖偶爾指導幾位研究生做甲骨學方面的論文，但式微之勢已現，殊

堪可惜。宇衛是我的得意門生，以《甲骨卜辭戰爭刻辭研究——以賓組、出組、歷組為例》為題，獲臺灣大學中文研究所博士。專攻甲骨卜辭專業，兼及金文、簡帛文獻及出土文獻之語法與文例等領域，學術視野寬廣，乃深具潛力之年輕學者。今其《綴興集——甲骨綴合與校釋》梓行，遙承本系前輩傳統，亦足快慰。

徐富昌於臺灣大學中國文學系研究室

二〇二〇年三月十六日

目次

綴合釋文與校釋

凡例

（一）「釋文」部分：基本上採寬式隸定，特殊字形說明如下：（a）已釋字，依部件隸定，後以「( )」方式說明其對應的假借字或異體字，如「𢦏(翦)」；（b）未釋字，依照部件進行隸定，如「旃」；（c）未釋字，部件尚難以判斷或難以隸定者，以原字形（原拓）表示，如「[原拓字形]」。至於釋文部分符號，「…」，表示缺字；「□」，指殘字，但未確定其字形者；「〔 〕」，根據同文例或殘字增補的文例。

（二）「說明」部分，主要就綴合的依據、刻辭的訊息等方面進行陳述，亦藉由龜、骨本身判斷其相對的位置。

（三）「校釋」，主要針對《合集》、《合補》原釋文，以及《殷墟甲骨刻辭摹釋總集》（簡稱《摹釋》）、《甲骨文校釋總集》（簡稱《校釋》）、《殷墟甲骨文摹釋全編》（《摹全》）等相關釋文書籍進行對照，就其中有錯謬之處提出若干修正。

（四）「組別」，主要依據黃天樹《殷墟王卜辭分類與斷代》（北京：科學出版社，2007）一書的組別分類。

（五）圖版、說明處引用甲骨著錄書者以簡稱為主，書籍全名可參本書「引用甲骨著錄簡稱表」。

第一則

一　釋文

己巳卜，𣪊貞：𢀛方弗允𢦏（翦）或。十月　一

二告

貞：勿乎正（征）𢀛方。（「正」缺橫筆）

允𢦏（翦）。

貞：乎正（征）工方。一

二　說明

A、B二版皆為骨首部位，綴合後文例可通讀，並有同文例可對照（如下所列），只是二者折裂之時，骨版略有支離，使得文字無法密接。

林宏明在本綴合基礎上加綴C版（《合》6310）。[1]依據臼角位置，本版為臼角在左的「一卜」牛胛骨。

[1] 林宏明：〈甲骨新綴第288-289例〉，先秦史研究室網站，發表日期：2011年11月29日。收入《契合集》（臺北：萬卷樓圖書出版公司，2013年9月），第289組。

「[illegible]（翦）」字，從陳劍釋。[2]「或」字，學者多釋為「戉」，謝明文改釋為「或」，可從。[3]𢀛方為武丁時期嚴重的外患，常見其來征伐商人臣屬，此條卜辭為「或」受到𢀛方的翦伐，對照《英》1179：「己丑卜，㱿貞：令或來。曰：或罙（深）[4]伐〔𢀛〕方。在十月。」[5]（《合》6379同文），二者同為十月，己巳（6）、己丑（26）相差20日，可能為相近的事件，即己巳（6）「或」受到翦伐，己丑（26）商王便令或深伐𢀛方。

三　**校釋**：《合補》1977，《合補釋文》缺序號「一」。《合補》1860，《摹全》誤將「[illegible]」視為「示」。

四　**同文例**：《合》6371＋《合》6308[6]（三卜，臼角左）、《合》6372、《合》6373、《合》8528（二卜，臼角右）、《合》6309（臼角左）、《合》6311（臼角左）、《合》6307＋《合》39911＋《瑞典》13（臼角右）[7]、《合》6312（臼角右）。

五　**組別**：典賓。

第二則

一　釋文

…伐𢀛方…㞢…

…旋[illegible]方。一…

二　說明

A、B二版綴合後，補足「[illegible]」字。旋字，孫海波釋為「旋」，「象周旋之意」[8]。陳年福據「旋」為說，指出卜辭具有人名、返回、速（副詞）等三種用法，[9]姚萱指出「旋」在其他古文字資料中尚未見到，過去依據金文「[illegible]」釋讀卜辭此字為「旋」的證據理應修正，其運用相同文例的比對，如〈麥方尊〉「享旋走」、〈大盂鼎〉「享奔走」，指出「㫃」與「奔」聲音可相通假，「旋」有類似奔的意涵。[10]筆者認為姚萱視「旋」與「奔」語義相近，其說可從，但聲音通假部分，「旋」從「㫃」聲，與「奔」雖同韻部，聲母部分，牙喉音與唇音通假的情形是相當少見，暫且存疑。

---

[2] 「翦」，从陳劍所釋，參氏著：〈甲骨金文「𢦏」字補釋〉，《甲骨金文考釋論集》（北京：綫裝書局，2007年5月），頁99-106。筆者亦主張釋「翦」，參拙作：〈再探甲骨、金文「[illegible]」字及其相關字形〉，《臺大中文學報》第37期（2012年6月），頁1-38。

[3] 謝明文：〈「或」字補說〉，《商周文字論集》（上海：上海古籍出版社，2017年8月），頁88-112。

[4] 蔡哲茂：〈釋「[illegible]」「[illegible]」〉，《故宮學術季刊》第5卷第3期（1988年），頁73-78。

[5] 按：《英》1179作「在十月」，《合》6379作「七月」，李發懷疑此「月」旁少刻「十」，其說可從。按照同文例即可互補，此「七月」實為「在□月」，少刻「十」。氏著：《商代武丁時期甲骨軍事刻辭的整理與研究》（重慶：西南大學博士論文，2011年4月），頁64。

[6] 林宏明：〈甲骨新綴第288-289例〉，先秦史研究室網站，發表日期：2011年11月29日。收入《契合集》（臺北：萬卷樓圖書出版公司，2013年9月），第288組。

[7] 蔡哲茂：《甲骨綴合續集》（臺北：文津出版社，2004年8月），第378組。

[8] 孫海波：〈卜辭文字小記〉，《考古學社社刊》第三期（1935年），頁71。

[9] 陳年福：《甲骨文詞義論稿》（上海：上海古籍出版社，2007年7月），頁244-245。

[10] 姚萱：《殷墟花園莊東地甲骨卜辭的初步研究》（北京：綫裝書局，2006年11月），頁112。

屮方、[illegible]方同見於一版者，尚有《合》6542、《合》6543等，就目前所見資料尚未見有同文例。

三　校釋：《合補》1890，《合補釋文》、《校釋》、《摹全》缺摹「[illegible]」的殘筆，並由於此版拓片缺少「㞢」，以上諸書皆未釋出，《存補》3.278.2、《善齋》7.26b.3則相對清晰。

四　組別：典賓。

第三則

一　釋文

〔己〕未卜，㱿〔貞〕：王登三千〔人〕，乎伐[illegible]〔方〕，𢦏（翦）。二

二　說明

A、B二版綴合後，可補足「三千」的合文，亦知此版序號為「二」，屬於臼角在左的牛胛骨（依據胛骨本身判斷）。根據相關同文例，可知此事件目前見有最多的序號為「八」（《合》6642），特別的是現在見到的同文例也都主要為以臼角在左的牛胛骨（如下所列）。

「登」，徵集之義。[11]「登三千人」，即徵集三千人。

三　校釋：《合》6643，《摹釋》多釋出「人」。《合》18071，《合集釋文》、《摹釋》、《校釋》、《摹全》缺摹「三千」的殘文。

四　同文例：《合》6639（一卜，臼角右？）、《合》6640（三卜，臼角左）、《合》6641（四卜，臼角左）、《合》6642（八卜，臼角左）

五　組別：賓一。

第四則

一　釋文

貞：上子不我其受〔又〕。
貞：上子不我其受又。
貞：翌丁未不其易日。
貞：上子受我又。
貞：上子受我又。

二　說明

此為A、B、C、D共四版的綴合，A、C二版之間可補足「易」字，A、D二版則補足「未」字筆畫；C、D二版界畫吻合，並補足「我」字；C、B綴合則可補足「其、又」二字；B、D二版補足「貞、子」二字。本版為臼角在左的

[11] 楊樹達：《積微居甲文說》（上海：上海古籍出版社，2007年），頁38。

牛胛骨（依據骨邊位置判斷）。

「上子」能夠給予「佑助」，其身份顯然為神靈，只是目前材料尚不足以判斷為祖先神或自然神。「易日」之說眾多，如孫詒讓「更日」說、王國維祭名說、陳邦福「鬄牲日」說、郭沫若「陰日」說、孫海波「變天」說、吳其昌認為是求晴止雨之祭、饒宗頤「錫日」說、嚴一萍「出日」說等，[12]陳年福同意孫海波「變天」說，[13]吳國升則贊成嚴一萍的「出日」說，[14]朱歧祥則主張烈日說，[15]可見「易日」一詞理解尚未有定論。

三　同文例：《合》14259（臼角左）、《合》14260＋《合》40446[16]（臼角右）、《旅》1084（臼角左）。

四　組別：典賓。

第五則

一　釋文

翌丁丑其雨。
貞：我不其受年。
…丁…不…

二　說明

二版綴合後，可補足「貞」字筆畫，並可通讀文例，此版臼角在左（依據胛骨骨邊推斷）。上面的缺文可能為「〔貞：翌〕丁〔丑〕不〔雨〕」，與「翌丁丑其雨」形成對貞句，本書第一三三則指出此版與《合》13316為一版之折，《合》13316即刻寫有「……翌丁丑其雨」、「翌丁丑不雨」對貞句，正可用以作為佐證。

三　組別：典賓。

四　備註：本書第一三三則加綴《合》13316正。

第六則

一　釋文

或其來。
或不其來。
或其來。
或不其來。
貞：史（使）人于𡆥。
…〔雨？〕…

[12] 文中所列舉諸說，可參《甲骨文字詁林》，頁3383-3390。
[13] 陳年福：《甲骨文詞義論稿》，頁271-286。
[14] 吳國升：〈甲骨文「易日」解〉，《古籍整理研究集刊》2003年第5期，頁12-16。
[15] 朱岐祥：〈「易日」考〉，《古文字研究》29輯（2012年10月），頁137-141。
[16] 趙鵬：〈胛骨試綴一則〉，先秦史研究室網站，發表日期：2016年10月13日。《典雅勁健》一書趙鵬所謂「《合》14259」同文例誤植為「《合》16824」。參李宗焜主編：《典雅勁健──香港中文大學藏甲骨集》（香港：中文大學出版社，2017年），頁180。

二　說明

下版上端稍有模糊，根據正反貞問的規律可補足「或其來／或不其來」對貞的文例，本版為臼角在右的牛胛骨。（「或」字，可參本書第一則的說明）

三　校釋：《合》5534，《合集釋文》、《摹釋》、《校釋》、《摹全》皆缺摹「來」的殘文。

四　同文例：《合》39778。

五　組別：典賓。

第七則

一　釋文

丁巳卜，爭貞：勿〔隹王自〕比望乘，乎往。八月
己未卜，爭貞：勿隹王自比望〔乘〕，乎往。

二　說明

本則原為遙綴，是根據《合》7528的同文例所進行的綴合，林宏明加綴《合》3709[17]後，除了補足「爭」字，亦使相關文例得以更為完整，更讓原本的遙綴得以確立下來。

根據林宏明對骨面刻寫高低與臼角關係的研究成果，通常較高者接近臼角，[18]依此可判定本版為臼角在右的牛胛骨。

三　校釋：《合補》971，《合補釋文》缺釋「比」。《合》7530，《摹釋》將丁巳日「望乘」、「乎往」分讀，修正為連讀。

四　同文例：《合》7528（臼角左），《合》7529＋《合補》982正＋《合補》1430（本書第八則，臼角左）

五　組別：典賓。

第八則

一　釋文

丁巳卜，爭貞：〔勿隹〕王自比望乘，乎往。八月
〔己未卜，爭貞：〕勿隹王自比望乘，乎往。

二　說明

本版A＋B為蔡哲茂所綴，[19]今遙綴C版。本則原綴合之時，將二版予以實綴，構成文例「丁巳卜，爭貞：王自比望乘，乎往」，不過根據同文例相比對，

[17] 林宏明：〈甲骨新綴第298例〉，先秦史研究室網站，發表日期：2011年11月16日。後收入《契合集》，第298組。

[18] 林宏明：〈賓組骨面刻辭起刻位置研究〉，李宗焜主編：《古文字與古代史》第5輯（臺北：中央研究院歷史語言研究所，2017年4月），頁1-26。

[19] 蔡哲茂：《甲骨綴合續集》（臺北：文津出版社，2004年8月），第433組。

顯示「貞、王」二字間應該還有「勿隹」二字，這個判斷也可以運用本書第七則提到林宏明以刻寫高低判斷臼角位置，補上「勿隹」之後，「丁巳卜」這條文例便明顯處於兩條卜辭之相對較高的位置，亦符合同文例中，「丁巳卜」皆位於相對較高位置的特點，據此亦可判定此例為臼角在左的牛胛骨。因此本書將原本的實綴改為遙綴。

三　同文例：《合》7528（臼角左）、《合補》971＋《合》7530＋《合》3709（本書第七則，臼角右）。

四　組別：典賓。

第九則

一　釋文

…貞：來辛亥子㞢其…

…羌眔（暨）歲■（夙？）…

…于匕（妣）庚御。

二　說明

二版綴合後，可補足「匕（妣）庚御」的文例，類似文例見於《合》2355、2617等版。「■」可能為「夙」字，左上的「月」形只存下半。「子㞢」在卜辭出現不多，見於《合》14125　（典賓）、《合》381（賓三）等，從字體分類大抵可推知其活動的年代在武丁晚期。

三　校釋：《摹釋》將「…貞：來辛亥子㞢其…」、「…羌眔（暨）歲■…」連讀，應修正為兩條卜辭。

四　組別：賓三。

第十則

一　釋文

令望乘。

比望乘。

貞：于唐告。

貞：告𢀛方于□。三

貞：令或乎求方我（宜）。

二　說明

A、B二版綴合後，折痕相合，且可補足「告」字筆畫，不過「告𢀛方于」之後的祭祀對象，似乎因版面殘泐，暫時無法進行判斷。本版為臼角在左的牛胛骨（依胛骨骨邊進行判斷）。

「于唐告」的告內容，應是「𢀛方」。

「求方我（宜）」，裘錫圭認為「求方宜」即「尋求與方作戰的適宜機會」。[20]類似的文例也見於《合》6767：「丙寅卜，㱿貞：勿曰〔或〕求方我／貞：勿曰或求方我」。

三　校釋：《合》6148，《摹釋》缺摹「告」殘筆。《合補》1976，《合補釋文》缺釋「貞：告…方…」，《校釋》、《摹全》則以為「貞：令或乎求方我…」尚有殘例，本綴合說明此則文例是完整的。

四　組別：典賓。

第十一則

一　釋文

己亥卜，賓貞：翌庚子步戈人，不[illegible]。十三月　二
辛丑卜，賓貞：叀㞢令以戈人伐𢀛方，𢦏（翦）。十三月　二
〔戈〕…二二告
貞：乎子晝以[illegible]新射。二
允其𦎫（敦）。
貞：𠂤般以疒又。
貞：𢀛方弗𦎫（敦）。
勿孽年，㞢雨。三
亡…雨。三

二　說明

A、B二版為蔡哲茂綴。[21]今加綴C版，B、C二版折痕彼此相合，可補足「𢀛」字，並能形成「貞：𢀛方弗𦎫」、「允其𦎫」對貞文例，本版為臼角在右的牛胛骨（依據胛骨本身判斷）。「𦎫」字，自王國維已釋為「敦」，義為迫。[22]根據司禮義的規則，[23]在對貞句的命辭中，出現「其」的那句基本是占卜者所不希望發生的，而從𢀛方敦伐一事，「其」出現在正貞句，顯然為占卜者所不希望的。

「勿孽年，㞢雨」也見於《合》10109。孽的主語應是神靈。

「𠂤般以疒又。」意為𠂤般帶領疒進行「又」（幫忙）的動作。

三　校釋：《英》564正，原釋文作「…亡…雨。三」、《摹釋》「…亡雨」，今依照正反對貞判斷為「亡…雨」，可能「亡〔其〕雨」。《合》5785，《合集釋文》、《校釋》、《摹全》作「𠂤般以疒又」少「貞」字。

四　組別：典賓。

[20] 裘錫圭：〈釋「求」〉，《裘錫圭學術文集．甲骨文卷》（上海：復旦大學出版社，2012年6月），頁279。
[21] 蔡哲茂：《甲骨綴合集》（臺北：樂學書局，1999年），頁139-140（第108組）。
[22] 王國維：〈不嬰敦蓋銘考釋〉，《王國維遺書》（第四冊）（上海：上海書店出版社，1983年9月），頁145-146。
[23] 司禮義（Paul L-M. Serruys）："Towards A Grammar of the Language of the Shang Bone Inscription（關於商代卜辭語言的語法）"，《中央研究院國際漢學會議論文集》（臺北：中央研究院，1981年），頁342-346。

第十二則

一　釋文

夕□宜。
王往去朿。
王往去朿。一
…翌丁…令，若。不𠂤鼄

二　說明

A、B二版為劉影綴。[24]今加綴C版，與B版契口相合，可補足「王、夕」二字，界畫亦相合。「夕□宜」，根據《合》2890：「夕酒宜」文例可推論「□」可能為「酒」字，「夕」作為時段。[25]另外，本書第一百三二則指出此則與《合》3596正＋《合》5141[26]為一版之折，其文例為「癸巳卜，㱿貞：今日夕酒…」正可輔證此例殘文為「酒」。本版屬於臼角在左的牛胛骨。

「去朿」，裘錫圭指出甲骨卜辭「去」字非離開之意，云：「『去朿』顯然是商王準備到敦地去做的一件事，不能解釋爲『離開朿地』。」[27]羅大志讀「朿」為「積」，理解「去積」為去檢查積的收藏。[28]

三　校釋：《合》16378，《合集釋文》、《摹釋》未摹「去」殘筆。

四　組別：典賓。

第十三則

一　釋文

辛丑卜，賓貞：令多紷比望乘伐下𠂤，受㞢又。二月。　一　二
貞：于㫃。
貞：王去朿于甘。
壬寅卜，㱿。
貞：王去朿于𦎫（敦）。
貞：于𢓊。
貞：以𫛞[29]。

[24] 劉影：〈賓組卜辭新綴兩則〉，先秦史研究室網站，發表日期：2009年10月14日。收入黃天樹編：《甲骨拼合集》（北京：學苑出版社，2010年8月），第129則。

[25] 董作賓云：「殷代通常稱晝為『日』；稱夜為『夕』」，氏著：《殷曆譜》（臺北：中央研究院歷史語言研究所，1992年9月），頁4。李宗焜亦申述董說「夕」為夜晚，參氏著：〈卜辭所見一日內時稱考〉，《中國文字》新18期（1994年1月），頁173-208。

[26] 劉影：〈甲骨新綴122-123組〉，先秦史研究室網站，發表日期：2012年4月24日。收入黃天樹編：《甲骨拼合三集》（北京：學苑出版社，2013年4月），第616則。

[27] 裘錫圭：〈談談殷墟甲骨卜辭中的「于」〉，余靄芹、柯蔚南主編：《羅杰瑞先生七秩晉三壽慶論文集》（香港：香港中文大學中國文化研究所吳多泰中國語文研究中心，2010年），後發表於「復旦大學出土文獻與古文字研究中心」網站，發表日期：2010年8月2日。後收入《裘錫圭學術文集．甲骨文卷》（上海：復旦大學出版社，2012年6月），頁527-551。

[28] 曹大志：〈甲骨文中的朿字與商代財政〉，《中國國家博物館館刊》2016年第11期，頁86-97。

[29] 按：蔡哲茂先生向筆者指出此字應該更正為从鳥从「工」，類似的字體還見於《東大》273。

貞：不其以。
隹茲邑龏，不若。
亡若。
燎于土。
貞：帚好不隹庚受。一

二　說明

B、C二版為蔡哲茂綴。[30]今加綴A版，可補足「不」、「康」二字的筆畫，綴合後的文例為「貞：帚好不隹庚受」，本身屬於臼角在左的牛胛骨。

《合》7861的二版綴合曾被白玉崢認為是誤綴，[31]其云：「兩拓本之辭例不同，且兩骨綴合後『貞』『隹』，無辭例可爰，疑非同骨之折，不能綴合」，蔡哲茂綴合C版時，吸收了白氏的意見，僅以《合》7861的下半部予以綴合。[32]之後，蔡哲茂依據拍賣網的一張舊拓予以更正，其云：「可見當時本人從白氏所言，以為合7861沿襲《甲骨綴合編》第四片的綴合是錯誤的，故僅收錄合7861下半。後於孔夫子舊書網『北京納高國際拍賣有限公司』『陳亦清舊拓甲骨朱拓冊頁』發現該版卜骨的舊拓，證明合集7861、《甲骨綴合編》第四片的綴合為正確，兩版不可立為兩號，該片舊拓的發表亦可證明本人加綴合5129一版是正確的，推測此舊拓可能原本為一版，後斷為三片。」[33]

林宏明指出本書第十三則、第十四則綴合與《合》94正反相關，[34]正確可從，羅列《合》94正反文例如下：

辛丑卜，㱿貞：婦好有子。二月。
辛丑卜，亘貞。王占曰：好其有子，孚。
壬寅卜，賓貞：若茲不雨，帝隹茲邑龏，不若。二月。
甲辰卜，亘貞：今三月光乎來。王占曰：其乎來，气至隹乙。旬又二日乙卯允有來自光，以羌芻五十。小告
乙卯卜，賓貞：乎婦好㞢𠬝于匕（妣）癸。（《合》94正）
王占曰：帝隹茲邑龏，不若。
丙申，王尋占光卜，曰：不吉，有求（咎），茲乎來。
王占曰：吉，孚。
王占曰：隹庚受。
…㑹齒…五月。
…三月。一小告二（《合》94反）

依照此版文例，方可推論本則綴合的相關訊息，如「貞：帚好不隹庚受。」對照「王占曰：隹庚受。」始知「受」後面沒有殘詞，至於「受」的內容可能與「婦好有子」相關。再者，從「壬寅卜，賓貞：若茲不雨，帝隹茲邑龏，不若。二月」、「王占曰：帝隹茲邑龏，不若」可推知「隹茲邑龏，不若。／亡若」的

[30] 蔡哲茂：《甲骨綴合集》（臺北：樂學書局，1999年），頁103-104（第73組）。
[31] 白玉崢：〈近三十年之甲骨綴合〉，《中國文字》新20期（1995年12月），頁24。
[32] 蔡哲茂：《甲骨綴合集》，頁103-104（第73組）。
[33] 蔡哲茂：〈《甲骨綴合集》73、38組補正〉，先秦史研究室網站，發表日期：2011年6月30日。
[34] 林宏明之說見於「先秦史研究室網站」中的回文，網址：http://www.xianqin.org/blog/archives/2538.html。

主語是「帝」。

關於「去束」的說明，可參本書第十二則綴合。

三　校釋：《合》7861，《摹釋》、《合集釋文》、《校釋》缺釋「卜」，以及上方「不」的殘筆，且「帚好」應改為「…帚好」。《合》6525，《摹釋》缺釋「不、庚」二字、《合集釋文》、《校釋》、《摹全》缺「庚」字。

四　同文例：《合》6524正＋《合》7862＋《合補》769（臼角右）

五　組別：典賓。

第十四則

一　釋文

辛丑卜，賓貞：令多紳比望乘伐下𠂤，受出又。一　二

貞：勿出。

勿令。

壬寅卜，殸。

貞：令望乘歸。

出于爻戊咸戊[illegible]。

貞：出于父甲父庚〔父〕辛。

勿于䖵。

隹茲邑龐，不若。

貞：于䖵。

亡若。

貞：帚好不隹庚〔受〕　二　二　二

二　說明

B、C二版為劉影綴。[35]今加綴A，此一綴合是在本書第十三則的同文例基礎上進行綴合，且兩片契口相合，唯「受」字因《合》7862的斷裂而模糊，屬於臼角在右的牛胛骨。此版的訊息與本書第十三則部分雷同，以下列出二則文例內容的比較：

第十三則	第十四則	
辛丑卜，賓貞：令多紳比望乘伐下𠂤，受出又。一二 壬寅卜，殸。 隹茲邑龐，不若。 亡若。 貞帚好不隹庚〔受〕二	辛丑卜，賓貞：令多紳比望乘伐下𠂤，受出又。二月。一二 壬寅卜，殸。 隹茲邑龐，不若。 亡若。 貞：帚好不隹庚受。	同
貞：勿出。 勿令。	貞：于䖵。 貞：王去束于甘。	異

[35] 劉影：〈賓組卜辭新綴五則〉，先秦史研究室網站，發表日期：2009年10月10日。收入黃天樹編：《甲骨拼合集》，第124則。

第十三則	第十四則	
貞：令望乘歸。 㞢于爻戊咸戊[illegible]。 貞：㞢于父甲父庚〔父〕辛。 勿于𦉪。 貞：于𦉪。	貞：王去束于敦。 貞：于㣂。 貞：以隹。 貞：不其以。 燎于土。	

另外，本版「貞：㞢于父甲父庚〔父〕辛。」只刻寫了「父庚辛」，此應該省刻「父」字，即武丁父輩「陽甲、盤庚、小辛」等三人，說明此版為武丁時所卜問。

三　校釋：《合》7862，《摹釋》「貞望乘…」、《合集釋文》、《校釋》「貞…望乘…」，應改為「貞…望乘〔歸〕」。《合補》769，《合補釋文》「…令…木…」，「木」為「乘」殘筆，《校釋》誤將「乘」殘筆以為「黍」字。

四　同文例：《合》6525＋《合》7861＋《合》5129（臼角左）

五　組別：典賓。

第十五則

一　釋文

丁〔卯卜〕：㱿貞：犬征…

癸巳〔卜〕，㱿貞：王𠂤…迺乎𢦏[illegible]…

二　說明

此一綴合主要根據《合》6536「…卜，㱿貞：王𠂤于曾迺乎𢦏[illegible]…」的同文例訊息，左側文例可補足「迺乎𢦏[illegible]」文例。右側中間殘損，又可對照《合》7353、《合》7354「癸巳卜，㱿貞：王勿𠂤于曾」文例，說明此例綴合「癸巳」是相當可能的，且從字形分布行距亦屬適切。且從此一綴合與《合》6536的對照，可補足右側的干支為「丁卯」日。

「𠂤」，卜辭為「次」義，劉釗云：「卜辭𠂤作『[illegible]』、『[illegible]』等形，乃𠂤的孳乳字，加一横以示區別，用作動詞，義為『次』，謂軍旅駐紮。」[36]正確可從。

「𢦏」，丁驌依金文字形，言其為「敢」字初文。[37]陳絜亦釋為「敢」，[38]黃天樹則指出「原字形象雙手持械獵殺野豬（倒豕形）之形，學者釋『敢』，可從。古音『敢』、『掩』同屬談部，音近可通。『敢』讀為『掩』，當乘人不備突然襲擊的『掩襲』講。」[39]其說可從。

三　校釋：《合集釋文》、《校釋》缺《合》6537一條的釋文。

四　同文例：《合》6536、《合》6538、《合》7353（三卜，臼角右）、《合》7354

[36] 劉釗：〈卜辭所見殷代的軍事活動〉，《古文字研究》第16輯（北京：中華書局，1989年9月），頁67-141。

[37] 丁驌之說，參《甲骨文字詁林》，頁1003-1004。

[38] 陳絜：〈說「敢」〉，《史海偵迹──慶祝孟世凱先生七十歲文集》（香港：香港新世紀出版公司，2006年），頁16-28。

[39] 黃天樹：〈甲骨卜辭中關於商代城邑的史料〉，《黃天樹甲骨金文考釋論集》（北京：學苑出版社，2014年），頁235。

（五卜，臼角左）
五　組別：典賓。

第十六則

一　釋文

己巳卜，爭貞：侯告爯冊，王勿卒脊。　五
庚午卜，爭貞：王叀易白脊。

二　說明

依據《合》7408、《合》7409、《合》7411、《合》7412、《合補》516、《英》197＋《合補》1581（參本書第一百三一則）等同文例，可補上「脊」字。本版為臼角在左的牛胛骨。

「脊」字[40]，蔡哲茂曾有詳細整理，並提出此字與卜辭「[illegible]」字文例同，義為相、助。

「爯冊」一辭討論者眾，可參李宗焜整理，李說以「爯冊」是稱述王的命令，命令是多樣，不限在戰爭，類似《尚書》的「誥」。[41]何景成則訓「爯」為「副」，有符合、遵從之意，進而將「爯冊」也說解成遵從王命。[42]

三　同文例：《合》3341、《合》3345、《合》7408（二卜，臼角右）、《合》7409（三卜，臼角右）、《合》7411（六卜，臼角左）、《合》7412（八卜，臼角左）、《合》7413、《合補》516（四卜，臼角右）[43]、《英》197＋《合補》1581（參本書第一三一則）

四　組別：典賓。

第十七則

一　釋文

壬辰卜，亘貞：王往出于章（敦）。三　四
（臼）庚寅帚示三屯。亘

二　說明

A版為摹本，其與B版契口相合，並可補足「往」字，綴合後與《合》7941正+《合》14766[44]的文例相同，本版為臼角在右的牛胛骨。「章」字，《合集》收錄的拓片不夠清晰，《上海博物館藏甲骨文字》著錄的拓片可明顯看出此字為「章」。

---

[40] 蔡哲茂：〈甲骨文考釋四則〉，《第七屆中國文字學全國學術研討會論文》（臺北：萬卷樓圖書出版公司，1996年4月），頁151-172。

[41] 李宗焜：〈卜辭「爯冊」與《尚書》之「誥」〉，《中央研究院歷史語言所集刊》80本第3分（2009年9月），頁333-354。

[42] 何景成：〈甲骨文「爯冊」新解〉，《中國文字學報》第6輯（2015年），頁39-48。

[43] 蔡哲茂：《甲骨綴合集》，第110組。

[44] 李愛輝綴，收入黃天樹主編：《甲骨拼合集》，第271則。

骨臼與骨首的干支時間關係，林宏明曾指出二者常是同一天，或骨臼較骨首早一天或二天。[45]本綴合亦在其舉例之中，請參看。

三　校釋：《合》3781、《合》5052，《摹釋》、《合集釋文》、《摹全》因拓片關係，未釋出「䇂」，《合集釋文》、《校釋》誤將《合》5052釋成「□□〔卜〕亘，貞王出。」《合》40681，《合集釋文》、《校釋》、《摹全》作「壬辰…王往于…」，「王往于」未斷讀。

四　同文例：《合》7941正＋《合》14766（臼角左）

五　組別：典賓。

第十八則

一　釋文

甲子卜，賓貞：我〔受〕萑年。
丙寅卜，□貞：乎畢（畢）〔酒〕岳。
癸亥卜，賓貞：令倉侯虎歸。
一 二 小告 三 小告 一 二 三 小告 〔一〕 小告 二 小告 三 小告 □告 二告 二告 二 二 二

二　說明

A、B兩版綴合後可補足文例，左半部分可實綴，右側中間殘缺的部分，似可補上「受」、「酒（岳）」，即「乎畢〔酒〕岳」文例，可與A版反面「貞：乎畢酒岳。」文例相對照。《合》10043為骨邊刻辭，文例為「貞：我受萑年／貞：我不其受萑年」、「貞：其令倉侯歸。／貞：勿令倉侯歸。」等，文例疑與本綴合為一版之折。本版為臼角在右的牛胛骨（依據胛骨骨邊推斷）。

三　校釋：《合》10055，《摹釋》、《合集釋文》、《校釋》、《摹全》缺釋「岳」殘筆。

四　組別：典賓。

第十九則

一　釋文

貞：翌庚〔子〕乎帚井㞢于母庚。
貞：燎十牛。

二　說明

A、B兩版折痕密合，可補足「翌」字筆畫，「庚」字下方的殘存筆畫應為「子」字。本版為臼角在左的牛胛骨。

卜辭中乎某婦祭祀的材料不多，如《合》94正：「乙卯卜，賓貞：乎帚好㞢𠬝于妣癸。」關於乎「帚井」進行祭祀則尚未見到，卜辭多見對「帚井」進行御

[45] 林宏明：〈從骨臼刻辭看骨首刻辭的先後〉，《中國言語文化》創刊號（2012年6月），頁97-120。

祭，如《合》2725：「戊寅卜，賓貞：御帚姘于母庚。」、《合》2726：「甲寅卜，𣪊貞：御帚姘于〔母〕庚。」、《合》2756：「貞：御帚井于母〔庚〕。」、《懷》113：「貞：御帚姘于母庚。」突顯出祭祀對象多為母庚，「母庚」為武丁時期稱呼小乙配偶之一（小乙配偶有妣己、妣庚），從多次向母庚進行祓除之祭來看，帚井的地位必然不低，唐蘭曾根據「妣戊姘」（《屯南》4023），「姘」即帚姘，是武丁配偶「妣戊」之稱。[46]此一綴合更突顯帚井能祭祀母庚，輔證帚井為武丁的法定配偶。

三　**校釋**：《英》160，原釋文作「…〔翌〕庚〔子〕帚井㞢母庚」、《摹釋》、《校釋》、《摹全》「…〔翌〕庚〔子〕…帚井㞢母庚」，未將「帚井㞢母庚」斷讀。

四　**組別**：典賓。

第二十則

一　釋文

…爭貞：王往出〔去〕朿。
□卯卜，𣪊貞：沚戓爯冊，王〔比〕伐土方，〔受〕㞢〔又〕。
乙未卜，𣪊貞：王〔往去〕朿。

二　說明

此則屬遙綴，依據《合》3604＋《合》5105（＝《合補》1521）[47]「乙未卜，𣪊貞：王往去朿。／甲午卜，爭貞：王往出去〔朿〕。」、《合》5134「乙未卜，𣪊貞：王其去朿。告…／甲午卜，賓貞：王往出去〔朿〕。」等文例推測此則左右兩側文例與此相同。中間一則，則與《合》6087正＋《合》6402正＋《合》16473＋《存補》5.141.2：「乙卯卜，𣪊貞：沚戓爯冊，王比伐土方，受㞢又。」[48]屬同文例，遙綴之後，三段文例的行距、字體、文例皆可對應通讀。

本版應該屬於臼角在右的牛胛骨。

「去朿」說明，可參本書第十二則綴合。

三　**校釋**：《摹釋》少了《合》6437「朿」殘文。《合》7385，《合集釋文》、《校釋》作「王〔比〕。」應改為「王〔比〕…」。

四　**同文例**：《合》3604＋《合》5105（＝《合補》1521）、《合》5134、《合》5130、《合》6087正＋《合》6402正＋《合》16473＋《存補》5.141.2部分同文。

五　**組別**：典賓。

第二一則

一　釋文

…貞…乎帚好㞢于娥。

---

[46] 參見〈安陽殷墟五號墓座談紀要〉唐蘭發言，《考古》1977年第4期，頁346。
[47] 蔡哲茂：《甲骨綴合集》，第229組。
[48] 蔡哲茂：《甲骨綴合集》，第285組。

二　說明

A、B二版綴合後可補足「帚、娥」二字。文例本身為帚好向「娥」祭祀，卜辭向「娥」的祭祀材料不多，尤其女性祭祀娥的資料尚未見到，此則綴合正可增補女性祭祀娥的材料。

關於「娥」的身分，朱彥民有過很好的整理，[49]其梳理出（一）郭沫若以為帝俊之妻娥皇，饒宗頤從之；（二）金祖同認為是「昌若」的音轉；（三）島邦男提出其與「王亥」為同一角色；（四）赤塚忠以為河川女神——女媧；（五）陳夢家則以為殷人女性先公；（六）范毓周卻認為是「我母」之合文等說，朱氏最後認為「娥皇」可能性仍存在。

三　組別：典賓。

第二二則

一　釋文

…〔貞〕：乎𡆥（畢）先…
…𡆥（畢）…

二　說明

A、B兩版折痕密合，綴合後，兩「𡆥（畢）」字筆畫皆可補足。此一綴合原文例可對照《合》177：「甲午卜，㱿貞：乎畢先禦燎于河。／貞：勿呼畢先禦燎。」等同文例訊息。

三　同文例：《合》177（四卜，臼角右）、《合》4055（臼角左）、《合》4056（臼角右）、《合》4057、《合》14526、《合補》4313。

四　組別：典賓。

第二三則

一　釋文

甲午卜，亘貞：収馬，乎𢿨…
癸巳卜，㱿貞：㞢去。
癸巳卜，㱿貞：登〔人〕五千，叀…
〔望？〕…
一　二告　二　二　一　小告　二告　一　小告　二告　二　二告

二　說明

A、B二版綴合後，僅左側相連，以及「去」字筆畫漸趨完整。而此一綴合仰賴癸巳日二條刻辭的同文例材料，主要見於《合》7312、《合》6093正反＋《京人》878ab＋《京人》898[50]等。本版綴合為臼角在左的牛胛骨。

---

[49] 朱彥民：〈殷卜辭所見先公配偶考〉，《歷史研究》2003年第6期，頁3-19。
[50] 林宏明：《契合集》，第300組。

「㞢去」應與「去束」一詞相關，可參本書第十二則綴合。「䖍」，劉釗釋為「擾」，騷擾、擾亂之意。[51]

本綴合「収、登」同見一版，筆者曾提到「収」後面基本不承接數量詞，「登」則常見，此一綴合的結果亦是如此。「収」，屈萬里釋為「共」，供給；「登」，楊樹達釋「登」，徵集義。[52]

三　**同文例**：《合》7312、《合》6093正反＋《京人》878ab＋《京人》898（臼角右）。[53]

四　**組別**：典賓。

第二四則

一　**釋文**

…卜，㱿貞：我乍…
…㱿貞：我…
丁未卜，㱿貞：我…
己亥卜，㱿貞：我乍…
丙戌卜，爭貞：…
二告

二　**說明**

A＋B為蔡哲茂所綴，[54]此處加綴C，此三版目前未見拓片，僅依據摹本進行綴合，C版綴合後，可補足貞人「㱿」字的筆畫。

此版文例應為「我乍邑」之殘，甲骨卜辭「我乍邑」之例多見，如《合》13490、《合》13491、《合》13492＋《國博》50[55]、《合》13493、《合》13495、《合》13496等。「乍邑」，過去都理解為建造城邑，存在城牆的概念，許宏則提出城邑未必有城牆的觀點，云：「城市遺址，也分為擁有防禦設施者（城）和無防禦設施者兩種……防禦設施的有無，與聚落的性質之間並無必然的關聯」[56]其說可從，筆者認為「作邑」不在於創造一種城牆的範圍，而是與今日所謂「打造新市鎮」、「造鎮」的概念相同，重點以移居（過剩）人口為目的。

三　**校釋**：《合》13500，《摹釋》少了最右側「㱿」字，《摹全》多釋出一條辭例，少了最左邊的「勿」字。

四　**組別**：典賓。

第二五則

一　**釋文**

---

[51] 劉釗：〈卜辭所見殷代的軍事活動〉，《古文字研究》第16輯（1989年9月），頁105-106。
[52] 拙作：〈甲骨卜辭札記四則〉，《中正漢學研究》第21期（2013年6月），頁43-66。
[53] 林宏明：《契合集》，第300組。
[54] 蔡哲茂：〈《甲骨文合集》新綴第十七則〉，先秦史研究室網站，發表日期：2009年11月26。
[55] 蔡哲茂：〈國博所藏甲骨新綴一則〉，先秦史研究室網站，發表日期：2007年12月27日。
[56] 許宏：《先秦城市考古學研究》（北京：北京燕山出版社，2008年12月），頁8-9。

戊寅卜，行貞：王其往于田，亡災。在十二月。
壬午卜，行貞：今夕亡囚。在十二月
癸未卜，行貞：今夕亡囚。在十二月
甲申卜，行貞：今夕亡囚。在十二月
乙酉卜，行貞：今夕亡囚。在十二月
丙戌卜，行貞：今夕亡囚。在十二月
丁亥卜，行貞：今夕亡囚。在十二月
戊子卜，行貞：今夕亡囚。在十二月

二 說明

A、B、C三版為林宏明綴，[57]加綴D版，綴合後可補足「十二月」文例，以及干支「丁亥」二字，林宏明接著加綴E版，[58]本版為臼角在右的牛胛骨（依據胛骨本身推斷）。

「囚」字，學界目前主要有二種意見：

一、「憂」：唐蘭釋作「繇」，[59]裘錫圭進一步通假為「憂」，之後則存疑，其云：「把定母字『囚』讀為『憂』，應該是可以的。不過我們讀『囚』為『憂』，還缺乏很確鑿的證據，『有囚』、『亡囚』等辭中的『囚』究竟應該讀為什麼字，還需要繼續深入研究」[60]。

二、「禍」，郭沫若釋為「冎」（禍），[61]其云：「是則囚之為冎，為冎、為猧，確不可易也」；周鳳五亦採此說，隸作「禍」，云：「陳氏（陳夢家）以冎為象卜骨之形，甚諦；然謂骨乃冎之引申，則猶未達一間。冎於卜辭當即是骨字，借為禍義，至第五期又加犬旁為形聲字。其後寖假失其造字之初誼，遂改作从示、咼聲之今字」；[62]朱歧祥亦主張讀為「禍」。[63]

筆者曾在討論「冎凡有疾」一句時，以「禍」的讀音進行相關考證，當時文章徵引宋華強認為卜辭「𣀔（猒）」演變成日後「戾」字，並可通假為「體」字的觀點，[64]於是試著以聲音條件溝通「禍、戾、體」等字的關係。[65]

此字牽連的字形、文例較廣，一字形具體要讀為一字或多字，還有待進一步討論，本書暫採原形隸定為「囚」。

三 校釋

校釋：《合》26230，《摹釋》、《合集釋文》、《校釋》、[66]《摹全》將「十二月」誤為「十月」。《合》26239，《摹釋》、《合集釋文》、《校釋》、《摹全》缺釋左上

---

[57] 林宏明：〈甲骨新綴第179-180例〉，先秦史研究室網站，發表日期：2011年1月5日。
[58] 林宏明：〈甲骨新綴第323例〉，先秦史研究室網站，發表日期：2012年3月2日。後收入《契合集》，第178組。
[59] 唐蘭：《天壤閣甲骨文存并考釋》（北京：北京圖書館出版社，2000年），頁4-13。
[60] 裘錫圭：〈從殷墟卜辭的「王占曰」說到上古漢語的宵談對轉〉，《中國語文》2002年第1期，頁70-76。後收入《裘錫圭學術文集．甲骨文卷》（上海：復旦大學出版社，2012年6月），頁485-494。
[61] 郭沫若：《殷契粹編》（臺北：大通書局，1971年），頁719-720。
[62] 周鳳五：〈說猧〉，《中國文字》47冊（1973年3月），頁1-13。
[63] 朱歧祥：〈談是禍不是憂〉，《亦古亦今之學——古文字與近代學術論稿》（臺北：萬卷樓圖書出版公司，2017年12月），頁23-40。
[64] 宋華強：〈釋甲骨文的「戾」和「體」〉，《語言學論叢》第43輯（2011年9月），頁338-351。
[65] 拙作：〈卜辭「冎凡㞢疾」再探〉，《第二十三屆中國文字學國際研討會論文集》（2012年6月），頁205-222。
[66] 按：林宏明已指出。參《契合集》，頁164。

殘留「十二月」之「二」的筆畫。

四　組別：出二。

第二六則

一　釋文

…貞：王…于□…

戊寅卜，貞：王其田，亡災。

辛巳卜，貞：王其田于斿，亡災。在五月

乙酉卜，貞：王其田于宮，亡災。在五月

…卯卜，…王其田…災。

二　說明

A、B二版綴合後，可補足「王」字，並形成戊寅、辛巳、乙酉的順時曆日，內容顯示為有關商王田獵之卜問。「」為何組貞人，目前出現次數甚少，如：《合》24410、《合》24465、《合》24466、《合》25841等。本版為臼角在右的牛胛骨（依據骨邊與歷日順序推斷）。

三　校釋：《合》24462，《摹釋》「乙酉」一條缺釋「于」字，《合集釋文》、《校釋》、《摹全》誤將「在…」作「在□月」，多釋出「月」字。

四　組別：何一。

第二七則

一　釋文

庚…貞：今…亡囚。

辛丑卜，行貞：今夕亡囚。在九月。

壬寅卜，行貞：今夕亡囚。在九月

癸卯卜，行貞：今夕亡囚。

甲辰卜，行貞：今夕亡囚。在九月。

〔乙〕巳卜，行貞：今夕亡囚。在九月

丙午卜，行貞：今夕亡囚。

〔丁〕未卜，行貞：今夕亡囚。

二　說明

A版拓片下方較為模糊，周忠兵《卡內基博物館所藏甲骨研究》一書第330號詳載圖片、摹本，[67]其摹本較《合集》拓片可清楚看見「貞、亡」二字殘留的筆畫。A、B二版綴合後，可補足「貞」、「亡」二字，且曆日時序相合，依序形成「辛丑、壬寅、癸卯、甲辰、乙巳、丙午、丁丑」之卜夕囚。本版為臼角在左的牛胛骨（依據骨邊與歷日順序推斷）。

[67] 周忠兵：《卡內基博物館所藏甲骨研究》（上海：上海人民出版社，2015年），頁254、387。

三　校釋：《合》26254，《摹釋》、《合集釋文》、《校釋》[68]、《摹全》缺釋「貞、亡」殘字。《合》26252，《摹釋》多釋出「庚」一條的「子、九月」。

四　組別：出二。

第二八則

一　釋文

丙子卜，〔行〕貞：今〔夕〕亡囚。
丁丑卜，行貞：今夕亡囚。在正月。一
戊寅卜，行貞：今夕亡囚。
己卯卜，行貞：今夕亡囚。在正月。一
庚辰卜，行貞：今夕亡囚。一
辛巳卜，行貞：今夕亡囚。

二　說明

B版，《合集》拓片上方漫漶，無法清晰看出契口的形狀，周忠兵《卡內基博物館所藏甲骨研究》一書第320號詳載圖片、摹本，[69]其摹本有明確的契口形狀，以及「卯」字的殘留筆畫，與A版綴合後，契口處相互吻合，並可補足「卯」字，且骨邊寬度一致，辭例也依序形成「丙子、丁丑、戊寅、己卯、庚辰、辛巳」的卜夕囚之辭。本版為臼角在左的牛胛骨（依據骨邊與歷日順序推斷）。

A版，《合集》著錄二版（甲、乙），原著錄於郭沫若《殷契粹編》第1359甲乙，書中將二版上下擺放進行綴合，《合集》作者則是左右擺放，顯然不相信《殷契粹編》的綴合，而認為是遙綴，胡輝平則目驗原片後，言：「兩骨均為牛骨，骨質特徵相近，顏色也相差不多。卜辭刻寫風格一致，內容均為祖庚祖甲時期的『行貞』卜辭。從拓片特徵上看，似乎有理由將二者拼湊到一起。事實上，從骨質紋理看，此兩骨的自然邊沿正好相對，它們應分屬於一對互為左右的牛肩胛骨，如圖7-3。所以，這兩卜骨是屬於不可綴合的兩版卜骨。由於兩骨分屬左右牛肩胛骨，無論是《合集》26227甲、乙，還是《粹》1359甲、乙中兩塊卜骨的擺放位置都存在問題。因為這兩片卜骨根本就不屬於同一版，他們不應擺放在一起。」[70]本版綴合亦可說明甲、乙二版無明確接點，且確為左右不同的牛肩胛骨。

三　校釋：《合》26217，《摹釋》、《合集釋文》、《校釋》[71]、《摹全》未釋出「卯」字。

四　組別：出二

五　備註：本書第一六九則，加綴《笏二》600號。

[68] 按：周忠兵已經指出。同上註，頁554。
[69] 周忠兵：《卡內基博物館所藏甲骨研究》，頁248、385。
[70] 胡輝平：〈試論甲骨綴合校勘〉，《文津學志》第7輯（北京：國家圖書館出版社，2014年），頁286-301。
[71] 周忠兵：《卡內基博物館所藏甲骨研究》，頁549。

第二九則

一　釋文

丙午…貞：今…亡〔𡆥〕。一
丁未卜，行貞：今夕亡𡆥。在正月。一
戊申卜，行貞：今夕亡𡆥。在正月
己酉卜，行貞：今夕亡𡆥。
庚戌卜，行貞：今夕亡𡆥。在二月
〔辛〕亥卜，行貞：今夕亡𡆥。在二月

二　說明

B版拓片較為模糊，周忠兵《卡內基博物館所藏甲骨研究》一書第326號詳載圖片、摹本，[72]A、B版綴合後，契口相合，且於曆日形成「丙午、丁未、戊申、己酉、庚戌、〔辛〕亥」的次序，本版屬於臼角在右牛胛骨（依據骨邊與曆日順序推斷）。月份上，正處於為正月、二月的交接，根據文例的訊息，二月的月首干支為己酉或庚戌日。至於「正月」的使用，莫伯峰根據字體分類等訊息，提出祖庚時期仍使用「一月」，自祖甲時期則變為「正月」。[73]

三　校釋：《合》26258，《合集釋文》、《校釋》缺兆序「一」。[74]《合補》8073，《合補釋文》、《校釋》缺兆序「一」，且與《摹全》都將「辛亥」的月份誤寫成「三月」。

四　組別：出二。

第三十則

一　釋文

甲子王卜…翌乙丑其…翌于唐…
甲子王卜，曰：翌乙丑其酒翌于唐。不雨。

二　說明

A、B二綴合後，可補足「子」、「翌」二字。B版，焦智勤曾云：「骨，塗朱，在二期卜辭中，似不多見。」[75]指出此版有「塗朱」訊息。查找資料過程，發現A版原骨今藏於「復旦大學文化人類學數字博物館」中，於其網站上已公布館藏甲骨訊息，[76]其中第六十二片即為A版，從彩色照片上可以看出其亦塗朱，揭示二版皆有塗朱，亦可作為綴合旁證。此版為「王」卜，主要是對唐（商湯）進行「翌」祭，且卜問當日是否下雨。

三　組別：出二。

---

[72] 周忠兵：《卡內基博物館所藏甲骨研究》，頁252、386。
[73] 莫伯峰：〈殷商祖甲時代曆法改革的時機〉，《中國史研究》2017年第2期，頁49-62。
[74] 周忠兵：《卡內基博物館所藏甲骨研究》，頁552。
[75] 焦智勤：〈殷墟甲骨拾遺・續六〉，宋鎮豪主編：《甲骨文與殷商史》新二輯（上海：上海古籍出版社，2011年11月），頁263。
[76] 「復旦大學文化人類學數字博物館」，網址：http://www.digmus.fudan.edu.cn/green.asp。

第三一則

一　釋文

貞：叀必出。
丁丑卜，即貞：王賓𣪊，亡尤。
辛巳卜，即貞：王賓祖辛歲，亡尤。
辛巳卜，即貞：王，亡尤。
…即…

二　說明

A、B二版相綴，契口相合。可補足「卜」、「賓」字。原先綴合時，曾在B版上加綴《合》25848，現在認為可能有誤，骨邊與「賓」字皆未密合，故今將其剔除。

「𣪊」字，學界至今並無共識，[77]眾說紛陳，本文暫以「𣪊」字形隸定。

「[illegible]（尤）」字，丁山、胡光煒釋為「尤」後，[78]學界多從此說；陳劍藉由楚簡重新檢討此說，將此字「[illegible]」改釋為「拇」，認為一劃為表示拇指所在，進而通假為「吝」；[79]林宏佳曾為文討論陳劍之說，主張從舊說釋為「尤」；[80]本文此處仍從舊說釋為「尤」，源於陳劍的「拇」說，卜辭未見用橫切的筆畫用以標示部位。

三　校釋：《合》22972，《合集釋文》、《校釋》多釋出「丁丑卜」一條的「賓、尤」二字。《合》25784，《摹全》誤將「必」釋為「戊」。

四　組別：出二。

第三二則

一　釋文

癸…貞…乙〔酉〕…
癸巳卜，王貞：旬亡𡆥。一
癸卯卜，王貞：旬亡𡆥。甲辰㓜，在四月
癸丑卜，王貞：旬亡𡆥。在四月。甲寅酒翌自上甲
癸巳卜，王貞：旬亡𡆥。乙丑翌于大乙。在五月
…王…

---

[77] 關於「𣪊」字說法，可參于省吾主編：《甲骨文字詁林》（北京：中華書局，1999年），頁1065-1071；另見於張桂光：〈古文字考釋十四則〉，《古文字論集》（北京：中華書局，2004年），頁130；黃人二：〈戰國包山卜筮祝禱簡研究〉（臺北：臺灣大學中國文學研究所碩士論文，1996年），頁119；趙平安：〈從《我鼎》銘文的「祟」談到甲骨文相關諸字〉，收入《追尋中華古代文明的蹤跡——李學勤先生學術活動五十年紀念文集》（上海：復旦大學出版社，2002年），頁4-5。

[78] 丁山：〈殷契亡[illegible]說〉，《中央研究院歷史語言研究所集刊》第1本1分（1928年），頁25-28；胡光煒：《甲骨文例．辭例篇》，收入氏著：《胡小石論文集．三編》（上海：古籍出版社，1995年），頁82-83。

[79] 陳劍：〈甲骨金文舊釋「尤」之字及相關諸字新釋〉，《甲骨金文考釋論集》（北京：綫裝書局，2007年），頁75。

[80] 林宏佳：〈「尤」、「擇」辨釋〉，《成大中文學報》27期（2009年12月），頁119-152。

二　說明

A、B二版契口相合。A版，常玉芝談到周祭時曾引以說明，其云：「辭中大乙的祭日乙丑日在上甲的祭日甲寅日的下一旬，所以大乙是在上甲的下一旬被祭祀的。」[81]此版屬於常玉芝對出組周祭分類的第三種。[82]而此版綴合後的文例為「癸卯卜，王貞：旬亡囚。甲辰幼。在四月」，「甲辰幼」應同於黃組「甲辰工典幼」文例，如：

癸卯王卜，貞：旬亡畎。在九月。甲辰工典其幼其翌。
癸丑王卜，貞：旬亡畎。在九月。甲寅翌上甲。(《合》35399)
癸卯王〔卜，貞〕：旬亡畎。王〔占[83]〕曰：吉。在〔九月。甲辰〕工典其幼其翌。
〔癸丑〕王卜，貞：〔旬亡〕畎。王占〔曰：吉〕。在十月。甲寅酒、幼、〔翌〕上甲。(《合》35401)

從這兩版看來，「甲辰工典其幼」的下一旬「甲寅翌上甲」、「甲寅酒、幼、〔翌〕上甲。」即在甲寅日翌祭上甲，對照本版綴合也在下一旬刻寫「甲寅酒翌自上甲」，由於「工典」二字，出組未見，亦可能出組不存在「干支＋工典幼」，而是採「干支＋幼」的形式，至於「幼」祭的意義則待考。

三　校釋：《合》22669，《合集釋文》、《摹釋》、《校釋》、《摹全》缺釋「癸卯」一條的「四月」，《摹全》臆補了「工典其翌在四月」。

四　組別：出二。

第三三則

一　釋文

戊…貞…田，亡…
乙丑卜，貞：王其田，亡災。
壬寅卜，貞：王其田，亡災。
乙巳卜，貞：王其田，亡災。

二　說明：A、B二版綴合後，可補足「其」、「災」字。

三　校釋：《合》33475，《合集釋文》、《校釋》、《摹全》以增補方式摹寫「〔辛〕」。

四　組別：無名組。

---

[81] 常玉芝：《商代周祭制度》（北京：綫裝書局，2009年12月），頁64。
[82] 同上註，頁20-25。
[83] 「占」從裘錫圭所釋，參氏著：〈從殷墟卜辭的「王占曰」說到上古漢語的宵談對轉〉，《中國語文》2002年第1期，頁70-76。後收入《裘錫圭學術文集・甲骨文卷》（上海：復旦大學出版社，2012年6月），頁485-494。

第三四則

一　釋文

貞：毋〔又〕。
乙卯卜，即貞：其又于父丁□。
丁巳卜，即貞：王賓妣歲，亡尤。
甲寅〔卜，即〕貞：翌乙卯乞酒毓祖乙歲，其又羌，亡𡿧（害）。
丁巳卜，即貞：王賓父丁歲，亡尤。
丁巳卜，即貞：王賓叙，亡尤。一

二　說明

A、B二版為劉影綴，收入《甲骨拼合集》第158則。[84]C、D為林宏明所綴。[85]今將A＋B、C＋D版兩版綴合後，文例為「甲寅卜，即貞：翌乙卯乞酒毓祖乙歲其又羌，亡𡿧（害）」。本版為臼角在右的牛胛骨（依據胛骨本身推斷）。

「毓祖乙」的「毓」，裘錫圭曾作過梳理，提出近祖之說，蓋「毓」主要用於四代以內，[86]配合此版出現的父丁指武丁，則可推知「毓祖乙」指武丁之父小乙無疑。

三　校釋

	《摹釋》	《合集釋文》	《校釋》	《摹全》
《合》22583		誤釋「妣」為「人」		
《合》25944		「歲其又㞢」改為「歲其又…亡害」	「歲其又㞢」改為「歲其又…亡害」	「歲其又㞢」改為「歲其又…亡害」
《合》25123	白于藍改「甲寅貞翌己酉歲其」為「甲寅…貞翌…乞酉…歲其…」[87]			
《合》23246	缺釋「尤」字			

四　組別：出二。

[84] 黃天樹主編：《甲骨拼合集》，頁176。

[85] 林宏明：〈甲骨新綴第129-130則〉，先秦史研究室網站，發表日期：2010年11月5日。後收入《契合集》，第128組。

[86] 裘錫圭：〈論殷墟卜辭「多毓」之「毓」〉，中國社會科學院考古研究所編：《中國商文化國際學術討論會論文集》（北京：中國大百科全書出版社，1998年8月），頁456。後收入《裘錫圭學術文集．甲骨文卷》（上海：復旦大學出版社，2012年6月），頁404-415。

[87] 白于藍：《殷墟甲骨刻辭摹釋總集校訂》（福州：福建人民出版社，2004年12月），頁208。

第三五則

一　釋文

癸酉王〔卜〕：貞：旬亡〔𡆥〕。王占曰：〔吉〕。
癸未王卜，貞：旬亡𡆥。王占曰：吉。
〔癸巳〕王卜，〔貞：旬〕亡𡆥。〔王占〕曰：吉。

二　說明

A、B二版契口密合，旬日「癸酉、癸未」亦相連續。本版為臼角在右的牛胛骨。

關於「□」，目前主要有三種說法：

（一）唐蘭釋作「繇」，[88]裘錫圭進一步通假為「憂」；[89]

（二）王襄釋為「戾」，[90]葉玉森、胡光煒皆作「戾」說，[91]宋華強以楚簡文字申述此說，認為「□」為「戾」之說無疑；[92]

（三）郭沫若釋此字為從犬冎，冎亦聲，[93]周鳳五亦採此說，隸作「猾」；[94]

筆者曾以為戾、猾在字形與音義存有關聯。[95]由於此字尚未有定論，本書暫時以「𡆥」表示。

三　校釋：《英》2631，《校釋》多釋出三條無關的辭例。

四　組別：黃組。

第三六則

一　釋文

癸未〔王卜〕，貞：旬亡〔𡆥〕。王占曰：〔吉〕
癸巳王卜，貞：旬亡𡆥。王占曰：吉
癸卯王卜，貞：旬亡𡆥。王占曰：吉
〔癸〕丑王卜：〔貞〕旬亡𡆥。〔王占〕曰：吉

二　說明

A、B二版為劉影綴，[96]今加綴C，B、C二版契口密合，唯B版拓片較為模糊，

---

[88] 唐蘭：《天壤閣甲骨文存并考釋》（北京：北京圖書館出版社，2000年），頁4-13。
[89] 裘錫圭：〈從殷墟卜辭的「王占曰」說到上古漢語的宵談對轉〉，《中國語文》2002年第1期，頁70-76。
[90] 王襄：《簠室殷契類纂．存疑》（北京：北京圖書館出版社，2000年），卷十，頁53下。
[91] 葉玉森：《殷虛書契前編集釋》（臺北：藝文印書館，1966年），卷一，頁35-36；胡光煒：《甲骨文例》（廣州：中山大學語言歷史研究所，1928年），頁24。
[92] 宋華強：〈釋甲骨文的「戾」和「體」〉，《語言學論叢》第43輯（2011年9月），頁338-351。
[93] 郭沫若：《殷契粹編》（臺北：大通書局，1971年），頁719-720。
[94] 周鳳五：〈說猾〉，《中國文字》47冊（1973年3月），頁1-13。
[95] 張宇衛：〈卜辭「冎凡㞢疾」再探〉，頁205-222。
[96] 劉影：〈甲骨新綴第93組〉，先秦史研究室網站，發表日期：2010年12月6日。後收入黃天樹主編：《甲骨拼合續集》，第344則。

此版目前收藏在西南大學，鄒芙都、卞兆明曾公布照片，[97]字體相對較為清晰可見。本版為臼角在右的牛胛骨。

三　校釋：《合》39384，《摹釋》缺釋「癸」。《合補》12572，《校釋》、《摹全》「占」誤釋。

四　組別：黃組。

五　備註：本書第一〇八則加綴《懷》1895。

第三七則

一　釋文

癸巳王卜，貞：旬〔亡畎〕。王占曰：大吉。〔在□月〕
癸卯王卜，貞：旬亡畎。王占曰：〔吉〕。在二月
癸丑王卜，貞：旬亡畎。王占曰：大吉。在三月
癸亥王卜，貞：旬亡畎。王占曰：大吉。在三月
〔癸酉王卜〕，貞：〔旬亡畎〕。王占〔曰…〕在四月

二　說明

A版為《合補》12813（《合》37892＋《合》37907），[98]蔡哲茂綴，今加綴B版，二版綴合後，可補足「卜」字的筆畫，並使文例可通讀，且符合「癸巳、癸卯、癸丑、癸亥」的旬日順序。本版為臼角在右的牛胛骨（依據骨邊與曆日順序推斷）。

三　校釋：《合》37892，《摹釋》缺最上面「貞」字。《合補》12813，《校釋》誤釋「在三月」為「在四月」。

四　組別：黃組。

第三八則

一　釋文

己巳〔卜〕，貞：今〔夕〕亡〔囚〕。
庚午卜，貞：今夕亡囚。
辛未卜，貞：今夕亡囚。
壬申卜，貞：今夕亡囚。
癸酉卜，貞：今夕亡囚。

二　說明

A、B二版摺痕密合，綴合後可補足「囚」字，且曆日依序為「己巳、庚午、辛未、壬申、癸酉」。唯《英》2214的拓片缺「未」字下半部筆畫，複查《英》2214曾著錄在《金》32的摹本，《金》

[97] 鄒芙都、卞兆明：〈西南大學藏甲骨文考釋七則〉，《文獻》2011年第3期，頁71-78。
[98] 蔡哲茂：《甲骨綴合集》，第171組。

32明顯摹出「未」的下部筆畫（如前頁右圖），因此《英》2214可能未拓出「未」或原版已經殘泐。此版特色在於未見出組時代的貞人名，但從字形仍可判斷其屬出組無疑。

三 **校釋**：《摹釋》、《校釋》、《摹全》因《英》2214關係，未釋出「未」字，《合補》13311著錄《金》32，《合補釋文》、《校釋》、《摹全》已釋出「未」字。

四 **組別**：出組。

第三九則

一 釋文

（正）
貞：尋𠦪（禱）雨于… 一
貞：㞢于丁一宰。 一
…壴弗条[99]㞢囚。五月。 一
己酉卜，貞：匄郭于丁，不□。二月。
癸丑卜，賓貞：匄郭于丁。
癸丑卜，賓貞：于雀匄（？）郭。
甲子卜，貞：盖牧爯冊，𢍰（畢）乎取㞢屯。一
□卯卜，賓貞：㞢于祖乙。

（反）
郭㾜…

二 說明

A、B二版綴合後，可補足正面「賓」、「郭」二字筆畫，以及反面「郭」筆畫。[100]A版為乙8935，屬於YH265坑出土之物。

黃天樹判斷此版為賓出字體，並依據此版出現「丁、祖乙」，指出祖乙為小乙，丁為武丁，故此版為祖庚所卜。[101]此判斷正確可從。

「匄郭于丁」、「于雀郭」，黃天樹認為是向先祖祈求築城（郭）之事；[102]蔡哲茂則藉由反面「郭㾜」辭例推斷「正面有『匄郭于丁』，表示郭的疾病非常危殆，所以纔會求『丁』（武丁）或『雀』的神靈保佑。」[103]將「郭」視為人名，依據有「郭㾜」辭例，蔡說顯得較為合理。

---

[99] 此字陳劍釋作「遭」，可從。參氏著：〈釋造〉，《甲骨金文考釋論集》（北京：綫裝書局，2007年5月），頁127-176。

[100] 按：由於A版反面未收錄拓片，反面圖片見於中研院「史語所數位典藏資料庫」。孫亞冰曾提示此版反面可綴。（本書前面所附的照片已取得史語所授權。）

[101] 黃天樹：〈甲骨卜辭中關於商代城邑的史料〉，《黃天樹甲骨金文論集》（北京：學苑出版社，2014年8月），頁225。

[102] 同上註。黃天樹云：「匄，求取之意。『匄郭于丁』意謂商王向先父求取築城之事。『于雀郭』意謂在雀地築城。」

[103] 蔡哲茂：〈伊尹（黃尹）的後代──武丁卜辭中的黃多子是誰〉，《甲骨文與殷商史》新5輯（2015年12月），頁15。

三　**校釋**：《摹釋》「癸丑卜，賓貞：于雀郭。」少釋「于」，「甲子卜，貞：盖牧爯冊，𢦔(畢?)乎取㞢屯。」、「…壴弗条㞢𡆥。五月。一」、「貞：尋𠦪雨于… 一」均有誤釋之處。《合集釋文》、《校釋》缺釋「乎取」，《合集釋文》誤釋「尋」為「奏」，《校釋》則誤為「㚃」。

四　**組別**：賓出。

第四十則

一　**釋文**

戊辰（？）…貞：〔王〕…𣪊…
戊辰卜，尹貞：今夕亡𡆥。
戊寅卜，尹貞：王賓𢦏，亡𡆥。
貞：亡尤。二
戊寅卜，尹貞：王出亡𡆥。
貞：亡尤。在六月
…尹…夕亡𡆥。

二　**說明**

A、B二版契口相合，綴合後可補足「戊」字。唯此二版左半部都有部分殘損，可能在二版斷裂之前已存在的磨損。「戊寅卜，尹貞：王賓□，亡𡆥。」的「□」依照殘餘的筆畫，可能為「𢦏」字。

三　**校釋**：《合》23751，《摹釋》、《合集釋文》、《校釋》、《摹全》缺少了最上方「夕」字。

四　**組別**：出二。

第四一則

一　**釋文**

癸酉〔卜〕，在䨻〔貞〕：王旬〔亡畎〕。在十… 一
…貞…亡畎。…月甲…彡大甲。
癸…貞…亡…
癸酉卜，在[illegible]貞：王旬亡畎。在三月。一
…敦…旬亡畎。…

二　**說明**

A、B二版綴合後，折痕處密合，文例亦可補足。本版為龜腹甲右甲部位（依據盾紋推斷）。

三　**校釋**：《合》35535，《摹釋》、《合集釋文》、《校釋》、《摹全》缺「月甲」的「甲」字。

四　**組別**：黃組。

第四二則

一　釋文

乙未王卜，貞：田疐，往來亡災。王占曰：吉。一
戊戌王卜，貞：田軎，往來亡災。王占曰：吉。茲卬（孚）。隻狐二。
辛丑王卜，貞：田軎，往來亡〔災〕。王占曰：吉
壬寅王卜，貞：田軎，往來亡災。王占曰：吉。
戊申王卜，貞：田疐，往來亡災。王占曰：吉。茲卬（孚）。
辛亥王卜，貞：田喪，往來亡災。王占曰：吉。
壬子王卜，貞：田斅，往來亡災。王占曰：吉。
…卜，貞…來…吉。

二　說明

A、B為門藝所綴，[104]今加綴C，可補足「未、來」二字。林宏明在本綴合上，又加綴《合》37661（菁9-15）。[105]本版為臼角在右的牛胛骨（依據骨邊與歷日順序推斷）。

「斅、喪」，陳絜分別考證其地望在臨淄縣西之葵丘、山東章丘市東南方向，[106]故可推知「疐、軎」二地當距此不遠。

「茲卬」，裘錫圭考釋〈豳公盨〉「復用祓祿，永卬（孚）于寧」，云：

> 《禮記·緇衣》所引《詩·大雅·文王》「萬邦作孚」之「孚」，上海博物館所藏《緇衣》簡作卬，疑與：「卬」為一字。此字雖尚不能釋出，但其讀音應與「孚」相同或相近。……殷墟卜辭「茲卬」之「卬」，我以前曾釋為「厄」（音wǒ），讀為「果」，現在看來，也有可能應該釋讀為「孚」，待考。[107]

姚萱作了進一步論說，把「茲孚」或「孚」的用語稱之為「孚辭」，更補充了《花東》卜辭中「孚辭」的一些特殊現象。[108]

「狐」作「𤝔」，羅振玉釋「狼」，云：「許君謂良从亡聲，故知亦狼字」，[109]王襄、商承祚、唐蘭從之。[110]葉玉森釋「狐」，云：「按卜辭之ㄩ均讀若無，……則从犬从亡疑即古文狐字。」並云：「古人田游，固以獲狐為貴，以其皮可製裘也。」[111]郭沫若從之，補充言：「它辭有言『獲犺鹿』者，自是狐鹿，狼與鹿不

---

[104] 門藝：《殷墟黃組甲骨刻辭的整理與研究》（鄭州：鄭州大學博士學位論文，2008年5月），後收入蔡哲茂主編：《甲骨綴合彙編》（新北：花木蘭文化，2011年），第733組。

[105] 林宏明：〈甲骨新綴第327例〉，先秦史研究室網站，發表日期：2012年3月24日。後收入《契合集》，第327組。

[106] 陳絜：〈〈𣪘方鼎〉銘與周公東征路線初探〉，《古文字與古代史》第4輯（2015年2月），頁261-290。

[107] 裘錫圭：〈豳公盨銘文考釋〉，《中國歷史文物》2002年第6期，頁13-27。後收入《裘錫圭學術文集·金文及其他古文字卷》（上海：復旦大學出版社，2012年6月），頁146-166。

[108] 姚萱：《殷墟花園莊東地甲骨卜辭的初步研究》（北京：綫裝書局，2006年），頁92-97。

[109] 羅振玉：《殷虛書契考釋》（臺北：藝文印書館，1981年），頁31上。

[110] 王襄：《簠室殷契類纂·正篇》（北京：北京圖書館出版社，2000年），頁46下；商承祚：《殷虛文字類編》（北京：北京圖書館出版社，2000年），卷十頁7；唐蘭：《天壤閣甲骨文存并考釋》，頁11。

[111] 葉玉森：《殷虛書契前編集釋》（臺北：藝文印書館，1966年），卷二頁16。

能同時獲得也」[112]，陳夢家、張秉權也傾向為「狐」，[113]其中陳夢家曾以殷墟未見狼骨，而以「狐」立說。單育辰則附議羅振玉「狼」說，其以為舊日反駁狼的立論皆未能據，其云：

> 在動物行為學上看，鹿是狼最主要的獵取對象。因此，有狼的地方就會有鹿。並且，狼和鹿都有成群活動的習性，故此一次獵取多達一百六十四隻狼，是可以想見的。在古書中，也有鹿和狼同時捕獲的記載，如：《國語·周語·祭公諫穆王征犬戎章》：「王不聽，遂征之，得四白狼、四白鹿以歸。自是荒服者不至。」《穆天子傳》卷五：「仲冬丁酉，天子射獸，休于深雚，得麋麇豕鹿四百有二十，得二虎九狼，乃祭于先王，命庖人熟之。」

以此反駁郭沫若之說，文內亦舉考古學者對於考古發現的狗、狼骨骼難以分辨來回答陳夢家的質疑。[114]按：單氏舉的文獻並無法支撐甲骨文中「[illegible]」大量的獲得，文內以「然而狐是非常狡猾的動物，一次獵獲這麼多是不可能的」來反駁「狐」之說，單氏一文下方有網名垂天之雲（張惟捷）的回應，其云：

> 歷來史書關於皇帝出獵的記載很多，獵獲狐狸往往百計，這可翻閱清史；即使現代東北少數民族如達斡爾人，一天出獵亦常有十尾以上的收獲，我想在遠古的商代田野應該不至於獵不到許多「狐」吧。

其說合理。另外，還能注意的是，狼雖屬群居動物，但是狼的領域性很廣，據材料指出「狼群最小領域的紀錄是6隻狼居住的約33平方公里，位於明尼蘇達州東北部。最大的紀錄在阿拉斯加州的一個狼群佔有6272平方公里。」[115]但是狐的領域性顯得非常小，因此商王要在短時間，以及不算大的範圍裡獵得如此多狼便是不可能的，除非其移動範圍非常廣，跨越許多狼群範圍，故本文仍採「狐」為說。

三　校釋：《合》37776，《合集釋文》誤「叀」為「叀」。《合》37496，《合集釋文》、《校釋》、《摹全》都缺「往」字。《合》37661，《摹釋》缺「辛丑」日的「占曰」二字，以及骨版最上方的「卜」字。《契合集》缺「兆序」，「狐二」誤為「狐一」。

四　組別：黃組。

第四三則

一　釋文

> 丁丑卜，尹貞：王賓父丁歲宰眔（暨）中丁彳歲…

112 郭沫若《卜辭通纂》（北京：科學出版社，1983年6月），頁471。

113 陳夢家：《殷虛卜辭綜述》（北京：中華書局，1988年1月），頁555；張秉權：《殷虛文字丙編考釋》（臺北：中央研究院歷史語言研究所，1972年），頁349。

114 單育辰：〈說「狐」、「狼」──「甲骨文所見的動物」之二〉，上海復旦大學出土文獻與古文字研究中心網站，發表日期：2008年11月4日。

115 維基百科「狼」字條。網址，http://zh.wikipedia.org/wiki/%E7%8B%BC。

〔辛〕巳卜，尹貞：王賓祖辛歲二宰，亡尤，在四〔月〕。[116]

二　說明

A、B二版相綴，可補足「丑」、「父丁」資訊，「父丁」在拓本上不甚清楚，不過從筆畫仍可看出B版上確仍殘有「父丁」之「丁」的右下方筆畫。本版為龜腹甲右前甲部位（依據邊緣與盾紋推斷）。

綴合後的文例為：「丁丑卜，尹貞：王室父丁歲宰眔（暨）中丁彳歲…」，出組中常見在同日，將兩個與卜日相同天干的祖先一併祭祀，並以「眔（暨）」連接，例如《合》22701「父丁、匚丁」、《合》22737+《合》22769[117]「父丁、大丁」、《合》23030「父丁、祖丁」等，以上數例皆在「丁日」擇二干支為丁日的祖先進行祭祀。少數也有不是相同天干的祖先，卻在同一天被祭祀，且用「眔」相連的，如《天理》322在己未日祭祀「大戊、雝己」、《合》22624在壬申日祭祀「兄己、兄庚」。

林宏明在本綴合基礎上，加綴C版。[118]

三　校釋：《合》22868，《摹釋》、《合集釋文》、《校釋》、《摹全》少釋「父丁」殘筆。《合》25112，《合集釋文》、《校釋》[119]、《摹全》將「眔（暨）彳歲」連讀。

四　組別：出二。

第四四則

一　釋文

癸酉〔卜，貞〕：王旬亡畎。在二月。甲戌祭小甲劦大甲。
…未卜…旬…畎。在…

二　說明：

A、B二版綴合後，癸酉、甲戌正符合黃組周祭的曆日。本版為臼角在左的牛胛骨（依據骨邊與歷日順序推斷）。

三　組別：黃組。

第四五則

一　釋文

乙巳卜，旅貞：王賓叙，亡尤。

---

[116]「四月」從許進雄所釋，參氏著：《明義士收藏甲骨釋文篇（*The Menzies Collection Of Shang Dynasty Oracle Bomes*）》（加拿大：皇家安大略博物館，1977年），頁99。

[117]李愛輝：〈甲骨拼合第63-65則〉，先秦史研究室網站，發表日期：2010年12月23。後收入《甲骨拼合續集》，第490則。

[118]林宏明：〈甲骨新綴第349、350例〉，先秦史研究室網站，發表日期：2012年8月16日。後收入《契合集》，第349組。

[119]按：林宏明已指出。參《契合集》，頁228。

丁未卜，旅貞：王賓叡，亡尤。
庚戌卜，旅貞：王賓叡，亡〔尤〕。

二　說明

A、B二版契口相合，唯綴合後，缺了一小片，以致貞人名「旅」字字形不完。二版綴合後，亦可清楚看出A片確實殘存「巳」字右上方的筆畫。劉影曾在此一綴合上，再加綴C版。[120]本版為龜腹甲左前甲部位（依據邊緣推斷）。

三　校釋：《合》25290，《摹釋》誤將「丁未」釋為「己未」。《甲骨拼合三集》「庚戌」日部分多釋「尤」字。

四　組別：出二

第四六則

一　釋文

癸亥卜，賓貞：旬亡𡆥。二月
癸酉卜，貞：旬亡𡆥。三月
癸未卜，貞：旬亡𡆥。
癸卯卜，賓貞：旬亡𡆥。五月
癸丑卜，賓貞：旬亡𡆥。五月
癸亥卜，賓貞：旬亡𡆥。五月。三
癸酉卜，賓貞：旬亡𡆥。六月。
癸未卜，貞：旬亡𡆥。
癸巳卜，賓貞：旬亡𡆥。
癸卯卜，賓貞：旬亡𡆥。三
癸丑卜，賓貞：…三

二　說明

A、B二版為蔡哲茂綴（＝《合補》4931），[121]今加綴C版，可補足「卜」、「旬」二字，以及「𡆥」字的部分筆畫，且符合「癸亥、癸酉、癸未、癸巳、癸卯」卜旬順序。其中C版與A＋B同為三卜，本版為臼角在左的牛胛骨（根據骨邊與歷日順序推斷）。

三　校釋：《合》11545、《合集釋文》、《校釋》都誤補「癸丑」為「癸亥」。

四　組別：賓三。

第四七則

一　釋文

癸酉〔卜，貞〕：王旬〔亡𡆥。〕

---

[120]劉影：〈甲骨新綴第134-135組〉，先秦史研究室網站，發表日期：2012年11月7日。後收入黃天樹主編《甲骨拼合三集》，第628則。

[121]蔡哲茂：《甲骨綴合集》，第41組。

癸未卜，貞：王旬亡畎。
癸巳卜，貞：王旬亡畎。二
癸卯卜，貞：王旬亡畎。二

二　**說明**

A、B二版契口密合，且符合「癸酉、癸未、癸巳、癸卯」之旬日順序。本版為臼角在左的牛胛骨（根據骨邊與曆日順序推斷）。

三　**組別**：黃組。

第四八則

一　**釋文**

癸巳…貞…
癸卯卜，在河東兆貞：王旬亡畎。
癸丑卜，在洛貞：王旬亡畎。
癸亥卜，在蒯餗貞：王旬亡畎。
癸酉卜，〔在〕崇餗貞：王旬亡畎。在十月又□
癸未卜，在崇貞：王旬亡畎。
…卜，在罰（犅）…旬亡畎…月二

二　**說明**

A、B二版為董作賓綴。[122]A版，島邦男曾在其上加綴《前》2.17.7（《合集》36808），[123]屈萬里以二版「不相連屬，故不著錄」，[124]陳劍認為此綴不可信，並提到蔡哲茂《甲骨綴合集》的〈《甲骨文合集》綴合號碼表〉未收錄此加綴。[125]孫亞冰認為這組加綴當無問題。[126]本文認為《合集》36808加綴在A版之上屬誤綴，蔡哲茂、陳劍的判斷是對的，A版骨版最上方文例為「…卜，在罰…旬亡畎。」從文例可推論殘損文例為「癸巳…貞：王…」，《合集》36808雖有「癸巳」，但右側則非「貞：王」，本文反白處理此字，如下圖：

與同版「貞」字比較，顯得十分瘦小，從筆畫上，似乎有「网、牛、刀」的痕跡，實為「犅」字，說明此綴合文例是無法成立的。本版為臼角在左的牛胛骨（根據骨邊與曆日順序推斷）。

---

[122] 董作賓：《殷曆譜》（四川：中央研究院歷史語言研究所，1945年），下編卷8，頁8；屈萬里：《殷虛文字甲編考釋》（臺北：中央研究院歷史語言研究所，1961年），附圖17。又收入蔡哲茂主編：《甲骨綴合彙編》，第273組。

[123] 島邦男：《殷墟卜辭研究》（東京：汲古書院，1975年），頁374。郭若愚、曾毅公、李學勤綴，中國科學院考古研究所編輯：《殷虛文字綴合》（北京：科學出版社，1955年），頁201（第331則）。

[124] 屈萬里：《殷虛文字甲編考釋》，頁54。

[125] 陳劍：〈釋「琮」及相關諸字〉，《甲骨金文考釋論集》（北京：綫裝書局，2007年5月），頁299。

[126] 孫亞冰意見，參網址：http://www.xianqin.org/blog/archives/2609.html中的回文。

「河、兆」的考釋，從裘錫圭之說。[127]

「崇、蒯」字，從陳劍所考。[128]關於地望，陳劍認為「崇」在河南嵩縣附近，「蒯」在今河南洛陽市西南，「犅」則據李學勤考訂為今陝西東南到臨近的河南西部一帶。[129]本文在B版下方加綴C版，綴合後可補足「王、猒」二字，旬日也形成「癸卯、癸丑、癸亥、癸酉、癸未」的順序，增加「河東兆」一相對位置，根據嵩縣、洛陽皆在今黃河之南，以黃河由東向西流向，「河東兆」應是黃河南邊區域。

三　**校釋**：《合》36896，《摹釋》缺「兆」字。《合補釋文》、《校釋》、《摹全》誤將「[illegible]」視為二字。《合補》11283，《校釋》缺「月二」。

四　**同文例**：孫亞冰指出本組綴合與《合》36941＋《合》36960＋《輯佚》681屬同文例，[130]

五　**組別**：黃組。

第四九則

一　釋文

癸卯王卜，貞：〔旬亡猒〕。王占曰：大〔吉〕。

癸丑王卜，貞：旬亡猒。王占曰：大吉。在十月。甲寅□祖甲

癸亥王卜，貞：旬〔亡猒〕。王占〔…吉〕。在〔十月〕又一。上甲…

〔癸酉〕王卜，〔貞：旬〕亡猒。〔王占〕曰：吉。在…祭（？）…。

二　說明

A、B二版契口相合，文例可通讀，並形成「癸卯、癸丑」的曆日順序，月份上「十月、十月又一」也符合時間進程。[131]小屯村（網名）在A、B兩版的基礎上，言B版上可加綴C版，[132]綴合後，可補足「亥」字，文例亦可合理通讀。本版為臼角在右的牛胛骨（根據骨邊與曆日順序推斷）。

三　**校釋**：《合》36928，《摹釋》缺「亥」殘文。《合》35418，《摹釋》作「曰吉」，從字形筆畫與行距，應改為「大吉」。

四　**組別**：黃組。

---

[127] 裘錫圭：〈殷墟甲骨文考釋四篇〉，《裘錫圭學術文集．甲骨文卷》（上海：復旦大學出版社，2012年6月），頁437-443。

[128] 陳劍：〈釋「琮」及相關諸字〉，《甲骨金文考釋論集》，頁273-316。

[129] 同上註。

[130] 《合》36941＋《合》36960為孫亞冰所遙綴，參氏著：〈《合集》遙綴二例〉，先秦史研究室網站，發表日期：2012年1月12日。林宏明加綴《輯佚》681，實綴二者，參氏著：〈甲骨新綴第318例〉，先秦史研究室網站，發表日期：2012年1月13日。後收入林宏明：《契合集》，第318組。

[131] 按：劉影曾提到白光琦有相同的綴合，云：「白光琦先生這些年在編寫《晚殷周祭曆譜》，時有綴合，他在給我的信中指出過這組綴合，不過沒有正式發表。」參網址：http://www.xianqin.org/blog/archives/2609. html的回文。

[132] 小屯村的意見，參網址：http://www.xianqin.org/blog/archives/2609.html中的回文。

第五十則

一　釋文

癸…王占…
癸酉王卜，貞：旬亡畎。在六月。王占：大吉。甲戌翌大甲。
〔癸〕未王卜，貞：〔旬〕亡畎。王〔占〕曰：大吉。〔在〕七月

二　說明

A、B二版綴合後，可補足「六」、「王」字，並可通讀文例，符合「六月、七月」的時間進程。唯此文例「王占曰」省刻「曰」字。本版為臼角在右的牛胛骨（根據骨邊與曆日順序推斷）。

三　校釋：《摹釋》缺釋《合》38246「〔癸〕未王卜」一文例。《合集釋文》、《校釋》、《摹全》將《合》38246「癸未」一則的「王〔占〕曰」的「王」視為缺文。

四　組別：黃組。

第五一則

一　釋文

丁酉〔卜，貞〕：王今〔夕亡畎〕
己亥〔卜，貞〕：王今〔夕亡畎〕。
癸卯卜，貞：王今夕亡畎。
乙巳卜，貞：王今夕亡畎。
〔己〕酉卜，〔貞〕：王今〔夕〕亡畎。
辛亥卜，貞：王今夕亡畎。
癸丑〔卜〕，貞：王〔今夕亡畎〕。
乙卯卜，貞：王今夕亡畎。

二　說明

考量到A版遭祝融而縮小，[133]故放大至百分之一一〇。綴合後，可補足「亥」字，時日依序應為「丁酉（34）、己亥（36）、〔辛丑（38）〕、癸卯（40）、乙巳（42）、〔丁未（44）〕、〔己〕酉（46）、辛亥（48）、癸丑（50）、乙卯（52）」，亦可輔證此一綴合的成立。本版為龜腹甲左甲部位（根據盾紋推斷）。

三　校釋：《摹釋》缺釋《合》38867「卯」字。《合集釋文》、《校釋》、《摹全》補《合》38867的干支為「〔辛〕酉、〔癸〕亥」，從版面的序列，此一增補有誤。《合補釋文》缺釋「丑」字。

四　組別：黃組。

[133]按：林宏明曾提到「由於東大甲骨曾遭祝融，龜骨現況已較原實際大小略小。」參氏著：〈甲骨新綴第209例〉，先秦史研究室網站，發表日期：2011年4月19日。

第五二則

一　釋文

癸亥王卜，貞：旬亡畎。王占曰：大〔吉〕。
癸酉王卜，貞：旬亡畎。在十月。
癸未王卜，貞：旬亡畎。在十月。一
癸巳王卜，貞：旬亡畎。在十月又一。甲午彡⿱兔日甲。一

二　說明

B版，《合》37961的版本較為模糊，今以《東大》897進行綴合，二版綴合後可補足「⿱兔日甲」的筆畫。「⿱兔日甲」，裘錫圭已考證為「陽甲」。[134]本版為臼角在右的牛胛骨（依據胛骨本身）。

三　校釋：《摹釋》缺《合》37961「大、⿱兔日」的殘筆，以及「月」字。《合集釋文》、《校釋》、《摹全》則缺最上方「⿱兔日、月」字。

四　組別：黃組。

第五三則

一　釋文

癸酉…貞：王…
癸未卜，𫹉貞：王旬亡畎。
〔癸〕巳卜，𫹉〔貞：王〕旬亡畎。

二　說明

A、B二版綴合，可補足「癸、畎」二字，並形成「癸酉、癸未、癸巳」的卜旬次序。本版為臼角在左的牛胛骨（根據骨邊與曆日順序推斷）。

三　校釋：《摹釋》誤把「癸酉」釋為「癸亥」殘文。

四　組別：黃組。

第五四則

一　釋文

己亥卜，爭貞：㞢彗土□…
己亥卜，爭貞：乎庇〔臺（敦）〕郭。
…貞：登人…乎伐…

---

[134] 裘錫圭：〈甲骨文字考釋（八篇）〉，《裘錫圭學術文集．甲骨文卷》（上海：復旦大學出版社，2012年6月），頁83-84。按：「[illegible]」字的隸定，裘錫圭作「⿱兔日」，而「色」是從「兔」訛變出的異體字，故「⿱兔日、⿱兔口」實屬異體，今以「⿱兔日」形隸定。異體之說可參單育辰：〈甲骨文中的動物之三——「熊」、「兔」〉，《復旦大學出土文獻與古文字研究》第6輯（2015年2月），頁74。

二　說明

A、B二版屬於遙綴，主要根據《合》6169、《合》6407（上半）等同文例進行遙綴，本版為臼角在右的牛胛骨。與《合》6169：「己亥卜，爭貞：勿乎庛臺(敦)郭。」相對照，知此版中間一則完整句式為「己亥卜，爭貞：乎庛臺(敦)郭。」B版還留著「臺(敦)」字下方的尖筆。左側「乎伐」，依據同文例也可以補為「登人〔三千〕乎伐…」文例，從字體、行距、文例等線索說明此一遙綴是可以成立的。另外，B版著錄於《北珍》2441，其實《合》4867已曾著錄，《北珍》整理者未指出，不過《合》4867「臺(敦)」字下方的尖筆則未拓出，蔡哲茂曾認為《北珍》2441為偽片，[135]卻未指出作偽之證據，本文此一遙綴應可佐證此版應非偽片。

「庛」，郭沫若釋「依(衣)」，為人名或國名；[136]裘錫圭釋作「衣」，云：「應讀為庛。賓組卜辭或言『衣臺墉』，當是到臺地城內受保護的意思。」[137]蔡哲茂進一步論述裘說可信。[138]

此一遙綴，可能與《合補》2000（左半）或《合》13421為一版之折。

三　校釋：《摹釋》、《合集釋文》、《校釋》、《摹全》誤把《合》13420「人」字視為缺漏。《摹釋》、《合集釋文》、《校釋》、《摹全》缺釋《合》4867「乎伐」二字。

四　同文例：《合》6169（三卜，臼角右）、《合》6407（上半）、《合》13524。

五　組別：典賓。

第五五則

一　釋文

甲戌卜，在朩貞：今夕𠂤不屖。
其屖。
□亥卜，在朩〔貞〕：今夕𠂤〔不〕屖。
甲戌卜，在朩貞：又(右)邑今夕弗屖。在十月又一。
…朩…來…

二　說明

A版原為左右二版綴合，今加綴B版在A版右側左下，契口相合，並可補足「屖」字。同時A版左側找不到與此一綴合相接的痕跡，因此A版原先的綴合需要存疑，此處將其二者分開。[139]本版綴合為臼角在左的牛胛骨（根據骨邊與刻辭順序推斷）。

三　組別：黃組。

---

[135] 蔡哲茂：〈《北京大學珍藏甲骨文字》辨偽舉例〉，先秦史研究室網站，發表日期：2009年7月7日。
[136] 郭沫若：《卜辭通纂》（北京：科學出版社，1983年6月），頁237。
[137] 裘錫圭：〈說殷墟卜辭的奠〉，《中央研究院歷史語言研究所集刊》64本3分（1993年12月），頁679。
[138] 蔡哲茂：〈甲骨文考釋四則〉，《第七屆中國文字學全國學術研討會》（臺北：萬卷樓圖書出版公司，1996年4月），頁151-172。
[139] 《合》36429，蔡哲茂《甲骨綴合續集》之〈《甲骨文合集》誤綴表〉（頁135）已指出此則綴合為誤。

第五六則

一 釋文

…賓貞：旬〔亡〕囚。三日[illegible]乙…
…告曰：𢀛方𤰈（圍）于我丁…
癸酉卜，賓貞：〔旬〕亡囚…大采…七日[illegible]己卯…
癸未卜，賓貞：旬…至于…

二 說明

C、D為蔣玉斌綴。[140]此處加綴A、B二版，B、C二片綴合後可補足「𤰈」字。與A片雖僅有一小段可連接，但兩側的文例可通讀，皆為「旬亡囚」。

「[illegible]」字，孫詒讓以為「隊」之假借字、王襄則以為「八虎」的合文、郭沫若釋作「虒」、唐蘭釋作「象」、方述鑫以為「虎」之異體，作災害意；屈萬里、姚孝遂皆以為諸說未可從。[141]此字待考。另外，蔣玉斌提出「數詞＋日＋[illegible]＋干支」，應該斷讀為「某日[illegible]，干支」。[142]

「𤰈」，目前主要有「正（征）」、「圍」二說，釋「正（征）」者，如聞一多、商承祚、李孝定、劉釗、姚孝遂、陳煒湛、葉正渤等；以「圍」為說者，則有嚴一萍、屈萬里、唐健垣、周永珍等人。[143]本文此處從「圍」字之說。

「我丁」的「丁」，黃天樹通假為「城」。[144]本文認為亦不能排除為「邑」之殘泐。

三 校釋：《合》8554，《合集釋文》、《摹釋》、《校釋》、《摹全》缺「癸未」一則的「旬、至于」二處釋文。《合》12812，《合集釋文》、《校釋》誤把「[illegible]」釋為「竈」。《合補》1921，《合補釋文》缺「亡」字，《校釋》、《摹全》誤為同一條辭例。《合補》2140，《校釋》、《摹全》誤為同一條辭例，並把「𤰈」釋成「正」。

四 組別：賓三。

第五七則

一 釋文

癸酉卜，貞：祖甲祊其牢。茲用　一
叀羊。一
叀物。茲用。　二
甲戌卜，貞：武乙宗祊其牢。茲用。一
其牢又一牛。　二

[140] 蔣玉斌：〈《甲骨文合集》綴合拾遺（第六十一～六十五組）〉，先秦史研究室網站，發表日期：2010年9月3日。

[141] 諸說參于省吾主編：《甲骨文字詁林》，頁1617-1619。

[142] 蔣玉斌：〈《甲骨文合集》綴合拾遺（第七～十二組）〉，先秦史研究室網站，發表日期：2009年9月14日。

[143] 以上諸說，可參《甲骨文字詁林》，頁810-816。另，嚴一萍、葉正渤之說，參嚴一萍：〈釋[illegible]〉，《中國文字》第15期（1965年3月），頁1-27；葉正渤：〈釋𤰇和𤰈〉，《考古與文物》2005增刊〈古文字論集（三）〉，頁29-32。

[144] 黃天樹：〈甲骨卜辭中關於商代城邑的史料〉，《黃天樹甲骨金文論集》（北京：學苑出版社，2014年8月），頁219-220。

叀羊。 茲用。 一
叀物。 二
叀羊。 一
叀物。茲用　二
甲申卜，貞：武乙宗祊其牢。
其牢又一牛。茲用。　二
丙子卜，貞：武丁祊其牢。　一
其牢又一牛。　二
叀羊。　一
叀物。　二
癸卯卜，〔貞〕：祖甲祊…
其牢又一牛。茲用。　二
叀羊。 一
叀物。 二
叀羊。一
叀物。茲用。二
甲辰卜，貞：武乙宗祊其牢。茲用。　一
其牢又一牛。　二
…貞…祊其…
其牢又一牛。 二
〔叀〕羊。　一
叀物。茲用。　二
癸巳卜，貞：祖甲祊其牢。　一
其牢又一牛。 二
叀羊。 一
叀物。　二
叀羊。 一
叀物。茲用。　二
甲午卜，貞：武乙宗祊其牢。 一
其牢又一牛。茲用。　二
丙申卜，貞：武丁祊其牢。茲用。
其牢又一牛。 二
〔叀〕羊
叀物。　二
乙未卜，貞：王賓武乙升伐，亡尤。
乙巳卜，貞：王賓帝事，亡尤。

二　說明

A、B二版為門藝綴，[145]今加綴C片，右側斷口吻合，綴合後的文例：「癸酉卜，貞：祖甲祊其牢。茲用。一」、「叀羊。一」，左側文例也可補為「叀物。茲用」。李愛輝在本組綴合基礎上，又加綴《合》35374。[146]林宏明也先後加綴《安

[145]門藝：〈黃組甲骨新綴第101-106組〉，先秦史研究室網站，發表日期：2010年3月4日。後收入蔡哲茂主編：《甲骨綴合彙編》，第202組。

[146]李愛輝：〈甲骨拼合第164、165則〉，先秦史研究室網站，發表日期：2012年5月2日。收入黃天樹編：《甲骨拼合三集》，第708則。

明》2909、《輯佚》824。[147]
三　**校釋**：《甲骨拼合三集》第708則少摹出「甲申卜，武乙宗祊其牢」的「牢」，以及誤「宗」為「祊」、以及把「丙申」誤為「丙辰」。
四　**組別**：黃組。

第五八則

一　**釋文**

…七日己〔丑〕…
…子[illegible]□…

二　**說明**
B版，李愛輝曾與《合補》3206正綴合。[148]今將其改與A版綴合，可以補足「日、[illegible]」二字。「子[illegible]」為人名，又見於《合》10405反、10406反、13362正等版。
三　**同文例**：《合》13362正。
四　**組別**：典賓。

第五九則

一　**釋文**

…亦□…
…告曰：土方…
…艱自西□…
…艱茲至…
…王占曰…

二　**說明**
A、B二版綴合後，可補足「土」字，形成「…告曰：土方…」的文例，亦屬土方來伐的文例。
三　**組別**：典賓。

第六十則

一　**釋文**

癸未卜，王貞：翌甲申翌于大甲，亡𡆥。在三月
甲戌卜，王貞：翌乙亥翌于大乙，亡〔𡆥〕。

[147]林宏明：〈甲骨新綴五組〉，先秦史研究室網站，發表日期：2013月3月24日。林宏明：〈甲骨新綴第445例〉，先秦史研究室網站，發表日期：2014年1月8日。
[148]黃天樹編：《甲骨拼合集》（北京：學苑出版社，2010年），第304則。

二　說明

A、B二版為何會所綴，[149]其將癸未條的月份釋為「二月」，本文則改釋為「三月」，因從二版綴合情況來看，應有一筆在斷裂處，故仍該釋為「三」為宜。C版為本文所加綴，綴合後，僅右側邊緣密合，上方有部分殘泐，但從C版出現盾痕，可以判斷其屬右前甲，與A、B二版綴合後，顯示此三版皆屬於右前甲部分，且三版字體皆屬出二，文例可通讀為「甲戌卜，王貞：翌乙亥翌于大乙，亡〔囚〕。」此例亦可作為出組周祭的增補，屬於常玉芝所謂出組周祭型態的第三種，[150]即大乙之後可祭祀大甲，之後應還有「大丁」。

三　校釋：《合》22785，《摹釋》作「乙亥卜王」，《合集釋文》、《校釋》、《摹全》作「乙亥〔卜〕王…」應改為「…卜王…乙亥」。《合補》7738，《合補釋文》、《校釋》、《摹全》誤寫為「一月」。

四　組別：出二。

第六一則

一　釋文

辛…貞…步…宊…商…災。
乙巳卜，出貞：王其田，亡災。
…卜，出…王其…亡災。

二　說明

A、B二版屬於出組龜腹甲涉及田獵的卜辭，二版綴合後，辭例可通讀。「宊」作為地名，還見於《合》29263（何組）、29265（何組）。本版屬於龜腹甲左甲部位（依據盾紋推斷）。

三　組別：出二。

四　備註：本書第一二二則，加綴北圖2010。

第六二則

一　釋文

丙戌卜，〔貞〕：康祖丁□，其牢，羊。一
…羊…

二　說明：A、B二版綴合後，可補足「康」、「牢」二字。本版為龜腹甲綴合。

三　組別：黃組。

[149] 何會：〈龜腹甲新綴第四十四～四十六則〉，先秦史研究室網站，發表日期：2011年3月14日。後收入黃天樹：《甲骨拼合續集》，第466則。

[150] 常玉芝：《商代周祭制度》（北京：綫裝書局，2009年12月），頁64。

第六三則

一　釋文

丙戌卜，貞：武丁祊其牢。一
癸…祖甲祊…茲…一
丙午卜，貞：武丁祊其牢。茲用。一
叀羊。茲用。一
癸丑卜，貞：祖甲祊其牢。一
…寅卜，貞…祖乙宗祊…牢…
叀…
…羊。
丙辰卜，貞：武丁祊其牢。茲用。一

二　說明

A、B二版綴合後，契口相合，可補足「丑」字的筆畫。B、C二版契口亦相合，可補足「武」字的筆畫，並使文例能通讀。本版位置為龜腹甲右後甲部位（依據盾紋推斷）。

三　校釋：《合補》10977，《合補釋文》缺釋「癸、寅」二字，及數個兆序「一」，《校釋》則缺「癸…祖甲祊…茲…一」，以及未釋出「寅」字。《校釋》、《摹全》則誤將「…羊」釋為「辛巳」。

四　組別：黃組。

第六四則

一　釋文

叀物。
其牢又一牛。
叀…
其…又…
其…又…

二　說明

A、B契口密合，文例可通讀。本版屬於龜腹甲左甲部位（依據形制推斷）。

三　組別：黃組

第六五則

一　釋文

癸酉卜，貞：王旬亡畎。在十月。甲戌翌小甲彡…
癸未卜，貞：王旬亡畎。在十月。一

二　說明

A、B兩版契口密合，且可補足文例，唯A版右上方殘缺。本版為臼角在左的牛胛骨（根據骨邊與刻辭順序推斷）。

三　校釋：《合》35573，《摹釋》缺釋「癸酉」一條的「在十月」與「彡」，《合集釋文》、《校釋》、《摹全》缺「彡」。

四　組別：黃組。

第六六則

一　釋文

癸丑卜，貞：王旬亡畎。
癸亥卜，貞：王旬亡畎。
癸酉卜，貞：王旬亡畎。
癸未卜，貞：王旬亡畎。
〔癸巳〕卜，〔貞：王〕旬〔亡〕畎。

二　說明

A、B兩版契口密合，唯兩版文字刻寫部分稍有殘損，「卜、旬」二字難辨。文例上則可通讀，形成「癸丑、癸亥、癸酉、癸未」的卜旬進程。本版為臼角在左的牛胛骨（根據骨邊與刻辭順序推斷）。

三　組別：黃組。

第六七則

一　釋文

癸未王卜，貞：旬亡畎。在八月
癸巳王卜，貞：旬亡畎。在九月
癸卯王卜，貞：旬亡畎。

二　說明

A、B二版契口密合，符合「癸未、癸巳、癸卯」的卜旬次序，月份亦依序為八月、九月。本版為臼角在右的牛胛骨（根據骨邊與刻辭順序推斷）。

三　組別：黃組。

第六八則

一　釋文

癸卯卜，𢓊貞：王旬亡畎。
癸丑卜，貞：王旬亡畎。三
癸亥卜，貞：王旬亡畎。

〔癸〕酉卜，貞：〔王〕旬亡𡆥。三

二　**說明**

B版，《合》38962拓片不全，下半部有缺，今以《合補》12939進行綴合，A、B二版折痕密合，文例可通讀。卜旬日也形成「癸卯、癸丑、癸亥、〔癸〕酉」的順序。屬於臼角在左的牛胛骨（根據骨邊與刻辭順序推斷）。

三　**組別**：黃組。

第六九則

一　**釋文**

癸…貞…
癸巳卜，貞：王旬亡𡆥。
癸卯卜，貞：王旬亡𡆥。在十月
癸丑卜，貞：王旬亡𡆥。
癸亥卜，貞：王旬亡𡆥。在十月一

二　**說明**

A、B二版綴合後，接合部分的左側稍有殘泐，右側部分則密合，並可補足「𡆥」字筆畫，此「𡆥」字刻寫的排列方式，與此版最上方「癸亥」一條排列位置類似，都未直接刻寫在「亡」字下方，而是往右下處刻寫。本綴合符合「癸巳、癸卯、癸丑、癸亥」卜旬的順序，以及「十月、十月一」的月份次序。屬於臼角在左的牛胛骨（根據骨邊與刻辭順序推斷）。

三　**校釋**：《合》37967，《摹釋》缺上方「王旬亡𡆥」以及誤將「十月一」釋為「十月」。《合》37968，誤將「十月一」釋為「十月」。《合》39127，《合集釋文》、《校釋》、《摹全》缺最上方的「貞」字。

四　**組別**：黃組。

第七十則

一　**釋文**

…爭貞：或𢦏（翦）𢀛方。
…來甲辰立中。十一月
或弗其〔𢦏（翦）？〕…
一　二告

二　**說明**

A、B二版綴合後，可補足「𢀛」、「中」字的筆畫。

「立中」，討論者眾，唐蘭以為聚攏兵力，胡厚宣、饒宗頤、黃天樹等人從之；溫少峰、袁庭棟則以為立表測日影，蕭良瓊、曹一亦皆主此說；黃德寬、

李圃等則提出測風之說。[151]本文此處則採唐蘭的說法，其云：「蓋古者有大事，聚眾於曠地，先建中焉，群眾望見中而趨附，群眾來自四方，則建中之地為中央矣。列眾為陳，建中之酋長或貴族，恆居中央，而群眾左之右之望見中之所在，即知為中央若為三軍則中軍矣。然則中本徽幟，而其所立之地，恒為中央，遂引申為中央之義，因更引申為一切之中。」[152]意即以「中」聚攏兵力，這個說法還可以對照近日出版的清華簡〈保訓〉一文「昔微假中而河」、「迺歸中于河」，周鳳五先生則以「中」為實質之物，徵引唐蘭對甲骨「中」的說解，進而言：「簡文『微假中于河』，是說上甲微向河伯借來象徵統治權威的旂旗以出兵征伐」。[153]

三　校釋：《合》8745，《摹釋》、《合集釋文》、《校釋》、《摹全》釋「□方」作「南方」，並將「十一月」視為同一條文例。《英》681，原釋文多釋出一「方」字，《校釋》則把「來甲辰」與「或翦□方」一則連讀。

四　同文例：《合》7692＋《合》8622＋《善齋》7.26.1（本書第一六〇則）。

五　組別：典賓。

第七一則

一　釋文

…貞：來甲辰立中。
…爭貞：或𢦏（翦）□…
…其…□方…

二　說明

此一綴合藉由上一版同文例線索進行綴合，文例與上版相同，折痕雖未十分密合，但二版綴合後，「□」字上方的「止」部件更趨近完整。

三　校釋：《合》8622，《摹釋》缺「□」字。《合》7692，《摹釋》、《合集釋文》、《校釋》、《摹全》以為「或翦」下方無缺文，並缺釋「其」字殘文。

四　同文例：《英》681＋《合》8745。

五　組別：典賓。

六、備註：本書第一六〇則，加綴《善齋》7.26.1。

第七二則

一　釋文

…㱿貞：王敦缶于眴。

---

[151]諸說可參《甲骨文字詁林》，頁2935-2943。蕭良瓊、黃天樹、曹一之說，參蕭良瓊：〈卜辭中的「立中」與商代的圭表測影〉，《科學史文集》第10期（1983年），頁27-44；黃天樹：〈非王卜辭中的「圓體類」卜辭的研究〉，《黃天樹古文字論集》（北京：學苑出版社，2006年8月），頁99-111；曹一：〈卜辭「立中」新證〉，《漢語史集刊》第12輯（2009年），頁370-384。

[152]唐蘭：《殷虛文字記》（北京：中華書局，1981年），頁54。

[153]周鳳五：〈傳統漢學經典的再生──以清華簡〈保訓〉「中」字為例〉，《漢學研究通訊》31卷2期（2012年），頁1-6。

二　說明

A、B二版綴合後，「缶」字稍有殘泐，相近文例則見於《合》6861、《合》6862、《合》6863、《合》6864等。

「[illegible]（眴）」字，林澐提到卜辭「[illegible]」字，蓋即金文的「鈞」字，[154]釋此字為「眴」。新出之榮仲鼎「子賜白金[illegible]（鈞）」，可證其論說。

三　校釋：《合》7661，《摹釋》、《合集釋文》、《校釋》、《摹全》缺摹「缶」殘文。

四　同文例：可能的同文例有《合》6860（臼角左）、《合》6861（七卜）、《合》6862（九卜，臼角左）、《合》6863、《合》6864。

五　組別：賓一。

第七三則

一　釋文

…令乘望叀□…

二　說明

A、B二版綴合可補足「乘」字，折痕密合。「乘望」是「望乘」倒書之誤，關於卜辭文例中人名倒稱之例，胡厚宣、李旼伶、陳煒湛皆有過相關討論，可參看。[155]

三　組別：歷二。

第七四則

一　釋文

壬午卜，亘貞：告…
丙子卜…
己卯…
乙丑卜，㱿貞：茲邑亡𡆥。三
己卯卜，㱿貞：舌方不至于㠯。三
三　二告　一不𠱓黽一　二告　一　二告　三　三

二　說明

A版，蔡哲茂曾將其與《合》17362、《合》6131正、《合》6132進行遙綴[156]（=《合補》1847）。A版屬三卜，而《合》6131正左上方有「一」，應為一卜，且卜辭少見兩骨邊都刻有字，因此二版應不能遙綴。今以B版進行綴合，二版折痕

[154] 林澐：〈釋眴〉，《古文字研究》第24輯（2002年），頁57-60。

[155] 胡厚宣：〈卜辭雜例〉，《中央研究院歷史語言研究所集刊》第8本第3分（1937年），頁399-456。李旼玲：《甲骨文例研究》（臺北：臺灣古籍出版社，2003年），頁319-320。陳煒湛：〈讀契札記（續）〉，《三鑒齋甲骨文論集》（上海：上海古籍出版社，2013年10月），頁222-223。

[156] 蔡哲茂：《甲骨綴合集》，第13組。

密合，且B版尚存的文例與《合》6131正相同。而《合》6132＋《合》17362可能與本綴合為一版之折。本版為臼角在左的牛胛骨（根據胛骨本身判斷）。
三　**校釋**：《合》17360，《摹釋》以「于…甪」二字間有缺文。
四　**同文例**：《合》6131（臼角右）、《合》17361（臼角左）。
五　**組別**：典賓。

第七五則

一　**釋文**

戊戌王卜…來亡災。王…狐…
壬寅王卜，貞：田書，往來亡災。
乙巳王卜，貞：田𠦪，往來亡災。王占曰：吉。
戊申王卜，貞：田𦎫，往來亡災。王占曰：吉。一
辛亥王卜，貞：田書，往來亡災。王占曰：吉。一
壬子王卜，貞：田書，往來亡災。王占曰：吉。一
壬戌王卜，貞：田書，往來亡災。王占曰：吉。隻麑五、㲋一、雉六。一
辛未王卜，貞：田書，往來亡災。王占曰：引吉。

二　**說明**
A、B二版綴合後，可補足「書」、「亡」二字。曆日依序為戊戌（35）、壬寅（39）、乙巳（42）、戊申（45）、辛亥（48）、壬子（49）、壬戌（59）、辛未（08）。本版為臼角在右的牛胛骨。
三　**校釋**：《英》2539，從「大不列顛圖書館」網站所附圖片之字形，[157]始知原釋文、《校釋》、《摹全》誤將戊申日的地名「𦎫」釋作「書」，並未釋出辛亥、壬子的序號「一」。《合》37502，《合集釋文》《校釋》、《摹全》在「狐」下方補「十」，存疑，另外擬補「壬寅」一則缺有「王占曰：吉」，有誤。
四　**組別**：黃組。

第七六則

一　**釋文**

…，翌日乙王其𨒪于向，亡〔𢦏（災）〕。
引吉。

二　**說明**
A、B二版原為摹本，收錄在《日匯》343、344。[158]拓片見於保坂三郎〈慶應義塾圖書館藏甲骨文字〉一文，[159]今以拓片二版進行綴合，折痕密合，文例可通讀。

[157]「不列顛圖書館（British Library website）」，網址：http://www.bl.uk/manuscripts/FullDisplay.aspx?ref=Or_7694/1536。
[158]（日）松丸道雄：〈日本散見甲骨文字搜彙（三）〉，《甲骨學》第九號（1961年），頁199-208。
[159]（日）保坂三郎：〈慶應義塾圖書館藏甲骨文字〉，《史學》第20卷1號（1941年7月）

「⿰」，裘錫圭讀為「毖」，取「敕戒鎮撫」義；劉釗釋為「蹕」，止也，駐蹕之義。[160]

三　**組別**：無名組。

第七七則

一　釋文

辛卯王〔卜〕，貞：其正盂方叀今秋（？），余受又。不莤[161]𢦏（翦）。亡〔徃（害）〕在𤰈。王占曰：吉。在十月。王〔九〕…

二　說明

接合處稍有殘泐，但右側部分基本密合，且三行文例皆可通讀。此例綴合可補足征伐盂方的時日。本版為臼角在左的牛胛骨（依據骨邊推斷）。

李學勤曾指出A版與《合》36511屬對貞關係，並從《合》36511存在的「丁卯王卜」、「叀卒翌日步」、「在十月，遘大丁翌」等訊息，判斷「『惠卒翼日步』是遠期的選擇，而『惠今……』則是近期的選擇。確定了這一對貞關係，《合補》11241的明記九祀恰可印證周祭排譜的正確性。」[162]藉由筆者綴合，確定《合補》11241（A版）的干支為「辛卯（28）」與《合》36511「丁卯（4）」，二者相隔二十四日，月份同為十月，不過二干支的間隔曆日確實可以同在十月，但「丁卯（4）」明顯在前，「辛卯（28）」在後，二者時日不同，非對貞關係，且綴合後的「今秋（？）」文例，似乎與其提出「近期／遠期」的論述亦不相符合。

「亡徃（害）在𤰈」，魏慈德讀為「亡害在兆」，[163]宋華強釋作「亡害在體」。[164]

三　**校釋**：《合》36517，《摹釋》書寫次序相反，《合集釋文》、《校釋》、《摹全》未釋出「今」，並把「翦」下方的「亡」，誤為「囚」字之缺。《合》36927，《合集釋文》、《校釋》、《摹全》，未釋出「王」字。《合補》13141，《合補釋文》《校釋》、《摹全》未釋出「王」字。

四　**組別**：黃組。

第七八則

一　釋文

癸巳，貞：旬亡囚。
〔癸〕卯，〔貞〕：旬〔亡囚〕。

---

[160] 裘錫圭：〈釋「柲」〉，《裘錫圭學術文集・甲骨文卷》，頁51-71；劉釗：〈安陽殷墟大墓出土骨片文字考釋〉，《書馨集》（上海：上海古籍出版社，2013年12月），頁3。

[161] 沈培從裘錫圭之說釋此字為「緩」。參氏著：〈甲骨文「巳」、「改」用法補議〉，李宗焜主編：《古文字與古代史》第4輯（臺北：中央研究院歷史語言研究所，2015年2月），頁37-64。

[162] 李學勤：〈釋讀兩片征盂方卜辭〉，《夏商周文明研究》（北京：商務印書館，2015年），頁80-83。

[163] 魏慈德：〈說甲骨文骨字及與骨有關的幾個字〉，《第九屆中國文字學全國學術研討會論文集》（臺北：臺灣師範大學國文系，1998年3月），頁85-98。

[164] 宋華強：〈釋甲骨文的「戾」和「體」〉，《語言學論叢》第43輯（2011年9月），頁338-351。

二　說明

A、B二版綴合後，可補足「巳、旬、𡆥」三字，並形成「癸巳、〔癸〕卯」的卜旬順序。本版為臼角在左的牛胛骨（根據骨邊與刻辭順序推斷）。

三　校釋：《合補釋文》、《校釋》、《摹全》誤釋「癸巳」為「癸丑」。

四　組別：歷二。

第七九則

一、釋文

…三
癸未，貞：旬亡𡆥。
癸巳，貞：旬亡𡆥。
癸卯，貞：旬亡𡆥。
癸丑，貞：旬亡𡆥。三
癸亥，貞：旬亡𡆥。三

二　說明

A、B二版，蔡哲茂所綴，[165]今加綴C版，綴合後可補足「旬、𡆥」二字的筆畫，符合「癸未、癸巳、癸卯、癸丑、癸亥」的卜旬順序，從A版、C版可知兆序同為「三」。[166]本版為臼角在右的牛胛骨（根據骨邊與刻辭順序推斷）。

三　組別：歷二。

第八十則

一　釋文

辛亥卜，㱿貞：伐𢀛方，帝受我又。一
貞：帝不〔我〕其〔受又〕。一

二　說明

A、B二版綴合後，可補足「帝受我又」的文例，並且與「帝不〔我〕其〔受又〕」形成對貞句，序號皆為「一」，屬於臼角在左的牛胛骨（依據胛骨本身判斷）。

三　校釋：《合集釋文》、《摹釋》、《校釋》、《摹全》皆讀「帝不其受〔我又〕」，根據同文例，應改為「帝不〔我〕其〔受又〕」。

四　同文例：《合》6271（三卜，臼角右）。

五　組別：典賓。

[165] 蔡哲茂：《甲骨綴合續集》，第384組。

[166] 按：林宏明曾提到周忠兵有相同綴合，周忠兵則說此綴合自己還未發表。參網址：http://www.xianqin.org/blog/archives/2865.html中的回文。

第八一則

一　釋文

癸亥，貞：旬亡𡆥。
癸酉，貞：旬亡𡆥。
癸未，貞：旬亡𡆥。
癸巳，貞：旬亡𡆥。
〔癸〕卯，〔貞〕：旬〔亡〕𡆥。

二　說明

A、B二版為周忠兵所綴。[167]今加綴C版，右側折痕密合，可補足「旬」字的筆畫，符合「癸亥、癸酉、癸未、癸巳、〔癸〕卯」的卜旬順序。本版為臼角在左的牛胛骨（根據骨邊與刻辭順序推斷）。

三　組別：無名組。

第八二則

一　釋文

己〔亥卜，□〕貞：〔今夕〕亡〔𡆥〕。
庚子卜，□貞：今夕亡𡆥。
〔辛〕丑卜，□貞：今夕亡𡆥。

二　說明

A、B二版綴合處中間部分未緊密，唯左側處密合。B版的「□」貞人，《合補》拓片較為模糊，《筠之甲骨拓本集．二》的721號則相對清晰可見，[168]「己」字亦較清楚，唯《筠之甲骨拓本集．二》的721號拓片左側骨邊拓得較短，相對就顯得狹長。曆日上或可補為己〔亥〕、庚子、〔辛〕丑的順序。屬於臼角在右的牛胛骨（根據骨邊與刻辭順序推斷）。

三　校釋：《合補》8125，《合補釋文》、《校釋》、《摹全》未釋出「己、子」二字，《校釋》、《摹全》更把「子」釋為「辰」。《合補》8104，《合補釋文》、《校釋》、《摹全》誤釋「庚」為「丙」。

四　組別：出組。

第八三則

一　釋文

（正）
…卜，韋貞：翌庚午其宜，易日。

---

[167] 周忠兵：〈甲骨新綴十一例〉，《殷都學刊》2007年第2期，頁34-37。
[168] 宋鎮豪主編：《筠之甲骨拓本集》（上海：上海古籍出版社，2016年10月），頁125。

方戋𢀛（圍），隹帝令乍我囚。三月
己巳卜，韋貞：……

（反）
…今至于甲…
…占曰：㞢𡆥（咎）。

二　**說明**

B版，蔡哲茂曾與《合補》1938（《合》19129＋《合》6746）進行遙綴。[169]今將B版與A版綴合後，彼此密合，正面補足貞人「韋」字，反面亦可補足「𡆥（咎）」字，屬於臼角在右的牛胛骨，[170]上文釋文只羅列實綴部分，蔡先生的遙綴暫時先不納入。

三　**校釋**：《英》304反，原釋文、《校釋》、《摹全》將二殘例連讀為一句，存疑。《英》1133正反，《摹釋》皆未釋。

四　**組別**：典賓。

第八四則

一　**釋文**

…亡…
癸卯，貞：旬亡囚。
癸丑，貞：旬亡囚。
癸亥，貞：旬亡囚。
〔癸〕酉，〔貞〕：旬〔亡〕囚。

二　**說明**

A、B二版綴合後，可補足「丑、旬、囚」三字的筆畫，符合「癸卯、癸丑、癸亥、〔癸〕酉」的卜旬次序。本版為臼角在左的牛胛骨（根據骨邊與刻辭順序推斷）。

三　**校釋**：《合》35027，《合集釋文》、《校釋》、《摹全》皆作「癸〔丑，貞：旬〕亡囚」，實誤，「貞」並無殘漏。《合》34964，《合集釋文》、《校釋》、《摹全》作「〔癸巳，貞：旬亡〕囚」，殘留的筆畫應該是「亡」，非「囚」字，《摹釋》無誤。

四　**組別**：無名組。

第八五則

一　**釋文**

壬子…巡于…往來…一

[169] 蔡哲茂：〈《英國所藏甲骨集》新綴第四則〉，先秦史研究室網站，發表日期：2009年6月30日。

[170] 按：「臼角在右」，為林宏明已指出。參網址：http:/www.xianqin.org/blog/archives/2919.html中的回文。

丁巳卜，貞：王𨒌于雝，往來亡災。
〔己？〕未卜，貞：王〔𨒌〕于雝，往來亡〔災〕。
乙丑卜，貞：王𨒌雝，往來亡災。
戊辰卜，貞：王𨒌璽，往來亡災。
壬申卜，貞：王𨒌于璽，往來亡災。
丁丑卜，貞：王𨒌于雝，往來亡災。一
己卯卜，貞：王𨒌雝，往來亡災。
辛巳卜，貞：王𨒌于雝，往來亡災。
乙酉卜，貞：王𨒌于雝，往來亡災。一
戊子卜，貞：王𨒌于雝，往來亡災。一
辛卯卜，貞：王𨒌璽，往來亡災。

二　說明

A、B二版為劉影綴，[171]李愛輝加綴C版，[172]今加綴D版。D版上半部分與B版密合，文例可通讀，右邊與C版亦是折痕密合，藉由D版更可以證明B、C可相綴合。其中B、C、D三版皆為北京大學所藏。本版屬於龜腹甲右中甲部位（依據刻辭順序與盾紋推斷）。

劉影在C版還未綴上之前，曾判斷此處干支可能為「庚申、辛酉、壬戌」[173]。經綴合後，殘留的筆畫為「未」，李愛輝補為「己未」，相當合理，此版時間依序為「壬子（49）、丁巳（54）、〔己〕未（56）、乙丑（02）、戊辰（05）、壬申（09）、丁丑（14）、己卯（16）、辛巳（18）、乙酉（22）、戊子（25）、辛卯（28）」。

三　校釋：《合》36591，《摹釋》誤將「戊辰」釋為「戊申」，《校釋》在己卯日多釋出「于」字。《合》36600，《摹釋》則把「王」誤釋為「巳」。

四　組別：黃組。

第八六則

一　釋文

辛亥卜，在呈貞：王田，卒逐亡災。
…卜，在呈…田，卒…亡災。
戊…叀…今夕…。

二　說明：A、B二版綴合後，契口密合，文例可通讀。本版屬於龜腹甲綴合。

三　校釋：《合》37553，《摹釋》多釋出「丁未」二字。

四　組別：黃組。

---

[171] 劉影：〈黃類卜辭綴合兩例〉，先秦史研究室網站，發表日期：2008年1月23日。後收入黃天樹主編：《甲骨拼合集》，第96則。

[172] 李愛輝：〈甲骨拼合第98則〉，先秦史研究室網站，發表日期：2011年6月2日。此則曾發表於李愛輝：〈黃類田獵卜辭新綴六則〉，《中國文字》新38期（2012），頁173-180。

[173] 黃天樹主編：《甲骨拼合集》，頁408-409。

第八七則

一　釋文

〔癸丑卜，在〕霍〔貞：王〕旬亡畎。
〔癸亥卜，在〕霍貞：王旬亡畎。
〔癸酉卜，在〕望貞：王旬亡畎。
癸未卜，在濩貞：王旬亡畎。

二　說明

B、C二版中間部分可實綴，補足「貞、亡」二字的筆畫。A、B二版綴合是藉由同文：《合》36756與《合》36895＋《合補》12732（參本書第九二則綴合）資訊進行綴合，如下：

《合》36895＋《合補》12732	本綴合	《合》36756
癸酉卜，在河貞：王旬亡畎。		
癸未卜，在河貞：王旬亡畎。		
癸巳卜，在河東兆貞：王旬亡畎。		
癸卯卜，在兆？貞：王旬亡畎。		
癸丑卜，在霍貞：王旬畎。	〔癸丑卜，在〕霍〔貞：王〕旬亡畎。	
癸亥卜，在霍貞：王旬亡畎。	〔癸亥卜，在〕霍貞：王旬亡畎。	
癸酉卜，在望貞：王〔旬亡〕畎。	〔癸酉卜，在〕望貞：王旬亡畎。	癸酉卜，望貞：王旬亡畎。
	癸未卜，在濩貞：王旬亡畎。	癸未卜，在濩師貞：王旬亡畎。王占曰：吉。才十月。隹王祕西□

A、B綴合後，契口未完全密合，但辭例可通讀。殷德昭曾將A版與《合補》12732遙綴，[174]現在看來是存在修正的空間。本版為臼角在左的牛胛骨（根據骨邊與刻辭順序推斷）。

三　組別：黃組。

第八八則

一　釋文

癸丑卜，賓貞：叀[illegible]令執[illegible]。七月

[174]殷德昭：〈黃組卜辭新綴一則及相關材料梳理〉，先秦史研究室網站，發表日期：2013月1月23日。

己酉卜，賓貞：攸牛于丁。[175]
癸丑卜，賓貞：令邑竝執[illegible]。七月。一
甲寅卜，賓貞：㞢于祖乙。七月。一
貞：勿㞢。七月。一
甲戌卜，賓貞：翌乙亥㞢于祖乙。一
貞：勿㞢于祖乙。
甲戌卜，賓貞：于丁㞢。一。二告。
乙…貞…丁…一。
己酉。
貞：宰。
…[illegible]…夫？…

二　說明

蔡哲茂曾遙綴A、B二版，[176]林宏明於A版上加綴C版。[177]筆者曾將B版加綴D版，二版密合，可補足「己」字，當時認為蔡哲茂的遙綴不能成立，因為癸、丑二字相距甚遠，[178]林宏明則舉《合》578的同文例，指出此版「癸、丑」二字亦相距較遠，認定這四版可以綴合，臼角在右，其說可從。[179]

三　校釋：《合》1571，《摹釋》將「己酉」誤釋為「己酉卜…」。《合補》798，《校釋》缺釋「己」。

四　同文例：《合》578（臼角右）、《合補》6411（臼角右）[180]

五　組別：賓三。

第八九則

一　釋文

貞：勿禦于母庚。
勿禦。
禦于母庚。
貞：禦于母庚。
貞：勿蔵禦于母庚。
二告

---

[175]「攸牛于□」，此處「（攸）」字，與卜辭「（牧）」字有別。至於學者有提出「于」作動詞使用，若以「于」為動詞理解「攸牛于某」，則「攸」作人地名，類似說法可參魏慈德：〈說卜辭「某𦣞于某」的句式〉，《東華漢學》第1期（2003年2月），頁323-332；蔡哲茂：《甲骨綴合集》（臺北：樂學書局，1999年），頁423。按：卜辭「于」是否有動詞用法仍有疑慮，故本文以為將「攸牛于某」理解作「將攸地的牛送到某地去」的「于」動詞句型，存在「于」是否具有「送到」意味，暫且存考。

[176]蔡哲茂：《甲骨綴合集》，第314組。

[177]林宏明：〈甲骨新綴二例〉，先秦史研究室網站，發表日期：2009年9月13日。後收入《契合集》，第1組。

[178]拙作：〈胛骨綴合十五則〉，《臺大中文學報》第39期（2012年12月），頁1-34。

[179]林宏明：《契合集》，頁95-96。按：摹本編號「北珍2904」為「北珍2094」之誤。

[180]蔡哲茂、林宏明皆指出《合》553亦與此組綴合屬成套卜辭。可參上註。

二　說明

A、B二版綴合後，折痕密合，並可補足「勿」、「母」二字的筆畫。屬於臼角在右的牛胛骨。

「葡」字，沈培從裘錫圭之說釋此字讀為「緩」。[181]「禦于母庚」蓋即向母庚進行禦祭。

三　校釋：《合》15142，《摹釋》作「貞：勿御于庚」連讀，《摹釋》、《校釋》、《摹全》則將「勿、御」直接連讀。

四　組別：典賓。

第九十則

一　釋文

貞：先酒帚好，禦〔于〕父乙。
貞：酒帚好，禦于父乙。
…今…不雨。

二　說明

A、B兩版綴合後，界畫可相連。林宏明指出此綴合與《合》712應為一版之折，[182]其說可從。《合》712文例為：「貞：勿葡先酒于父乙𠬝，卯三宰。丁巳卜，[illegible]貞：酒帚好禦于父乙。」與本綴合屬於骨邊、骨面刻辭的對應，其中「[illegible]（禦）」的特殊寫法，與本綴合正相符合。

此處「先酒帚好，禦于父乙」意思應為向父乙進行酒祭，以此御除帚好的災禍，[183]應是《合》712「先酒于父乙」、「酒帚好禦于父乙」二個文例綜合後的書寫，過去學者涉及骨邊、骨面刻辭對應之研究成果不少，[184]骨邊卜辭通常為骨面刻辭的省略，但還未到見到骨邊刻辭為兩則骨面刻辭的綜合，其間將涉及語序、文例如何對應，待日後有更完整搜羅之後，再展開討論。

三　組別：典賓。

第九一則

一　釋文

癸丑王卜，貞旬亡猒。王占曰：大吉。在七〔月〕。一
〔癸亥王〕卜，貞旬〔亡猒〕。〔王〕占曰：大〔吉，在□〕月。甲…

181 沈培：〈甲骨文「巳」、「改」用法補議〉，李宗焜主編：《古文字與古代史》第4輯（臺北：中央研究院歷史語言研究所，2015年2月），頁37-64。

182 參網址：http://www.xianqin.org/blog/archives/2960.html中的回文。

183 按：關於「酒」祭主要攘除帚好災禍。可參鄭繼娥：《甲骨文祭祀卜辭語言研究》（成都：巴蜀書社，2007年），頁42。

184 李學勤：〈關於甲骨的基礎知識〉，《歷史教學》1959年第7期。後收入《李學勤早期文集》（石家莊：河北教育出版社，2007年12月），頁294-300。蕭良瓊：〈卜辭文例與卜辭的整理和研究〉，《甲骨文與殷商史》第2輯（1986），頁24-64。林宏明：〈賓組卜骨骨邊「干支」刻辭現象探究〉，《出土文獻研究視野與方法》第6輯（2017年5月），頁25-48。

二　說明

A、B二版綴合後，可補足「丑」字以及「𡆥」的些許筆畫。本版為臼角在右的牛胛骨（根據骨邊與刻辭順序推斷）。

三　校釋：《合補》12715，《合補釋文》缺「王、占曰大、月甲」等，《校釋》、《摹全》則缺「占曰大、月甲」，其中《校釋》在「王」字下補「旬亡𡆥」，亦誤。《合》37928，《摹釋》缺「丑」殘文。

四　組別：黃組。

第九二則

一　釋文

癸酉卜，在河貞：王旬亡𡆥。三
癸未卜，在河貞：王旬亡𡆥。三
癸巳卜，在河東兆貞：王旬亡𡆥。
癸卯卜，在□貞：王旬亡𡆥。
癸丑卜，在霍貞：王旬亡𡆥。
癸亥卜，在霍貞：王旬亡𡆥。
癸酉卜，在望貞：王〔旬亡〕𡆥。

二　說明

B、C二版為常玉芝所綴；[185]今加綴A，二版綴合後，折痕相合，並可補足文例。本版為臼角在左的牛胛骨（根據骨邊與刻辭順序推斷）。

「河、兆」考釋，可參本書第四八則。「□」字不識，鄭傑祥釋「□」為宿，為今河南省浚縣。[186]

殷德昭曾在本綴合之上方加綴《合》36757，筆者認為是誤綴，可參本書第八七則綴合的相關說明。

三　校釋：《合》36774，《摹釋》、《合集釋文》、《校釋》未釋出「河、河東兆」。《合》36779，《摹釋》、《合集釋文》、《校釋》未釋出「望」。《合補》12732，《合補釋文》、《校釋》、《摹全》未釋出「河、河東兆、望」。

四　組別：黃組。

第九三則

一　釋文

壬子卜，貞…來亡災。茲…
…貞…𩁹…亡災。

---

[185] 常玉芝：《甲骨綴合新補》，《殷都學刊》1994年第1期，頁7-11。此綴合收入《合補》12732。又收入蔡哲茂主編：《甲骨綴合彙編》，第280組。

[186] 鄭杰祥：《商代地理概論》（鄭州：中州古籍出版社，1994年6月），頁137-138。

二　說明

二版綴合後，折痕相合，並可補足「王」字。「來」字上方，原先釋為「[illegible]」（召）字之殘，[187]今更正為「𧇾」，上方應是「中」字。本版屬於臼角在左的牛胛骨（根據骨邊與刻辭順序推斷）。

三　校釋：《合補》13080，《合補釋文》、《校釋》、《摹全》作「茲〔用〕」，「茲」之後應補為「孚」字。

四　組別：黃組。

第九四則

一　釋文

癸丑王卜，貞：旬亡𡆥。三
〔癸〕亥王卜，貞：旬亡𡆥。

二　說明

A、B兩版綴合後，可補足「𡆥」字，符合「癸丑、〔癸〕亥」的卜旬次序。本版為臼角在右的牛胛骨（根據骨邊與刻辭順序推斷）。

三　組別：黃組。

第九五則

一　釋文

癸卯王卜，貞：〔旬亡𡆥。王占〕曰：大吉。在…
癸丑王卜，貞：旬亡𡆥。王占曰：大吉。在五月
癸亥王卜，貞：旬亡𡆥。王占曰：大吉。在六月

二　說明

A、B二版為蔡哲茂綴，[188]今加綴C版，右側折痕相合，並可補足「王」字，左側雖有殘損，但仍可通讀為「曰：大吉」，符合「癸卯、癸丑、癸亥」卜旬順序。[189]屬於臼角在右之牛胛骨（根據骨邊與刻辭順序推斷）。

三　校釋：《合》39331，《摹釋》斷讀有誤。《合補》13088，《合補釋文》、《校釋》、《摹全》誤把「吉在」釋為「曰吉」。

四　組別：黃組。

---

[187] 拙作：〈胛骨綴合十五則〉，《臺大中文學報》第39期（2012年12月），頁1-34。

[188] 蔡哲茂：《甲骨綴合集》，第305組。

[189] 林宏明亦有相同的綴合，參氏著：〈甲骨新綴第384例〉，先秦史研究室網站，發表日期：2012年11月9日。

第九六則

一　釋文

癸巳〔卜，貞〕：王旬亡〔畎〕。在七〔月〕。二
癸卯卜，貞：王旬亡畎。二
癸丑卜，貞：王旬亡畎。二
癸亥卜，貞：王旬亡畎。
癸酉卜，王貞：旬亡畎。

二　說明

A、B二版綴合後，折痕相合，並可補足「畎」字，亦符合「癸巳、癸卯、癸丑、癸亥、癸卯」的卜旬順序。此版「癸酉」一則，可能是「王卜」或「貞王」文例的倒刻。此版為臼角在左的牛胛骨（根據骨邊與刻辭順序推斷）。

三　組別：黃組。

第九七則

一　釋文

癸〔丑〕…貞〔旬〕…。三
癸亥王卜，貞：旬亡畎。三
癸酉王卜，貞：旬亡畎。三

二　說明

二版折痕相合，字形相近，可由「旬」字看出，且二版同為三卜，曆日「癸丑、癸亥、癸酉」亦符合順序。屬於臼角在右的牛胛骨（根據骨邊與刻辭順序推斷）。

三　校釋：《合》39220，《摹釋》缺釋最上方的「亡」字。

四　組別：黃組。

五　備註：可加綴《郼齋》14.2，參本書第一二一則綴合。

第九八則

一　釋文

乙未卜，〔貞〕：今日不〔雨〕。茲卬（孚）。
其雨。
戊戌卜，貞：今日王其田滿，不遘雨。
其遘雨。茲卬（孚）。雨

二　說明

A、B二版綴合後，可補足「遘」字，文例亦可以通讀，並形成「不遘雨／其遘雨」的對貞句。屬於臼角在右的牛胛骨（根據骨邊與刻辭順序推斷）。

「茲卬」，從裘錫圭釋為「茲孚」，參本書第四二則綴合。

「溝」，李學勤曾將其納入沁水西岸最東的狩獵區域中。[190]但從字形上，推知其可能為河流之名，[191]又見於《花東》甲骨中，[192]具體地望待考。

三　**校釋**：《合》37786，《摹釋》釋文有誤，白於藍已更正。[193]

四　**組別**：黃組。

第九九則

一　釋文

…田于宮，〔往來〕亡災…
戊申王卜，貞：田𪊨，往來亡災。茲卬（孚）。鹿一
壬子王卜，貞：田于𣪕，往來亡災。茲卬（孚）。隻鹿一
乙卯王卜，貞：田于𩫏，往來亡災。茲卬（孚）。隻鹿一。一
戊午王卜，貞：田于叀，往來亡災。隻鹿三。一
壬戌王卜，貞：〔田〕于𥜽，往〔來〕亡災。隻鹿九、狐一。王占曰：吉
丁卯王卜，貞：田于叀，往來亡災。隻鹿二、白狐一
…王卜，貞…往來亡災。王占曰：吉。隻鹿一、狐二

二　說明

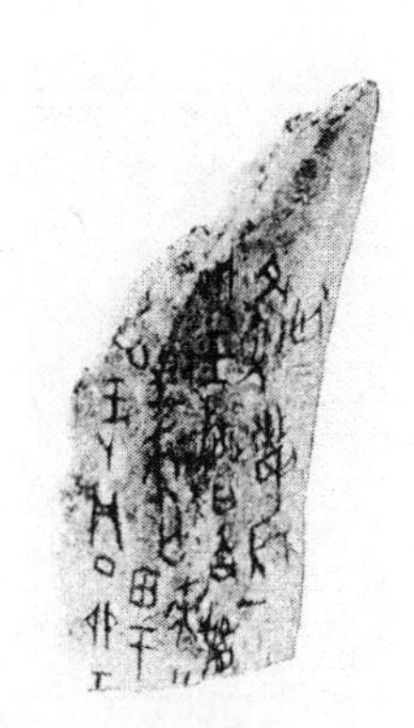

A版出自《法國所藏甲骨錄》[194]中巴黎所藏的第25片，僅見摹本、照片（如右圖），本文以摹本進行綴合，也由於摹本的關係，與B版在綴合時，平面字形未能完全接合，但A、B綴合後，可補足「王」、「亡」、「鹿」三字。至於C版與B版，由於C上方出現一小塊殘泐，但二片折痕相合，且可補足「鹿」、「占」字。三版綴合後，其曆日依序為戊申（45）、壬子（49）、乙卯（52）、戊午（55）、壬戌（59）、丁卯（04）。屬於臼角在左的牛胛骨（根據骨邊與刻辭順序推斷）。

本版的宮、𪊨、𩫏、𥜽、叀、𣪕等地名，由日程揭示此些地點相對接近，李學勤將此些地名都收入沁南田獵區；[195]鍾柏生則多將其地望定在山東、河北一帶，即殷之東、東北；[196]鄭杰祥亦傾向將此些地名置於殷之西南、南方。[197]

𣪕，陳絜考證其地望在汶水下游「汶陽之田」附近，[198]「叀、𩫏、𪊨、宮」等地當相去不遠。

---

[190] 李學勤：《殷代地理簡論》（臺北：木鐸出版社，1982年），頁23。
[191] 劉源：〈讀《殷墟花園莊東地甲骨》〉，《博覽群書》2005年第1期，頁41-45。
[192] 魏慈德曾編排花東甲骨地名，其中包含「溝」，可參氏著：《殷墟花園莊東地甲骨卜辭研究》（臺北：臺灣古籍出版社，2006年），頁105-106。
[193] 白于藍：《殷墟刻辭摹釋總集校訂》，頁291-292。
[194] 雷煥章：《法國所藏甲骨錄》（臺北：光啓出版社，1985年），頁72
[195] 李學勤：《殷代地理簡論》，頁17-36。
[196] 鍾柏生：《殷商卜辭地理論叢》（臺北：藝文印書館，1989年），頁50-101。
[197] 鄭杰祥：《商代地理概論》，頁79-156。
[198] 陳絜、趙慶淼：〈「泰山田獵區」與商末東土地理──以田獵卜辭「盂」、「𣪕」諸地地望考察為中心〉，《歷史研究》2015年第5期，頁62-66。

三　校釋：《合》37499，《摹釋》誤把兩則文例連讀為一則。《合》37416，白于藍已指出《摹釋》誤把「壬戌」寫作「甲戌」，[199]此外把戊申日的「鹿一」誤入壬子日。《校釋》皆為寫出兆序，獵獲物多缺漏。

四　組別：黃組。

第一〇〇則

一　釋文

癸丑卜，貞：王〔旬〕亡畎。在十月又二。二

癸亥卜，貞：王旬亡畎。

二　說明

A、B二版綴合後，可補足「畎」字，B版右上殘損，但從二者骨邊的位置來判斷，二者字體至骨緣的位置是相合的，且字形書寫大小皆一致，也符合「癸丑、癸亥」的卜旬順序，故推斷二者可綴合。屬於臼角在左的牛胛骨（根據骨邊與刻辭順序推斷）。

三　組別：黃組。

第一〇一則

一　釋文

乙…于…

壬午卜，貞：王巡于□，往來亡災。

丁亥卜，貞：王巡于小𩫖，往來亡災。一

二　說明

A、B為林宏明所綴，[200]由於B版（《合集》37718）上端比較模糊，《明後》2766的拓片較為清楚，其與C版相對吻合，文例亦可通讀。[201]臼角在右的牛胛骨（根據骨邊與刻辭順序推斷）。

林宏明認為此版「小𩫖」的「小」可能是《南明》的誤摹，但從字形刻寫間距，此處有一「小」字是合理的，黃組也見到其他地名前面加上「小」，如「小𡨦」（《合》37719）、「小雝」（《合》36603、36604），筆者傾向非誤摹。

「□」可能是「寒」或「綰」字。

三　校釋：《合》36767，《合集釋文》、《校釋》、《摹全》誤把「于」釋為「在」，缺釋「□」。《合》37718，《合集釋文》、《校釋》、《摹全》誤把「亥」釋為「未」。以上《摹釋》皆正確無誤。

四　組別：黃組。

---

[199] 白于藍：《殷墟刻辭摹釋總集校訂》，頁288。

[200] 林宏明：〈甲骨新綴第333-334例〉，先秦史研究室網站，發表日期：2012年4月17日。後收入《契合集》，第333組。

[201] 按：林宏明亦有相同的綴合，見於《契合集》，第333組。

第一〇二則

一 釋文

癸卯〔王卜〕，貞：旬〔亡猷〕。三
癸丑王卜，貞：旬亡猷。

二 說明

A、B二版綴合後，折痕基本相合，唯稍有空隙，但右側形成完整的圓弧。A版，上海博物館藏的拓片較《合補》清楚。並二版字形風格相似，可經由「旬」字看出，且綴合後，形成癸卯、癸丑的卜旬順序。臼角在右的牛胛骨（根據骨邊與刻辭順序推斷）。。

三 校釋：《合補》12587，《合補釋文》、《校釋》、《摹全》誤把「王」釋為「卜」，並多釋出「貞」。《合補》12630，《校釋》、《摹全》誤把「卯」的筆畫釋成「丑」。

四 組別：黃組。

五 備註：可加綴《合》39101，參本書第一一〇則綴合。

第一〇三則

一 釋文

癸卯王卜，貞：旬亡〔猷〕。
癸丑王卜，貞：旬亡猷。
癸亥王卜，貞：旬亡猷。二
〔癸〕酉王卜，〔貞：旬〕亡〔猷〕。〔在〕正月。二

二 說明

二版綴合後，可補足「丑」、「旬」的筆畫，並符合「癸卯、癸丑、癸亥、〔癸〕酉」的卜旬次序。屬於臼角在右的牛胛骨（根據骨邊與刻辭順序推斷）。

三 校釋：《合》37883，《摹釋》、《合集釋文》缺「〔癸〕酉王卜」的「卜」字。

四 組別：黃組。

第一〇四則

一 釋文

癸亥王卜，貞：酒彡日，自上甲至于多毓，卒亡𡆥（害）自猷。王占曰：吉。在四月。隹王𠙵祀彡。

二 說明

B、C二版為許進雄先生所綴。[202]今加綴A版，綴合後，可補足「于」字的

[202] 許進雄：〈第五期五種祭祀祀譜的復原——兼談晚商的曆法〉，《古文字研究》第18輯（北京：中華書局，1992年8月），頁220-272。又收入蔡哲茂主編：《甲骨綴合彙編》，第80組。

筆畫，並且使得文例完整可通讀。許進雄讀「王𠚤祀」為「王廿祀」，並補此則為「癸亥」日。日期增補部分，正確可從，唯其月份應改「二月」為「四月」。本版為臼角在右的牛胛骨（根據骨邊與刻辭順序推斷）。

至於「王𠚤祀」，裘錫圭改讀為「王曰祀」，其云：

> 我們認為這個字就是「口」字。當然，「口祀」、「口司」在文義上都講不通。但是在商代甲骨、金文中，「口」字有時是當作「曰」字用的。把這種「口」字釋作「曰」，文義就可通了。……
> 以「王曰祀」為例來說，這句話不應標點為「王曰：『祀』」，而應該把它的意思理解為「王令臣下舉行祭祀」、「王下令舉行祭祀」[203]

卜辭其他「口」當「曰」的證據多屬特例，基本上應視為省略筆畫，但是黃組「王𠚤祀」的「𠚤」皆為省體，無一例作「曰」，尤其黃組卜辭「王占曰（[illegible]）」的例子甚多，故本文暫且採原形「𠚤」作為釋文。常玉芝曾反駁裘氏之說，仍從舊說釋為「廿」，[204]然本文以為就黃組內部的田獵卜辭，常見「隻＋獵物＋數字」，其中有關「廿」的數字形狀皆寫作「[illegible]」（如《合》37472、37474、37486、《英》2542），無一例作「𠚤」，並常氏提到《合》35713存有「隻豕一百卌八、兔二」的「卌」有加一橫畫的情形，[205]論證「廿」在卜辭中可加橫畫，但實際回到拓片看「卌」字，作「[illegible]（[illegible]）」，卻無常氏所謂橫畫，僅見因圓點變粗的筆畫。故本文仍不採「廿」為說。

「亡𡆥（害）自畎」，「畎」有兆、體二說，可參本文第七七則綴合之說明。

三　校釋：《合》37864，《摹釋》少釋「曰」，《摹釋》、《合集釋文》、《校釋》、《摹全》把「四月」誤為「三月」。

四　組別：黃組。

第一〇五則

一　釋文

> 戊戌卜，貞：王迍，往〔來〕亡災。
> 己亥卜，貞：王迍，往來〔亡災〕。

二　說明

A、B二版綴合後，可補足「戊」字的筆畫，綴合後的曆日為戊戌（35）、己亥（36），屬相隔的干支日。本版為臼角在右的牛胛骨（根據骨邊與刻辭順序推斷）。

三　校釋：《合》36401，《摹釋》少釋「王」字。

四　組別：黃組。

---

[203] 裘錫圭：〈關於殷墟卜辭中的所謂「廿祀」和「廿司」〉，《文物》1999年第12期，頁40-43、1。後收入《裘錫圭學術文集．甲骨文卷》（上海：復旦大學出版社，2012年6月），頁467-472。

[204] 常玉芝：〈說「隹王𠚤（廿）祀（司）」〉，《中國文物報》第15期（2000年2月23日）、第17期（2000年3月1日）

[205] 常玉芝：《商代周祭制度》（北京：綫裝書局，2009年12月），頁193。

第一〇六則

一　釋文

丁丑王卜，貞：田宮，往來亡災。王占曰：吉。在十（？）月。
戊寅卜…往田…

二　說明

A、B二版綴合後，折痕相合，並可補足「貞」字的筆畫，且形成可通讀的完整文例。本版為臼角在左的牛胛骨（根據骨邊與刻辭順序推斷）。

三　校釋：《合》37601，《合集釋文》、《校釋》誤釋出兆序「一」。

四　組別：黃組。

第一〇七則

一　釋文

癸卯〔卜，貞：王〕旬亡〔畎…〕一
癸丑卜，貞：王旬亡畎。在三月。
癸亥卜，貞：王旬亡畎。

二　說明

二版綴合後，右邊的折痕密合，左側稍有殘泐。唯「貞」字上方筆畫稍有殘缺，但二版綴合後，形成「癸卯、癸丑、癸亥」的完整卜旬順序。「癸卯」文例應該還有刻寫月份資料。屬於臼角在左的牛胛骨（根據骨邊與刻辭順序推斷）。

三　組別：黃組。

第一〇八則

一　釋文

癸未〔王卜〕，貞：旬亡〔畎〕。王占曰：〔吉〕。
癸巳王卜，貞：旬亡畎。王占曰：吉。
癸卯王卜，貞：旬亡畎。王占曰：吉
癸丑王卜，貞：旬亡畎。王占曰：吉
…卜…畎…

二　說明

A、B二版為劉影所綴，[206]C版為筆者所加綴（參本書第三六則綴合），今加綴D版，綴合後，右邊折痕相合，可補足「旬」的筆畫，唯左側稍有殘泐。此版符合「癸未、癸巳、癸卯、癸丑」的卜旬順序。為臼角在右的牛胛骨（根據

[206] 劉影：〈甲骨新綴第93組〉，先秦史研究室網站，發表日期：2010年12月6日。後收入黃天樹主編：《甲骨拼合續集》，第344則。

骨邊與刻辭順序推斷)。

三　校釋:可參第三六則綴合的說明。

四　組別:黃組。

五　備註:本書第三六則的加綴。

第一〇九則

一　釋文

癸未卜,才劉師貞:今夕𠂤亡𡆥,寧。一
甲申卜,貞:今夕𠂤亡𡆥,寧。一
乙酉卜,貞:今夕𠂤亡𡆥,寧。
丙戌卜,貞:今夕𠂤亡𡆥,寧。一
丁亥卜,貞:今夕𠂤亡𡆥,寧。
…卜,貞:…𠂤亡…寧。

二　說明

A、C二版為門藝所綴,[207]李發則先遙綴E版,[208]B版為劉影實綴A+C二版,[209]今加綴D版,使得B、E二版得以實綴,證實了李發的遙綴。B、D二版綴合後可補足「今」、「𡆥」二字的筆畫,至於D、E二版則可補足「亡」字筆畫。綴合後的完整文例,形成「癸未、甲申、乙酉、丙戌、丁亥」的曆日順序。屬於臼角在左的牛胛骨(根據骨邊與刻辭順序推斷)。

三　校釋:《合》36457,《摹釋》將「貞夕」連讀,忽略「今」。《合》36460,《摹釋》缺釋最上方「寧」字。《合補》12282,《合補釋文》、《校釋》、《摹全》誤將兩條釋文連讀為一則。

四　組別:黃組。

第一一〇則

一　釋文

癸巳王卜,貞:旬亡𡆥。三
癸卯王卜,貞:旬亡𡆥。三
癸丑王卜,貞:旬亡𡆥。

[207] 王蘊智、門藝:〈黃組甲骨綴合九例〉,《中國文字研究》2008年第1輯(總第十輯),頁48-51。後收入蔡哲茂主編:《甲骨綴合彙編》,第717組。

[208] 李發:〈黃組卜辭遙綴一則〉,先秦史研究室網站,發表日期:2009年5月13日。蔡哲茂主編:《甲骨綴合彙編》,第891組。

[209] 劉影:〈甲骨新綴第94組〉,先秦史研究室網站,發表日期:2010年12月10日。後收入黃天樹主編:《甲骨拼合續集》,第345則。

二　說明

A、B二版為筆者所綴（可參本書第一〇二則綴合），今加綴C版，符合「癸巳、癸卯、癸丑」的卜旬次序，且兆序均為三。C版，劉影曾綴合《合》39147（如右圖一），[210]綴合後的版面，二版骨邊並不一致，且「旬、𡆥」二字在二版書寫的風格不同，此一綴合似乎難以成立。本版為臼角在右的牛胛骨。

三　校釋：《合》39101，《摹釋》缺「卯」的殘筆。

四　組別：黃組。

五　備註：本書第一〇二則的加綴。

A《合》39147

B《合》39101

圖一

第一一一則

一　釋文

癸卯王〔卜，貞〕：旬亡〔𡆥〕。三
癸丑王卜，貞：旬亡𡆥。
癸亥王卜，〔貞〕：旬亡𡆥。

二　說明

A、B版綴合後，折痕相合，尤其B版右側下版突出的部分正與A版完全相接。符合「癸卯、癸丑、癸亥」的卜旬次序。本版為臼角在右的牛胛骨（根據骨邊與刻辭順序推斷）。

三　校釋：《合》39152，《摹釋》缺釋最上方的「卜」字。

四　組別：黃組。

第一一二則

一　釋文

癸亥卜，貞：王今夕亡𡆥。在三月
…卜，貞…今夕…𡆥。

二　說明

B版為摹本，A版又見於北圖3175（如右圖）[211]，「癸」字上方筆畫較為清晰，二版綴合後可補足「癸」的字形，形成完整的文例，而此版屬於黃組龜腹甲。

三　組別：黃組。

[210] 劉影：〈甲骨新綴第91組〉，先秦史研究室網站，發表日期：2010年12月1日。後收入黃天樹主編：《甲骨拼合續集》，第342則。

[211]「中國國家圖書館」，網址：http://res4.nlc.gov.cn/home/index.trs?channelid=10。

第一一三則

一 釋文

□未王卜，貞：田𦎫，往來亡災。王占曰：吉。一
戊寅王卜，貞：田𦎫，往來亡災。王占曰：吉。
壬午王卜，貞：田𦎫，往來亡災。王占曰：吉。
…王卜，貞：田𦎫，〔往來〕亡災。王占曰：吉。…月。遘大丁奭妣戊翌日。
…王卜，貞：田𦎫，〔往〕來亡災。王〔占〕曰：吉。
…王卜，貞：田𦎫，〔往來〕亡災。王占曰：吉。
壬辰王卜，貞：田叀，往來亡災。王占曰：吉。
戊戌王卜，貞：田羌（？），往來亡災。王占曰：吉。茲卬（孚）。隻鹿八。
壬子王卜，貞：田𪉇，往來亡災。王占曰：吉。茲卬（孚）。隻鹿二。
…王…呈，往…災。王…吉…隻…
…王卜，貞：田…往來亡…占曰：吉…隻…

二 說明

A、B二版為門藝所綴，[212]此處加綴C版，綴合後，二版折痕相合，並能補足「戊寅」、「往」等文例，也補足右側的「往」、「曰」字。林宏明曾在此綴合上加綴D（《合》37405＋《合》37522）。[213]

𪉇，陳絜考證其地望在汶水下游「汶陽之田」附近，[214]「叀、𦎫、呈」等地當相去不遠。

三 校釋：《合》37522，《摹釋》、《契合集》缺釋最上方一則的「田」字。《合》37405，《摹釋》缺釋「壬午…往…」，《摹釋》、《合集釋文》、《校釋》缺「子」。

四 組別：黃組。

五 備註：本書第一六八則加綴《拾遺》618。

第一一四則

一 釋文

癸〔亥卜，貞〕：王〔旬亡𡆥。〕
癸酉卜，貞：王旬亡𡆥。
癸未卜，貞：王旬亡𡆥。二
癸巳卜，貞：王旬亡𡆥。
〔癸〕卯卜，貞〔王旬〕亡𡆥。

---

[212] 門藝：〈黃組疑似綴合三組〉，先秦史研究室網站，發表日期：2009年11月19日。後收入蔡哲茂主編：《甲骨綴合彙編》第716組。

[213] D版原為林宏明所綴，收入氏著：《契合集》，第280組。林宏明在本綴合之上加綴D版，見於氏著：〈甲骨新綴第423-424例〉，先秦史研究室網站，發表日期：2013月6月26日。

[214] 陳絜、趙慶淼：〈「泰山田獵區」與商末東土地理——以田獵卜辭「盂」、「𪉇」諸地地望考察為中心〉，《歷史研究》2015年第5期，頁62-66。

二　說明

A、B二版為林宏明所綴，[215]今加綴C片，綴合後，二版折痕相合，並能補足文例，形成「癸酉、癸未、癸巳、〔癸〕卯」的卜旬順序。為臼角在左的牛胛骨（根據骨邊與刻辭順序推斷）。

三　組別：黃組。

第一一五則

一　釋文

癸亥〔卜，貞〕：王旬〔亡猷。〕
癸酉卜，貞：王旬亡猷。一
癸未卜，貞：王旬亡猷。

圖一

二　說明

A版，蔡哲茂曾與《東文庫》544相綴（如右圖一），[216]綴合後的「酉」字不甚相合，本文以為可能為誤綴，在查索資料過程中，發現王襄《簠室殷契徵文》的雜事第八版未被《甲骨文合集》、《甲骨文合集補編》著錄，至於B版，《合》39389拓本較為狹長，今以《東文庫》534的拓片進行綴合，二版折痕相合，可補足完整的「酉」、「旬」字的筆畫，並符合「癸亥、癸酉、癸未」的卜旬次序。臼角在左的牛胛骨（根據骨邊與刻辭順序推斷）。

三　組別：黃組。

第一一六則

一　釋文

癸酉卜，貞：王旬亡猷。二

二　說明

上面一則提到蔡哲茂曾將《東文庫》544（B版）與《合》38989進行綴合，本文傾向為誤綴，重新將《合》38989與《簠雜》8進行綴合（參本書第一一五則）。至於《東文庫》544（B版），筆者發現《京都大學人文科學研究所藏甲骨文字》所藏的2901號，也未被《甲骨文合集》、《甲骨文合集補編》著錄，其與《東文庫》544的折痕基本相合，且可補足完整的「酉」字，且此處的「酉」的下半部刻寫歪斜，二者綴合後的字形作「（）」，歪斜筆畫完整呈現，故推論此綴合可以成立。本版為臼角在左的牛胛骨（根據骨邊與刻辭順序推斷）。

三　組別：黃組。

[215] 林宏明：〈甲骨新綴第148例〉，先秦史研究室網站，發表日期：2010年12月5日。收入氏著：《契合集》，第148組。

[216] 蔡哲茂：〈甲骨新綴二十七則〉，《中國文化研究所學報》第46期（2006年），頁1-35。

第一一七則

一　釋文

癸巳卜，貞：王旬亡𡆥。在六月
癸卯卜，貞：王旬亡𡆥。
〔癸丑〕卜，貞：〔王旬亡〕𡆥。

二　說明

A、B二版綴合後，折痕密合，文例可通讀，符合「癸巳、癸卯」的卜旬次序。本版為臼角在左的牛胛骨（根據骨邊與刻辭順序推斷）。

三　組別：黃組。

第一一八則

一　釋文

癸未卜，貞：王旬亡𡆥。
〔癸巳卜，〕貞：〔王旬亡〕𡆥。

二　說明

A、B二版綴合後，折痕密合，且可補足「亡」字的筆畫。[217]本版為臼角在左的牛胛骨（根據骨邊與刻辭順序推斷）。

三　校釋：《合補》12899，《合補釋文》誤為「…𡆥。〔貞〕」。

四　組別：黃組。

第一一九則

一　釋文

癸巳卜，〔貞：〕王旬〔亡𡆥。〕二
癸卯卜，貞：王旬亡𡆥。
癸丑卜，貞：王旬亡𡆥。
癸亥卜，𠧢〔貞：王〕旬亡𡆥。

二　說明

A、B二版綴合後可補足「𡆥」字的筆畫，符合「癸巳、癸卯、癸丑、癸亥」的卜旬次序。屬於臼角在左的牛胛骨（根據骨邊與刻辭順序推斷）。

三　校釋：《輯佚》754，原釋文缺補「王」字。

四　組別：黃組。

[217] 按：林宏明已先有相同綴合，當初撰寫時未查，經林先生提醒，非常感謝。其綴合收入《契合集》，第262組。

第一二〇則

一　釋文

庚辰（？）…行貞：…賓夙（？）…
貞：亡尤。在五月。
庚辰卜，行貞：王〔賓〕夕祼，亡囚。
〔貞〕：亡尤。
…卜，貞：王…亡…

二　說明

A、B二版彼此密合，並可補足文例，字體刻寫風格亦相近。為臼角在右的牛胛骨（根據骨邊與刻辭順序推斷）。

三　校釋：《合》25579，《摹釋》、《合集釋文》、《校釋》、《摹全》缺「夕祼」之「夕」，並把「…卜，貞：王…亡…」、「〔貞〕：亡尤。」兩條辭例連讀為一條。

四　組別：出二。

第一二一則

一　釋文

癸卯王〔卜〕，貞：旬亡畎。三
癸丑王卜，貞：旬亡畎。三
癸亥王卜，貞：旬亡畎。三
癸酉王卜，貞：旬亡畎。三

二　說明

A、B二版為筆者所綴，參本書第九十七則綴合，今加綴C版，密合無間，補足「丑、旬」二字的筆畫，兆序同屬為「三卜」，符合「癸卯、癸丑、癸亥、癸酉」的卜旬次序。屬於臼角在右的牛胛骨（根據骨邊與刻辭順序推斷）。

三　組別：黃組。

四　備註：本書第九十七則基礎上的加綴。

第一二二則

一　釋文

辛卯卜，出貞：王其步自宰于商，亡災。
乙巳卜，出貞：王其田，亡災。
…卜，出…王其…亡災。

二　說明

A、B二版為筆者所綴，參本書第六一則綴合，今加綴C版，折痕密合，能

夠補足「卯」字筆畫，文例可完整通讀，字形特色亦同屬「出二」一類。本版為龜腹甲左甲部位（依據盾紋推斷）。

三　組別：出二

四　備註：本書第六一則的加綴。

第一二三則

一　釋文

丁巳〔卜，貞〕：王䢦，〔往〕來〔亡災〕。
丁卯〔卜，貞〕：王〔䢦〕，往〔來〕亡〔災〕。
丁酉〔卜，貞〕：王䢦，〔往來〕亡災。
己酉卜，貞：王䢦，往來亡災。
丁亥卜，貞：王䢦于𠷎，往來亡災。
丁未卜，貞：王䢦于𡆥，往來亡災。
庚寅卜，貞：王䢦𡆥，往來亡災。
辛巳卜，貞：王䢦于𦎫，往來亡災。
己亥卜，貞：王䢦于𠷎，往來亡災。
…卜，貞…往來〔亡〕災。
…卜，貞…于𦎫，〔往來〕亡災。
丁卯卜，貞：王步于[illegible]，亡災。
壬寅…田，〔往來〕亡災。
…貞：…往〔來〕亡〔災〕。
辛丑卜，貞：王䢦，往來亡災。
壬申卜，貞：王田，往來亡災。
丁亥卜，貞：王䢦，往〔來〕亡災。
丁…貞…亡〔災〕。
辛巳〔卜，貞〕：王䢦，〔往〕來〔亡災〕。
丁亥〔卜，貞〕：王䢦〔于〕□，往〔來〕亡〔災〕。
…卜，貞：〔王䢦〕于𡆥，〔往來亡〕災。
戊辰卜，貞：王䢦于[illegible]，往來亡災。
□□卜，貞：〔王〕䢦〔于〕𠷎….亡災。
己未卜，〔貞〕：王䢦…往來亡〔災〕。
戊午卜，貞：王䢦于𠷎，往來亡災。
丁亥卜，貞：〔王〕䢦于□，往來〔亡災〕。
丁巳卜，貞：王䢦宮，往來亡災。
乙丑卜，貞：王䢦𠷎，往〔來亡災〕。
戊…王田…亡〔災〕。
丁巳卜，貞：王䢦，往來亡災。
丁未卜，在[illegible]貞：王其入大邑商。亡徃（害）在畎。
丁亥卜，貞：王䢦，往來亡災。
戊辰卜，貞：王田，往來亡災。
戊寅卜，貞：王䢦，往來亡災。

壬午卜，貞：王田，往來亡災。

二　說明

A、B二版為持井康孝所綴。[218]A版，《甲骨文合集》的版本較為模糊，左下半部與上版沒有銜接，今改以《旅順博物館藏甲骨》第1949號進行綴合，《旅順博物館藏甲骨》整理者已將左下半與上版密接通讀。筆者加綴C版，折痕密合，文例可通讀。林宏明在此一綴合之上，再加綴D版，補足了「亡徃（害）在畎」文例。[219]

三　校釋：《合》36639，《摹釋》未釋出「貞：王其入大邑商。亡徃（害）」，《合集釋文》、《校釋》、《摹全》則誤釋為「貞王今日夕亡畎」。《合》36764，《摹釋》誤將「于」釋為「工」。《合》37508，《摹釋》以「狐？」釋「畎」字，《合集釋文》、《校釋》、《摹全》皆缺釋。

四　組別：黃組。

第一二四則

一　釋文

乙卯卜，㱿貞：叀𠂤（畢）…
辛亥卜，㱿…伐𢀛方…
甲寅…〔貞〕：或…

二　說明

A、B二版為遙綴，根據《合》6284＋《京人》1215（如右圖）的同文例，[220]《合》6284＋《京人》1215尚存「□卯、辛亥、甲寅」等干支，與本版綴合可以對應，並且殘留的文例亦相同，且骨面三則文例位置可相對應，字形間距亦符合，因此判斷此一遙綴可能成立。林宏明曾舉此版干支刻寫之位置高低排列判斷左右胛骨，[221]進一步指出此一綴合的臼角在左。

三　校釋：《摹釋》、《合集釋文》、《校釋》、《摹全》誤讀為「貞：叀畢伐𢀛方」，將兩則文例連讀為一句。

四　同文例：《合》6284＋《京人》1215（臼角在右）。

五　組別：典賓。

---

[218] 蔡哲茂編：《甲骨綴合彙編》（臺北：花木蘭出版社，2011年），第224組。

[219] 林宏明：〈甲骨新綴第443例〉，先秦史研究室網站，發表日期：2013月12月25日。

[220] 按：本版為林宏明所綴，見於〈賓組骨面刻辭起刻位置研究〉一文說明。筆者曾詢問林先生此版是否發表他處，林先生回覆對此一綴合尚未肯定。參氏著：〈賓組骨面刻辭起刻位置研究〉，李宗焜主編：《古文字與古代史》第5輯（臺北：中央研究院歷史語言研究所，2017年4月），頁1-26。

[221] 同上註。

第一二五則

一　釋文

癸亥卜，貞：王旬亡畎。在正〔月〕。二
〔癸酉〕卜，貞：〔王旬〕亡畎。

二　說明

A、B二版綴合後，折痕密合，可補足「畎」字的筆畫，唯「貞」字上方稍有殘損。為臼角在右的牛胛骨（根據骨邊與刻辭順序推斷）。

三　校釋：《合補》12680，《合補釋文》、《校釋》缺釋「〔癸酉〕卜，貞：〔王旬〕亡畎。」與兆序「二」。

四　組別：黃組。

第一二六則

一　釋文

癸未〔卜，□〕貞：王旬〔亡畎〕。三
〔癸〕巳卜，徜貞：王旬亡畎。
〔癸卯〕卜，徜〔貞：王〕旬亡畎。

二　說明

A版下半殘泐，B上方殘泐，致使二版僅部分契合，不過仍可補足「旬」字的筆畫，並符合「癸未、〔癸〕巳」的卜旬次序。屬於臼角在右的牛胛骨。

三　校釋：《合補》12691、12884，《合補釋文》、《校釋》、《摹全》皆未釋出「巳」字。

四　組別：黃組。

第一二七則

一　釋文

戊午…田喜…亡災。
乙亥卜，貞：王田喪，往來亡災。
…貞：王…往來〔亡災〕。

二　說明

A、B二版折痕密合，能補足「乙」的筆畫，並可通讀文例。本版為龜腹甲左甲部位（依據刻寫方向推斷）。「喪」地望的考訂，可參本書第四二則的說明。

三　校釋：《合補》11330，《合補釋文》誤把「喪」釋為「噩」。

四　組別：黃組。

第一二八則

一　釋文

□未卜，貞：王𢓊𦤎，往來亡災。
…往來亡災。

二　說明

A、B二版綴合後可補足「往」字筆畫，文例亦可通讀，唯「未」字上方省略了一天干。

三　校釋：《合》36721，《摹釋》、《合集釋文》、《校釋》、《摹全》皆認為「未」上方有殘文，但從此一綴合來看，上方是直接省刻天干。

四　組別：黃組。

第一二九則

一　釋文

癸丑王〔卜〕，貞：旬亡〔𡆥〕。二
癸亥王卜，貞：旬亡𡆥。二
癸酉王卜，貞：旬亡𡆥。二
癸未王卜，貞：旬亡𡆥。
癸巳王卜，貞：旬亡𡆥。二
〔癸卯〕王卜，〔貞：旬〕亡𡆥。

二　說明

A、B二版綴合後，折痕密合，能夠補足「王、亡」二字的筆畫，兩版序號皆為「二」，亦符合「癸丑、癸亥、癸酉、癸未、癸巳」的卜旬次序。屬於臼角在右的牛胛骨（根據骨邊與刻辭順序推斷）。

三　校釋：《英》2663，《校釋》缺釋「癸亥、癸巳」二條的兆序「二」。

四　組別：黃組。

第一三〇則

一　釋文

癸卯〔卜，貞〕：王旬〔亡𡆥〕。
癸丑卜，貞：王旬亡𡆥。
癸亥卜，貞：王旬亡𡆥。

二　說明

A、B二版折痕密合，綴合後可補足「亡」字之筆畫，並符合「癸卯、癸丑、癸亥」的卜旬次序。本版為臼角在左的牛胛骨（根據骨邊與刻辭順序推斷）。

三　組別：黃組。

第一三一則

一　釋文

…㱿貞：王叀侯告𠭯（？）…
己巳卜，㱿貞：侯告爯冊，王𠭯。
己巳卜，㱿貞：王叀易白㠱𠭯。

二　說明

A、B二版折痕密合，綴合後可補足「巳」字，此版圖片可參不列顛圖書館（British Library website）網站。[222]本版為臼角在左的牛胛骨（依據辭例位置與高低推斷）。

關於「爯冊、𠭯」的說明，可參本書第十六則綴合。

三　同文例：參本書第十六則綴合。

四　組別：典賓。

第一三二則

一　釋文

癸巳卜，㱿貞：今日夕酒…
癸巳卜，賓貞：今日王往去…
夕□宜。
王往去朿。
王往去朿。一
…翌丁…令，若。不𠁥黽

二　說明

A、B、C三版為劉影與筆者所綴，參本書第十二則綴合。D、E則為劉影所綴。[223]今將二組綴合進行遙綴，主要根據骨邊刻辭、骨面刻辭的對應，如骨邊刻辭「夕〔酒〕宜」可對應骨面刻辭「今日夕酒…」，骨邊刻辭「王往去朿」對應骨面刻辭「今日王往去…」，以及二者字體刻寫相同。此綴合為臼角在左的牛胛骨（根據骨邊與刻辭順序推斷）。

三　校釋：《合》5141，《摹釋》、《合集釋文》、《校釋》、《摹全》誤把「往」殘筆釋為「王」。

四　組別：典賓。

五　備註：本組是本書第十二則的加綴。

---

[222] 參見網站：http://www.bl.uk/manuscripts/Viewer.aspx?ref=or_7694!1637_f001r。

[223] 劉影：〈甲骨新綴122-123組〉，先秦史研究室網站，發表日期：2012年4月24日。後收入黃天樹主編：《甲骨拼合三集》，第616則。

第一三三則

一　釋文

…翌丁丑不雨。
…貞：我受〔年〕。
…翌丁丑其雨。
丙戌卜，亘貞：翌丁亥…
三 二告
翌丁丑其雨。
貞：我不其受年。
〔翌〕丁〔丑〕不〔雨〕

二　說明

A、B二版為筆者所綴，參本書第五則綴合。今將C版與之遙綴，根據骨面刻辭、骨邊刻辭文例的對應，如骨邊刻辭「翌丁丑其雨／〔翌〕丁〔丑〕不〔雨〕」對應骨面刻辭「翌丁丑其雨／翌丁丑不雨」，骨邊刻辭「貞：我不其受年」對應骨面「貞：我受〔年〕」，推論為一版甲骨之殘。除此之外，二版文字刻寫風格亦相同，如「丑（ ）」最下方一指皆往上彎，亦可作為佐證。此綴合為臼角在左的牛胛骨（根據骨邊與刻辭順序推斷）。

三　組別：典賓。

第一三四則

一　釋文

甲申卜，爭貞：徙弗其〔以〕。二
甲申…
弗…二 三告
二告

二　說明

A、B二版綴合後可補足「徙」，序號同為「二」，並有相關同文例可互相對照。

三　校釋：《合補》894，《合補釋文》缺釋「徙、弗」二字，《校釋》、《摹全》缺「徙」。

四　同文例：《合》9055（三卜，臼角左）、《合》9144＋《合補》3016（三卜，臼角右）[224]。

五　組別：典賓。

---

[224] 李愛輝：〈賓組牛胛骨拼合二則〉，先秦史研究室網站，發表日期：2009年9月14日。後收入黃天樹主編：《甲骨拼合集》，第281則。

第一三五則

一　釋文

丁…廵…往…
丁卯卜，在去貞：王田[illegible]彔（麓），往來亡災。
…王廵…麥…來…災。

二　說明

A、B二版密合，文例可補足，「[illegible]」字不識，似為「目、鹿」等部件組成。本版為龜腹甲右甲部位（依據刻寫方向推斷）。

三　校釋：《校釋》、《摹全》皆將「[illegible]往」連讀。

四　組別：黃組。

第一三六則

一　釋文

…王卜，貞：田斿，往來亡災。王占曰：吉。茲〔卬（孚）〕。隻狐五…雉。
乙未王卜，貞：田𠭯，往來亡災。王占曰：吉。
…王卜，〔貞〕：田𠭯，往來亡災。王占曰：吉。

二　說明

A、B二版折痕密合，唯A版右上方稍有殘缺，未知干支；左下方亦破損，未知獵獲數量。本版為臼角在右的牛胛骨（根據骨邊與刻辭順序推斷）。

三　校釋：《合》37724，《合集釋文》、《校釋》、《摹全》將「五」補為「五月」，本綴合說明此應為「狐五」之殘文。

四　組別：黃組。

第一三七則

一　釋文

庚戌卜，即貞：翌辛亥𠷎于丁。
貞：弜。五月
庚戌卜，即貞：𠷎于丁牡。

二　說明

A、B二版折痕密合，綴合後可補足「翌」字。「丁」為武丁，[225]本版主要卜問是否向武丁舉行磔（𠷎）牲之祭，「弜」為「弜𠷎」的省略，方可與「翌辛亥𠷎于丁」形成對貞句型。本版為臼角在左的牛胛骨（根據骨邊與刻辭順序推斷）。

[225]黃天樹：《殷墟王卜辭的分類與斷代》（北京：科學出版社，2007年），頁81-82。

三　**校釋**：《愛》43，原釋文補作「貞〔毌〕舌…」，誤把「翌」字殘筆釋為「毌」字。
四　組別：出二。

第一三八則

一　釋文

庚…貞…
貞：亡尤。在六月。
庚子卜，行貞：王賓夕祼亡囚。
貞：亡尤。
辛丑卜，行貞：王賓執（夙）[226]祼亡囚。
貞：亡尤。
…寅卜，貞：王賓戠亡囚。

二　說明

A、B二版密合，可補足「亡」字。此版涉及到「祼」祭舉行的時間，庚子之「夕」、辛丑之「夙」，二日正好為相鄰的兩日。屬於臼角在右的牛胛骨（根據骨邊與刻辭順序推斷）。
三　**校釋**：《合》41163（愛47）缺摹下方的「貞、亡」二字。
四　組別：出二。

第一三九則

一　釋文

貞：〔亡〕尤。〔在〕十一月。
戊辰卜，旅貞：王賓大丁彡龠叙，亡尤。在十一月。
戊辰卜，旅貞：王出亡囚。
貞：亡尤。在十一月。
戊寅卜，旅貞：王賓戠，亡囚。
貞：亡尤。在十二月。
戊寅卜，旅貞：王出，亡囚。

二　說明

此為A、B、C共三版的綴合，C、B二版折痕密合，文例可以通讀。A、B二版亦屬密合，並可補足「亡」字的筆畫。屬於臼角在左的牛胛骨（根據骨邊與刻辭順序推斷）。
三　**校釋**：《合》22762，《摹釋》、《合集釋文》、《校釋》、《摹全》缺釋上方「卜」字。《合》41197（《愛》55）缺摹上方「亡」的筆畫。

---
[226]沈培：〈說殷墟甲骨卜辭的「䄂」〉，《原學》第三輯（1995年），頁75-110。

四　組別：出二。

第一四〇則

一　釋文

戊午卜，行貞：王賓戠，亡𡆥。
〔貞〕：亡尤。〔在〕六月。

二　說明

A、B二版折痕密合，文例可通讀，屬於臼角在左的牛胛骨（根據骨邊與刻辭順序推斷）。

三　組別：出二。

第一四一則

一　釋文

辛未卜，㱿貞：王戎衖，受又。二。（「戎」缺刻橫筆。）
丁…

二　說明

A版，《合集》、《合補》皆未收，可能源於「戎」字缺刻，被誤認為偽片。A、B二版綴合後可補足「衖」字，屬二卜，為臼角在右的胛骨。「戎」字考釋，參范毓周之說，[227]具征戰之義，此文例為商王對「衖」進行征戰，是否受佑。

三　校釋：同文例：《合》6883（臼角左）、《合》6884、《合》6885、《合》6886（九卜，臼角左）

四　組別：賓一。

第一四二則

一　釋文

…卜，爭…刖𡴎（逸）…不殟。四月。一
…未卜，㱿…王往…朿。若。四月。一二

二　說明

A、B二版綴合後，可補足「不」字，特別的是二版綴合，上端皆見有削齊的現象，是流傳時斷裂，亦或在當時被削斷，有待目驗實物進行判斷。本版為臼角在右的牛胛骨。

[227] 范毓周：〈甲骨文「戎」字通釋〉，《中國文字》新26期（2000年），頁131-137。又發表於《紀念殷墟甲骨文發現一百周年國際學術研討會論文集》（北京：社會科學文獻出版社，2003年3月），頁190-193。

「刖」屬於髕足之刑，「𢍰」字，趙平安考釋為「逸」；[228]「殟」字，陳劍釋為「暴死」，[229]此文例可能是卜問對逸（逃跑）之人施行刖刑，逸（逃跑）之人會不會暴死。甲骨卜辭常見貞問施行「刖」刑之後，是否「殟」，如《合》580、581，但是對逃跑之人進行刖刑者，目前僅見本綴合。

三　**組別**：典賓。

第一四三則

一　**釋文**

丁丑卜，賓貞：翌戊〔寅〕不其〔雨〕。
丁丑卜，賓貞：翌戊寅不其雨。

二　**說明**

A、B二版皆為善齋所藏，綴合後可補足「丑」字筆畫，二則文例不屬於對貞句型。

三　**校釋**：《合補》3293，《合補釋文》、《校釋》、《摹全》未釋出左側「丁丑」二字，《摹全》亦誤補「翌〔己卯〕」。

四　**組別**：典賓。

第一四四則

一　**釋文**

辛巳卜，行貞：今夕亡囚。在正月。在雷。一
壬午卜，行貞：今夕亡囚。在正月。在丘雷卜。
癸未卜，行貞：今夕亡囚。在正月。在丘雷卜。
甲申卜，行貞：今夕亡囚。在𠜱[230]卜。
〔乙〕酉卜，行〔貞〕：今夕亡〔囚〕。在𠜱卜。

二　**說明**

本版為A、B、C三版的綴合，A、B二版折痕密合，可補足「巳、今」二字筆畫；B、C二版亦密合，則能補足「行、正月」等字之筆畫。符合「辛巳、壬午、癸未、甲申、〔乙〕酉」的卜日次序。本版臼角在左的牛胛骨（根據骨邊與刻辭順序推斷）。

三　**校釋**：《合》24364，《合集釋文》、《校釋》、《摹全》缺「在正月」的「在」。

四　**組別**：出二

[228] 趙平安：〈戰國文字的「遊」與甲骨文「𢍰」為一字說〉，氏著：《新出簡帛與古文字考論》（北京：商務印書館，2009年），頁42-46。

[229] 陳劍：〈殷墟卜辭的分期分類對甲骨文字考釋的重要性〉，《甲骨金文考釋論集》（北京：綫裝書局，2007年5月），頁433-434。

[230] 郭永秉、鄔可晶：〈說「索」、「𠜱」〉，《出土文獻》第3輯（2012年12月），頁99-118。

第一四五則

一　釋文

癸未，貞：〔旬亡囚〕。三
癸巳，貞：旬〔亡〕囚。三
癸卯，貞：旬亡囚。三
癸丑，貞：旬亡囚。
〔癸〕亥，〔貞〕：旬〔亡〕囚。

二　說明

A、B二版折痕密合，能夠補足「丑、旬、囚」等三字筆畫，並符合「癸未、癸巳、癸卯、癸丑、〔癸〕亥」的卜旬次序。本版臼角在左的牛胛骨（根據骨邊與刻辭順序推斷）。

三　校釋：《合》34855，《合集釋文》、《校釋》缺釋癸卯日的兆序「三」。

四　組別：無名組。

第一四六則

一　釋文

己酉卜，貞：燎于東〔母〕九…一

二　說明

A、B二版皆為善齋所藏，綴合後可補足「燎」的筆畫，並可通讀文例，其文例與《合》14337正相同，因此殘泐部分可補為「母」與「牛」。此版為臼角在右的一卜之牛胛骨（依據刻寫方向）。

三　同文例：《合》14337正（二卜，臼角左）

四　組別：典賓。

第一四七則

一　釋文

癸酉王卜，貞：旬亡猷。三
癸未王卜，貞：旬亡猷。三
癸巳王卜，貞：旬亡猷。三
癸卯王卜，貞：旬亡猷。三

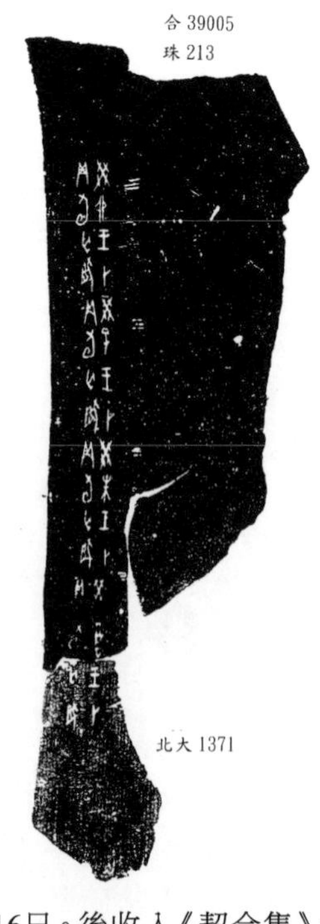

二　說明

A版，林宏明曾將其與《北珍》1371綴合（如右圖），[231]

[231] 林宏明：〈甲骨新綴第161-162例〉，先秦史研究室網站，發表日期：2010年12月16日。後收入《契合集》，第162組。

只是綴合後，酉、王二字之間的間距相對較密，今將其與B版重新綴合，折痕密合，字體間距較為平均。本版序號為「三」，屬於臼角在右的牛胛骨（根據骨邊與刻辭順序推斷）。

三　**組別**：黃組。

第一四八則

一　**釋文**

庚戌卜，即貞：王賓祼叙，亡尤。
貞：亡尤。在十月。

二　**說明**

A版為摹本，著錄在《瑞典》62號，由於摹本的關係，骨版顯得較窄，與B版綴合，可以補足「貞」字，文例可通讀。

三　**組別**：出二。

第一四九則

一　**釋文**

癸卯王卜，貞：旬亡畎。二
…卜，貞…

二　**說明**

二版折痕密合，可比補足「王、亡」二字。此版「王」字中間豎筆未一筆寫成，分成兩筆，此一現象亦見於《北珍》0119「」。本版屬於臼角在右的牛胛骨（根據骨邊與刻辭順序推斷）。

三　**組別**：黃組

第一五〇則

一　**釋文**

癸卯王〔卜〕，貞：旬亡〔畎〕。
癸丑王卜，貞：旬亡畎。
癸亥王卜，貞：旬亡畎。

二　**說明**

A、B二版折痕密合，可補足「貞」字筆畫，符合「癸卯、癸丑、癸亥」的卜旬順序。為臼角在右的牛胛骨（根據骨邊與刻辭順序推斷）。

三　**組別**：黃組

第一五一則

一　釋文

丁卯卜，㱿貞：王勿往出。
貞：自今至于庚戌不其雨。　四
雨。
貞：翌戊申乎婦好往于𢓊。

二　說明

A、B二版寬度稍有落差，綴合後，能夠補足「翌、往」的殘筆，且能夠通讀文例，此文例與龜腹甲《英》153正：「…〔戊〕申勿乎婦好往于𢓊」的文例正好相同。綴合後，「自今至于庚戌不其雨。／雨。」也形成對貞句型。本綴合應與《英》1011「貞：自今至于庚戌不其雨。」、《東大》314「貞：自今至于庚不其雨。」亦屬相關。屬於臼角在左的牛胛骨（依據胛骨本身判斷）。

三　校釋：《合》5111，《摹釋》、《合集釋文》、《校釋》、《摹全》忽略殘字的行距對應，將「往𢓊」連讀。

四　組別：典賓。

第一五二則

一　釋文

王勿逆伐。
貞：𢀛方其來，王逆伐。

二　說明

A、B二版折痕密合，界畫相連接，B版尚有「伐」字「戈」部與「逆」字「彳」部筆畫。二版綴合後的文例，與《英》555＋《合》6198（《合補》1853甲乙）[232]屬同文例。[233]為臼角在左的牛胛骨（根據骨邊與刻辭順序推斷）。

三　同文例：《英》555＋《合》6198（《合補》1853甲乙）

四　組別：典賓。

第一五三則

一　釋文

癸丑卜…貞：翌甲〔寅〕…上甲彡彳…其告。
貞：弜告。十月。
丙辰卜，即貞：翌丁巳𠦪（禱）叀晨。

---

[232] 蔡哲茂：《甲骨綴合集》，第331組。

[233] 林宏明指出A版與《合》6197同見《北珍》，可能為一版之折。參網址：http://www.xianqin.org/blog/archives/4416.html中的回文。

貞：于入自日。
…叀來…方乎…

二　說明

A、B二版密合，文例可通讀，「丙辰、翌丁巳」正可聯繫，本版為臼角在右的牛胛骨。「入自日」為時間詞，與「叀晨」形成選貞，類似例子如：

其又妣庚，惠入自己夕祼酒。
叀[illegible]人酒。
叀入自夙祼酒。(《合》27522，無名組)
王其又父己，叀□各日酒，王受又。
于入自日酒，王受又。
于入自夕祼酒，王受又。(《屯》2483，無名組)

三　組別：出二。

第一五四則

一　釋文

癸〔巳卜，貞〕：王〔旬亡畎。〕三
癸卯卜，貞：王旬亡畎。三
癸丑卜，貞：王旬亡畎。三
癸亥卜，貞：王旬亡畎。三
癸酉卜，貞：王旬亡畎。三

二　說明

本版屬於A、B、C三版之綴合，A、B二版可補足「酉、亡、畎、王」等字的筆畫。A+B、C，折痕密合，且兆序同為「三」，卜旬依序為「癸卯、癸丑、癸亥、癸酉」。屬於臼角在左的牛胛骨（根據骨邊與刻辭順序推斷）。

三　組別：黃組

第一五五則

一　釋文

…𢀛方，下上若，受我又。五月。
…𢀛方，下上若，受我又。

二　說明

A、B二版密合，能夠補足「𢀛、受」二字。「下上」，即文獻中的「明神」，

泛指一切具有神靈能力的對象。[234]

三　**組別**：典賓。

第一五六則

一　釋文

癸〔未〕，貞：〔旬亡囚〕。
癸巳，貞：旬亡囚。
癸卯，貞：旬亡囚。

二　說明

A、B二版綴合後可補足「旬」的筆畫，符合「癸巳、癸卯」的卜旬次序。本版為臼角在左的牛胛骨（根據骨邊與刻辭順序推斷）。

三　**校釋**：《合》34912，《合集釋文》、《校釋》、《摹全》未釋出最上方的「旬」字。

四　**組別**：無名組。

第一五七則

一　釋文

貞：王夢，不隹囚。

二　說明

A、B二版雖未直接密接，但字形可補足，尤其「夢」的「爿」部件，以及「隹」字。「貞：王夢，不隹囚。」類似的文例多見，如《合》272正：「貞：王夢，不隹囚／貞：王夢，隹囚。」本版為臼角在左的牛胛骨（根據骨邊與刻辭順序推斷）。

三　**校釋**：《合補》4707，《合補釋文》、《校釋》、《摹全》作「…王…不…夢…囚」，「不、夢」視為不同的兩行，不予連讀。《旅》487誤將「夢」釋為「疾」。

四　**組別**：典賓。

第一五八則

一　釋文

癸巳卜，貞：王旬亡畎。
癸卯卜，貞：王旬亡畎。
癸丑卜，貞：王旬亡畎。

[234] 拙作：《甲骨卜辭戰爭刻辭研究──以賓組、出組、歷組為例》（臺北：臺灣大學中國文學研究所博士論文，2013年1月），頁280。

二　說明

A版，《合補》拓本不全，蔡哲茂主編《甲骨綴合彙編》第133組有荒木日呂子較完整的綴合，[235]與B版十分密合，文例可通讀，唯B版拓片不全，無法正確知道此版的兆序。本版為臼角在左的牛胛骨（根據骨邊與刻辭順序推斷）。

三　組別：黃組。

第一五九則

一　釋文

甲戌卜…
乙亥卜，爭…
壬辰卜，爭貞：今…
…卜，爭貞：今七月王…

二　說明

A、B二版密合，可補足「貞」字，文例能通讀。本版材料主要關於「王入商」時間的占問，類似文例見於《合》7774、7787、7788等。

三　組別：典賓。

第一六〇則

一　釋文

…貞：來甲辰立中。
…爭貞：或𢦏（翦）[illegible]…
…弗其𢦏（翦）[illegible]方…

二　說明

A、B二版為筆者所綴（參本書第七十一則），加綴C版，其與A＋B十分密合，證明A＋B的綴合能夠成立，C版與A版綴合則可補足「弗、其」二字筆畫。

三　校釋：參本書第七十則。

四　同文例：《英》681＋《合》8745（參本書第七十則）。

五　組別：典賓。

六、備註：本書第七十一則的加綴。

第一六一則

一　釋文

癸卯…亡畎…
癸丑卜，貞：王旬亡畎。在三月。三

[235] 蔡哲茂主編《甲骨綴合彙編》，第133組。

癸亥卜，貞：王旬亡𡆥。
癸酉卜，貞：王旬亡𡆥。三

二　**說明**

A、B二版折痕密合，符合「癸卯、癸丑、癸亥、癸酉」的卜旬次序，以及月份「三月、四月」次序，只是其中「癸丑」非「王卜」，「癸酉、癸亥」則為「王卜」。屬於臼角在右的牛胛骨（根據骨邊與刻辭順序推斷）。

三　**組別**：黃組。

第一六二則

一　**釋文**

貞：亡尤。在…二。
貞：亡尤。二
戊子卜，尹貞：王賓祼，亡[囚]。在五月。一　二
〔貞：亡〕尤。

二　**說明**

A版原著錄於《甲骨文錄》493號，收錄於《合》24341（《錄》404＋420＋421＋493＋561）以及《合》25799（《真》4.21），原《甲骨文錄》一書僅將《錄》404＋420＋421＋561四片綴合，附於書末，未將493號與其綴合，《合集》24341則進一步將《錄》493與之綴合。

今將A版（即《錄》493）與B版實綴後，折痕密合，文例可通讀無礙，但B版若與《錄》404＋420＋421＋561上方左側銜接，骨版顯得過寬，且未能密合。與下半左側目前也未能找到密合之處，懷疑本綴合與《錄》404＋420＋421＋561可能非同版之甲骨，《合》24341本身可能誤綴，故暫時將其分開擺放，此處僅以《錄》493進行綴合。本版屬於臼角在左的牛胛骨（根據骨邊與刻辭順序推斷）。

三　**組別**：出二。

第一六三則

一　**釋文**

癸卯〔卜，貞〕：王〔旬〕亡〔𡆥〕。
癸丑卜，貞：王旬亡𡆥。在九月。一
〔癸丑〕卜，貞：〔王旬〕亡𡆥。〔在□〕月。甲寅…魯（陽）甲。

二　**說明**

A、B二版折痕密合，文例可通讀。屬龜腹甲的左甲部位（依據刻寫方向判斷）。

三　**校釋**：《合》35765，《校釋》在「癸丑」一條補上「甲寅」，從本綴合可知知道「月」下無記錄祭祀先祖的辭例。

四　**組別**：黃組

第一六四則

一　釋文

…今（朝）王比…

二　說明

二版綴合後，可補足「」。「」字考釋者眾，近來學者主要主張有二，一是宋華強釋「朝」；二則為陳劍釋「早」，[236]筆者曾撰文討論，同意宋華強釋「朝」說。[237]

三　校釋：《合補》1669，《合補釋文》、《校釋》未補出「、比」二字。

四　組別：典賓。

第一六五則

一　釋文

癸卯卜，貞：王旬亡畎。
癸丑卜，貞：王旬亡畎。
〔癸亥〕卜，貞：〔王旬〕亡畎。

二　說明

A、B二版折痕密合，尤其右側的斷折處，文例亦符合「癸卯、癸丑」的卜旬次序。臼角在左的牛胛骨（根據骨邊與刻辭順序推斷）。

三　組別：黃組。

第一六六則

一　釋文

戊辰卜，（瘗）于河二宰。四月。二

二　說明

A、B二版綴合後，可補足「戊」字，以及兆序「二」等字之筆畫。本版為臼角在左的牛胛骨（根據胛骨本身判斷）。。

三　同文例：《合》14609（一卜，臼角左）、《合》40401（臼角左？）為同文例。

四　組別：賓一。

---

[236] 宋華強：〈釋甲骨文中的「今朝」和「來朝」〉，《漢字研究》第一輯（2005年），頁367-374。陳劍：〈釋造〉，《甲骨金文考釋論集》（北京：綫裝書局，2007年5月），頁163。

[237] 拙作：〈再探甲骨、金文「」字及其相關字形〉，《臺大中文學報》37期（2012年6月），頁1-37。

第一六七則

一　釋文

癸卯卜，貞：王旬亡𡆥。
癸丑卜，貞：王旬亡𡆥。二
〔癸〕亥卜，貞：〔王〕旬亡𡆥。

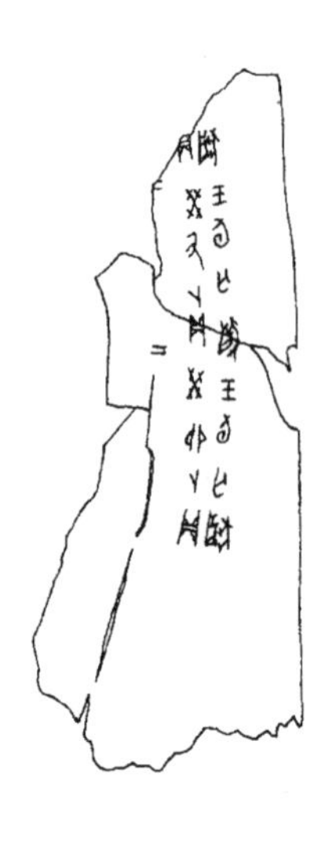

合補12659
合補12904
合39158

二　說明

B版，林宏明曾與《合補》12659〔《合補》12904〕綴合（如右二圖），辭例完整，契口僅部份吻合，[238]「𡆥」字右旁的「犬」卻顯得過於狹長。今以《珍秦齋》所藏之第14片（A版）進行綴合，與B版除了文例可通讀，契口相對完整，尤其右側的缺口處，「𡆥」字較具完整性。本版屬於臼角在左的牛胛骨（根據骨邊與刻辭順序推斷）。

三　**組別**：黃組。

第一六八則

一　釋文

☐未王卜，貞：田𩫖，往來亡災。王占曰：吉。一
戊寅王卜，貞：田𩫖，往來亡災。王占曰：吉。
壬午王卜，貞：田𩫖，往來亡災。王占曰：吉。
戊寅王卜，貞：田𩫖，往來亡災。王占曰：吉。才十月。遘大丁奭妣戊翌。一
…王卜，貞：田𩫖，〔往〕來亡災？王〔占〕曰：吉。
…王卜，貞：田𩫖，〔往來〕亡災？王占曰：吉。
壬辰王卜，貞：田叀，往來亡災。王占曰：吉。
戊戌王卜，貞：田羌（？），往來亡災。王占曰：吉。茲冂（孚）。隻鹿八。
壬子王卜，貞：田𪉸，往來亡災。王占曰：吉。茲冂（孚）。隻鹿二。
…王…呈，往…災。王…吉…隻…
…王卜，貞：田…往來亡…占曰：吉…隻…

二　說明

A、B、C、D、E四版為門藝、筆者、林宏明等人所綴，可參本書一一三則綴合。今加綴F版，與B版辭例可通讀，折痕尚且密合（F版見於《拾遺》618號，一書拓片與圖版下半有些微出入，拓片下方褶痕平整，圖版稍有弧度，以圖版拼綴更為密合），綴合後，左右兩邊各出現序號「一」，且「戊辰」日符合

---
[238] 林宏明《契合集》，第164組。

「遘大丁奭妣戊翌」祭祀妣戊之天干日。本版包含龜腹甲左右尾甲、左後甲部位。

三　**校釋**：可參本書第一一三則。

四　**組別**：黃組。

五　**備註**：本書第一一三則的加綴。

第一六九則

一　**釋文**

乙亥〔卜，行〕貞：今〔夕亡𡆥。〕
丙子卜，行貞：今夕亡𡆥。
丁丑卜，行貞：今夕亡𡆥。在正月
戊寅卜，行貞：今夕亡𡆥。
己卯卜，行貞：今夕亡𡆥。在正月。一
庚辰卜，行貞：今夕亡𡆥。一
辛巳卜，行貞：今夕亡𡆥。

二　**說明**

A、B二版為筆者所綴（可參本書第二八則綴合），加綴C版，折痕吻合，能補足「行、夕、𡆥」三字的筆畫，符合「乙亥、丙子、丁丑、戊寅、己卯、庚辰、辛巳」的卜夕次序。屬於臼角在左的牛胛骨（根據骨邊與刻辭順序推斷）。

三　**校釋**：可參本書第二八則綴合。

四　**組別**：出二。

五　**備註**：本書第二八則的加綴。

第一七〇則

一　**釋文**

…王卜，貞：酒翌…毓，卒，亡徃（害）自…王…

二　**說明**

A、B二版折痕密合，文例可通讀，至於「亡徃（害）自」應為「亡徃（害）自畎」文例之殘，可參本書第七七則的說明。A版左側拓片不清，依照黃組類似的文例訊息（如《合》37836、《合補》10944），此處應存在「隹王＋數詞＋祀」的文例，只是目前的拓片數字模糊難辨，「祀」似乎尚有一些筆畫，暫且存疑待考。本版屬於臼角在右的牛胛骨（根據骨邊與刻辭順序推斷）。

三　**校釋**：《笏二》1111，原釋文寫作「…王…／…王…毓…／…卒□…」，少釋「亡」字，並連讀有誤，應將「毓，卒」連讀，黃組類似之例多見，如《合補》10944：「癸未王卜，貞：酒日自上甲至于多毓，卒亡害。在五月，唯王四祀」、《合》37836：「癸未王卜，貞：酒彡日，自上甲至于多毓，卒亡害自畎。在四月。唯王二祀。」

四　**組別**：黃組。

第一七一則

一　釋文

…貞：王…
癸丑卜，備貞：王旬亡旤。
〔癸亥〕卜，備〔貞：王〕旬亡旤。

二　說明

A、B二版密合無間，可補足「癸、貞」二字筆畫。屬於臼角在左的牛胛骨（根據骨邊與刻辭順序推斷）。

三　組別：黃組。

第一七二則

一　釋文

…田𩫖，往〔來〕亡災。王〔占曰：吉。〕
丁巳王卜，貞：田𩫖，往來亡災。王占曰：吉。　一
戊午王卜，貞：田榆，往來亡災。王占曰：吉。　一

二　說明

A、B二版大抵密合，文例可通讀。屬於臼角在左的牛胛骨（依胛骨本身判斷）。「榆」，根據陳絜考證為山東肥城句窳亭一帶，[239]「𩫖」顯然也應該在附近。

三　組別：黃組。

第一七三則

一　釋文

甲午卜，㱿貞：沚戠…比，下上若，受我〔又〕。
乙未卜，㱿貞：沚戠…

二　說明

A、B二版折痕密合，可補足「比、下上」等字筆畫。「甲午（31）、乙未（32）」相隔一日，依照骨面刻辭先刻寫者其較接近臼角位置，[240]可判斷此一版為臼角在左的牛胛骨。

三　組別：典賓

[239] 陳絜：〈〈塱方鼎〉銘與周公東征路線初探〉，《古文字與古代史》第4輯（2015年2月），頁275-276。
[240] 林宏明：〈賓組骨面刻辭起刻位置研究〉，李宗焜主編：《古文字與古代史》第5輯（臺北：中央研究院歷史語言研究所，2017年4月），頁1-26。

第一七四則

一　釋文

戊午卜，𣪊貞：沚戠爯冊，王比。五月。　四
貞：勿比。　一
一

二　說明

A、B二版折痕吻合，可補足「比」字的筆畫，並由此綴合得知此事確定的月份為「五月」，以此可推論下列羅列的同文例之月份亦在「五月」。本版屬於臼角在左的牛胛骨（依據胛骨本身判斷），兆序為「四」。

三　同文例：《合》7384（五卜，臼角左），《合》7386＋《合補》5670（臼角左）[241]，姚貴舫藏（臼角左），[242]《合》7391（臼角右）

四　組別：典賓。

第一七五則

一　釋文

狩。
貞：王伐土方。
…允

二　說明

A、B二版折痕密合，亦可補足「王、方」字的筆畫，文例可通讀。根據字面的排列位置，推論上方「允」右側應該還有文字。此版為臼角在右的牛胛骨（根據骨邊與刻辭順序推斷）。

三　校釋：《英》630，《摹釋》缺釋「伐」字，《校釋》誤將「王」殘筆補為「允」。《合》10622，《摹釋》缺釋「王」字。

四　組別：典賓。

---

[241] 林宏明：《契合集》，第60組。

[242] 按：此版為網路資料，蔡哲茂云：「內容剛好與林宏明之前所綴一版甲骨（《合》7386+《合補》5670）同文（疑《合》7389亦為同文），此片拓片未見於舊著錄，拓片上題字：『此契為安陽城西小屯所出，整者罕見，妙在全文，故寶之。丙子元旦姚貴舫』（此丙子應為1936年，但不知姚貴舫是何人）」，蔣玉彬回復補充「羅振玉《雪堂類稿甲．石交錄29》：『予歸自海東，寓居津沽，青縣（今屬河北滄州）姚貴昉大令贈予所藏石刻數種。予往得子游殘碑上截，鈐『姚氏貴昉藏石』印，初不憶其人，及相見，知往在鄂渚，姚君為張文襄（之洞）巡官，國變後，訪古河朔，售古物以給朝夕。於時在鄂同鄉同寮，多登膴仕者，貴昉未嘗與通請謁，蓆帽芒鞋，獨策蹇往來大河南北，訪求古金石刻，亦振奇人也。』據此可知姚貴昉為清末民初的碑賈、金石收藏家。」參蔡哲茂：〈介紹一版新出現的甲骨拓片〉，先秦史研究室網站，發表日期：2010年12月30日。

第一七六則

一　釋文

…㱿…
辛亥卜，㱿貞：勿伐𢀛方。弗其受有又。二
貞：伐𢀛方，𢦏（翦）。二 不𠂤黽
不𠂤黽

二　說明

此版為A、B、C、D、E五版綴合的牛胛骨，B、C二版密合，可補足「伐、𢀛」二字筆畫，A版疊在B、C二版之上，折痕密合，文例可通讀；D版則與B版亦相吻合，並可補足「又」字筆畫；E版與D版密合無間，能補足「伐」字筆畫，與B版之間亦相當契合，此版綴合亦有同文例可相對照。屬於臼角在右的牛胛骨（依據胛骨本身判斷），兆序為「二」。

三　校釋：《合補》731，《合補釋文》、《校釋》、《摹全》誤「伐」為「戌」；《合補》6139，《合補釋文》、《校釋》、《摹全》缺釋「辛」字。

四　同文例：《合》6282＋《合》6258（一卜，臼角右）[243]

五　組別：典賓。

第一七七則

一　釋文

…卜，㱿…族？乎…
壬戌卜，㱿貞：亘其𢦏（翦）雀。
二告

二　說明

A、B二版折痕密合，可補足「雀」字，並可通讀文例，唯A版，《合》3581版本下半字形模糊難辨，《合補》1995（《東大》1035）則相對清晰。「亘翦雀」的資料過去未見，不過雀與亘（方）之間的相關征戰，張惟捷曾有過詳細的整理，可參看。[244]此版為右龜腹甲右中甲部位（依據邊緣與盾紋判斷）。

三　校釋：《合補》1995，《合補釋文》缺釋「族」字。《合》3581，《摹釋》、《合集釋文》、《校釋》、《摹全》因為拓片模糊，未釋出「壬戌」一條辭例，《摹釋》釋「族」為「寅」，《合集釋文》釋作「效」、《校釋》作「侯」，依照文字比例，此字不會是「寅、效」，「侯」則可能性較大，筆者則從上方筆畫稍有突出，釋「族」的機會相對較大。《英》422，《摹釋》誤將「雀」的殘筆釋為「隹」，原釋文則理解為「雀」之省，相當正確。

四　組別：賓一。

---

[243] 李愛輝：〈胛骨新綴三則〉，先秦史研究室網站，發表日期：2009年10月15日。後收入黃天樹主編：《甲骨拼合集》，第289則。

[244] 張惟捷：〈殷商武丁時期人物「雀」史跡研究〉，《中央研究院歷史語言研究所集刊》85本第4分（2014年12月），頁679-767。

第一七八則

一　釋文

…日其雨。

…王徝伐土方，受〔㞢〕又。一？〔月〕

二　說明

A、B二版綴合後，能夠補足「徝、王」二字的筆畫，下方的「一」可能為月份的殘留筆畫，由於目前未有同文例可相對照，難以知道其確切之月份。

三　校釋：《合》6400，《摹釋》、《合集釋文》、《校釋》、《摹全》缺釋左側「一」的筆畫。

四　組別：典賓。

第一七九則

一　釋文

癸巳卜，貞：王旬亡畎。

…卜…旬…畎。

二　說明

A、B二版皆為京都大學人文研究所藏甲骨，折痕密合，文例可通讀，為龜腹甲的左尾甲部位（依據形制判斷）。

三　組別：黃組。

第一八〇則

一　釋文

丙午卜，即貞：翌丁未其又于祖丁。

貞：毋又。十月。

…即…小丁…

二　說明

A、B二版中間部分密合，並可補足「祖丁」稱謂，以及形成「丙午、翌丁未」的日期對應，亦形成「翌丁未其又于祖丁／毋又」的對貞句型。本版為臼角在左的牛胛骨（根據骨邊與刻辭順序推斷）。

三　校釋：《合補》8684，《合補釋文》、《校釋》、《摹全》誤把「祖」字釋為「其」。

四　組別：出二。

第一八一則

一 釋文

癸丑卜，〔貞〕：王旬亡〔𡆥〕。二
癸亥卜，貞：王旬亡𡆥。二
癸酉卜，貞：王旬亡𡆥。二
癸未卜，貞：王旬亡𡆥。二
癸巳卜，貞：王旬亡𡆥。二

二 說明

A版，原以摹本著錄在《合》41940，之後在蘇富比二〇一五年拍賣會上曾公布這批原為日本小林斗盦收藏，後轉為松丸道雄手中的甲骨拓本，[245]其中第26片即《合》41940的拓本，今將其與B版綴合後，密合無間，可補足「卜」筆畫，且兆序同為「二」，符合「癸丑、癸亥、癸酉、癸未、癸巳」的卜旬次序。本版為臼角在左的牛胛骨（根據骨邊與刻辭順序推斷）。

三 組別：黃組。

第一八二則

一 釋文

貞…
戊辰卜，行貞：王賓祖戊，彳伐羌三，卯宰，亡尤。
…卜，行…賓…亡尤。

二 說明

B版上半稍有殘泐，與A版未完全密合，不過二版綴合後，文例可以通讀，戊辰日祭祀祖戊，「羌」字因為祖戊合文關係往左刻寫，與「三，卯宰」未能對齊，此也導致「羌」左邊無法刻寫「亡尤」，轉刻在左下方。本版為臼角在右的牛胛骨（根據骨邊與刻辭順序推斷）。

三 校釋：《合》22608，《摹釋》多釋出一「貞」字。

四 組別：出二。

第一八三則

一 釋文

丁未…貞：翌…翌…亡…
丙辰卜，行貞：翌丁巳翌于〔大丁？〕亡𡆥（害）。在三月。
戊午卜，行貞：王出，亡𡆥。

[245]拓本出自楊蒙生：〈紐約蘇富比2015春季拍賣會所見部分中國古文字資料簡編〉，《甲骨文與殷商史》第七輯（2017年11月），頁293。又見於蘇富比網路資料：http://www.sothebys.com/cn/auctions/ecatalogue/2015/inscriptions-history-as-art-n09337/lot.106.html

二　說明

A、B二版未直接密合，但二者皆為「翌祭」材料，A版尚餘「丁」字上部筆畫，B版則有「丁」字下半，二者可補足「丁」字。且綴合後，丙辰的翌日便為丁巳，日期的順序可成立。本版為臼角在左的牛胛骨（根據骨邊與刻辭順序推斷）。

三　校釋：《合》25832，《摹釋》缺釋「翌、亡𡆥（害）」以及「丁」字殘文，《合集釋文》、《校釋》、《摹全》缺釋「翌、丁」二字。《合補》7735，《合補釋文》、《校釋》、《摹全》缺釋貞人「行」一字。

四　組別：出二。

第一八四則

一　釋文

辛亥卜，旅貞：王賓祖辛歲…亡尤。

二　說明

A、B二版主要依據龜腹甲的部位，A為右後甲，B為右尾甲，二者中間有齒紋隔開，字體刻寫風格亦同。綴合後的文例可通讀，即在辛亥日賓祭祖辛，類似的文例，如：

辛巳卜，即貞：王賓祖辛歲，亡尤。（《合》22972）
辛酉卜，〔行〕貞：王〔賓〕祖辛歲宰，亡尤。（《合》22975）

三　組別：出二。

第一八五則

一　釋文

…貞…
丙子卜，行貞：翌丁丑𣪊于祖丁，亡𡆥（害）。在〔□月〕
甲午卜，行貞：翌乙未彡于小乙，亡〔𡆥（害）〕。在十月。二
丙子卜，行貞：翌丁丑彡于父丁，亡𡆥（害）。在二月。
庚辰卜，行貞：王賓般庚彳伐羌二卯二宰，亡尤。在六月。
庚辰卜，行貞：王賓叙，亡尤。在六月。
辛巳卜，行貞：王賓小辛彳伐羌二卯二宰，亡尤。

二　說明

A、B二版為劉影所綴，[246]今加綴C版，二版之間稍有空隙，但文例可以通讀，並且綴合後，「六月」係「庚辰」日，即可對應「庚辰卜，行貞：王賓叙，

[246]劉影：〈甲骨新綴第205-208組〉，先秦史研究室網站，發表日期：2015月7月27日。

亡尤。在六月。」一條的六月庚辰，正可以此證明綴合的成立。此版為臼角在左的牛胛骨（根據骨邊與刻辭順序推斷）。
三　**組別**：出二。

第一八六則

一　**釋文**

癸丑卜…貞：王旬亡〔𡆥〕。二
癸亥卜，貞：王旬亡𡆥。二
癸酉卜，貞：王旬亡𡆥。
癸未卜，貞：王旬亡𡆥。

二　**說明**
A、B二版左側折痕密合，B版右側殘損，綴合後可補足「𡆥」字，符合「癸丑、癸亥、癸酉、癸未」的卜旬次序。此版為臼角在左的牛胛骨（根據骨邊與刻辭順序推斷）。
三　**校釋**：《合補》12617，《校釋》、《摹全》將「癸丑」一條，「卜，貞」連讀，從拓片而言，此版上應還有殘辭。
四　**組別**：黃組。

第一八七則

一　**釋文**

癸…王…亡…一
癸酉〔卜，貞〕：王〔旬〕亡〔𡆥〕。
癸巳〔卜，貞〕：王旬〔亡𡆥〕。一
…貞…旬…𡆥。
癸酉卜，貞：王旬亡𡆥。一
癸巳卜，貞：王旬亡𡆥。一
…貞…旬…𡆥。
…卜，貞…旬…𡆥。

二　**說明**
A、B二版密合，能夠補足「𡆥」字，綴合後，盾紋相合，且兆序同為「一」。本版為龜腹甲右中甲部位（根據刻寫方向與盾紋判斷）。
三　**校釋**：《合》39024，《摹釋》將「癸巳…」釋為「癸巳卜」，多釋「卜」字。
四　**組別**：黃組。

第一八八則

一　釋文

乙巳卜，貞：王田𡆥，往來亡災。
戊申卜，貞：王田𡨦，往來〔亡〕災。
壬辰卜，貞：王田喪，往來亡災。
壬子卜，貞：王田𡆥，往來亡災。
丁卯卜，貞：王田夫，往來亡災。

二　說明

A、B二版密合，可補足「𡨦」字，文例可通讀。本版為龜腹甲的左前甲部位（依照形制推斷）。

「喪」，根據陳絜考證其地望在今山東章丘市東南方向，[247]而「𡆥、𡨦、夫」當相去不遠。

三　校釋：《合》37750，《摹釋》缺「𡨦」字。《合補》11108，《合補釋文》、《校釋》、《摹全》缺釋「𡨦、喪」二字。

四　組別：黃組。

第一八九則

一　釋文

丙…
己（？）丑卜…小，庚…乎，亦雨…

二　說明

A、B二版密合，能夠補足「庚、雨」二字的筆畫。

三　校釋：《合》19643，《摹釋》、《合集釋文》、《校釋》、《摹全》未釋出「庚」字。《合補》3435，《合補釋文》、《校釋》、《摹全》把「丙…」、「己（？）丑卜…」連讀，並缺釋「雨」。

四　組別：典賓。

第一九〇則

一　釋文

…尤。
己卯卜，貞：王賓祖乙奭妣己翌日亡〔尤〕。

二　說明

A、B二版折痕密合，皆為中國社會科學院歷史研究所藏之甲骨，綴合後文例可通讀，符合「祖乙」配偶為「妣己」的條件。本版為龜腹甲左半部位（依照刻寫方向）。

---

[247] 陳絜：〈「梁山七器」與周代巡狩之制〉，《漢學研究》第34卷第1期（2016年3月），頁1-26。

三　**組別**：黃組。

第一九一則

一　**釋文**

乙巳卜，貞：田疐，往來亡災。王占曰：吉。茲印（孚）。隻鹿…
…貞…往…占…茲印（孚）…鹿…

二　**說明**

A、B二版密合，可補足「王」字，文例能夠互補完整通讀，並符合龜腹甲右後甲齒紋、頓紋的位置。B版，李愛輝曾將其與《合補》11369綴合（如右圖），[248]文例似可通讀，但「茲印（孚）」左側似有一「隻」殘文，此二版綴合後便有兩個「隻」字，且《合補》11369左側明顯為龜腹甲千里路部位，但B版左側並不在此一位置，從齒紋而言應是右後甲上方中間部位，且從字行排列，《合補》11369字形不全與B版對應，稍嫌偏右。因此從文例、部位、字行排列而言，此綴合可疑。[249]

《合補》11369

《合補》11316

三　**校釋**：《合》37705，《合集釋文》缺釋二「鹿」字。
四　**組別**：黃組。

第一九二則

一　**釋文**

戊戌卜，旅貞：翌己亥其…兄己。
貞：毋乇。在十月。二
…〔戌〕卜…兄己…羌…

二　**說明**

A、B二版不完全密合，根據「戌、翌」殘文進行綴合，符合戊戌翌日即「己亥」的條件，B版又見於《山東》1484（如右圖），「兄己」二字較為清晰，藉由此版「貞：毋乇」的文例訊息，推論「翌己亥其…兄己」或可增補為「翌己亥其〔乇于〕兄己」之文例，方可與之形成對貞句型，有待來日進一步的綴合。本版為臼角在右的牛胛骨（根據骨邊與刻辭順序判斷）。

1484

三　**校釋**：《合》23474，《摹釋》、《合集釋文》、《校釋》、《摹全》缺釋「其」字。
四　**組別**：出二

[248] 李愛輝：〈甲骨拼合第84則〉，先秦史研究室網站，發表日期：2011年4月15日。後收入黃天樹主編《甲骨拼合續集》，第511則。

[249] 胡輝平透過實物比對指出此組綴合不能成立，因本組綴合曾公布於網路，故在此仍予收錄，但請讀者注意誤綴訊息。參胡輝平：〈國家圖書館藏甲骨綴合勘誤二十一例〉，《文獻》2019年第4期，頁3-14。

第一九三則

一　釋文

丁酉卜，貞…王田…□…
壬寅…田盂…亡災…鹿…
乙卯卜，貞：王田疐，往來亡災。隻鹿。
壬戌卜，貞：王田柷，往來亡災。隻鹿九狐一。
戊辰卜，貞：王田喪，往來亡災。隻鹿一狐二。

二　說明

A、B二版為李愛輝綴，[250]林宏明加綴C版，[251]今加綴D版，與A版綴合後，可補足「卯」字筆畫，右側則與B版密合。本版為龜腹甲右前甲的部位。

「喪」，陳絜考證其在今山東章丘市東南方向。（參本書第一百六八則）

「盂」，陳絜則考證其在「龜陰之田」附近。[252]則「疐、柷」當與二地相近。

三　校釋：《合》37436，《摹釋》缺釋「狐一」。《合》37427，《摹釋》、《合集釋文》、《校釋》、《摹全》誤把「狐二」釋為「狐三」。《甲骨拼合三集》釋文未釋出「乙卯」之「乙」字。《英》2549，原整理者、《校釋》、《摹全》缺釋「往」，多釋出「二」。

四　組別：黃組。

第一九四則

一　釋文

戊…田…往…
乙巳王卜，貞：田宮，往來〔亡災〕。王占曰：吉。一

二　說明

A、B二版密合，可補足「王」字筆畫，並可通讀文例本身。此版為龜腹甲左甲部位（依據刻寫方向判斷）。

三　校釋：《合補》11322，《合補釋文》、《校釋》、《摹全》缺釋「王占曰」的「王」字。

四　組別：黃組。

---

[250] 李愛輝：〈甲骨拼合第117則〉，先秦史研究室網站，發表日期：2011年9月9日。後收入黃天樹主編：《甲骨拼合三集》，第660則。

[251] 林宏明：〈甲骨新綴第513例〉，先秦史研究室網站，發表日期：2014年9月21日。

[252] 陳絜、趙慶淼：〈「泰山田獵區」與商末東土地理——以田獵卜辭「盂」、「𠭯」諸地地望考察為中心〉，《歷史研究》2015年第5期，頁62-66。

第一九五則

一　釋文

癸酉卜，〔貞〕：王旬亡〔畎〕。
癸未卜，貞：王旬亡畎。二

二　說明

A、B二版折痕密合，能夠補足「畎」字，符合「癸酉、癸未」卜旬次序。本版為臼角在左的牛胛骨（根據骨邊與刻辭順序判斷）。

三　校釋：《合補》12912，《合補釋文》、《校釋》、《摹全》多釋出一「貞」字。

四　組別：黃組。

第一九六則

一　釋文

癸酉〔卜，貞〕：王旬〔亡畎〕。在三…甲戌…祖甲。
癸酉卜，貞：王旬亡畎。在五月。
〔癸酉卜〕，貞：〔王旬〕亡畎。〔在〕七月。

二　說明

A、B二版密合，文例可通讀，並形成三月癸酉、五月癸酉、七月癸酉的歷時順序。本版為龜腹甲右甲部位（依據刻寫方向判斷）。

三　組別：黃組。

第一九七則

一　釋文

戊子…王田…往來…
辛酉卜，貞：王田虞。往來亡災。
辛未卜，貞：王田…往來〔亡〕災。

二　說明

A、B二版折痕密合，並能補充「酉」字些許筆畫。本版為龜腹甲左甲部位（依序刻寫方向判斷）。

三　組別：黃組。

第一九八則

一 釋文

癸丑卜，在…餗貞…
癸亥卜，貞：王旬亡畎。
癸酉卜，貞：王旬亡畎。
〔癸未卜〕貞：〔王旬亡〕畎。

二 說明

A、B二版折痕處密合，補足「貞、畎」二字筆畫，唯A版右側殘損，骨邊位置無法對應，辭例上仍符合「癸丑、癸亥、癸酉」的卜旬順序。本版為臼角在左的牛胛骨（根據骨邊與刻辭順序判斷）。

三 校釋：胡振祺缺釋〈山西文物〉2上方「貞、畎」二字。[253]

四 組別：黃組。

第一九九則

一 釋文

壬午卜，貞：王賓大戊奭妣壬彡〔翌〕日亡尤。
貞：王賓𠬝，亡尤。

二 說明

A、B二版為李愛輝所綴，[254]今加綴C版，與A＋B折痕密合，文例可完整通讀，並符合大戊配偶為「妣壬」的條件。

三 校釋：《合補》11974，《合補釋文》、《校釋》、《摹全》缺釋「妣壬彡」三字。

四 組別：黃組。

第二〇〇則

一 釋文

…喪…𢦏（災）。
庚辰卜，翌日辛…

二 說明

A、B二版折痕密合，文例可通讀，並可補足「翌」字。

三 組別：無名組。

[253] 胡振祺注釋、李梅貞摹拓：〈山西省文物工作委員會收藏的甲骨〉，《古文字研究》第8輯（1983年2月），頁95。

[254] 李愛輝：〈甲骨拼合第154、155則〉，先秦史研究室網站，發表日期：2012年4月11日。後收入黃天樹主編：《甲骨拼合續集》，第698則。

第二〇一則

一　釋文

庚申卜，賓貞：今朝王〔比〕望〔乘〕伐下𢀛，受㞢〔又〕。四

二　說明

A、B二版僅部分密合，但二者除了可以補足「下」字筆畫，B版左側有「㞢」字的殘筆，與A版殘留的「受」，字體行距正好可以通讀為「受㞢〔又〕」的文例。且二版同時為善齋所藏，筆者因而認為此二版可以相綴。本版兆序為「四」，屬於臼角在左的牛胛骨（根據刻寫方向判斷）。

「朝」字，參本書第一六四則綴合的說明。

三　同文例：《合》6491＋《合》5529（四卜，臼角右）[255]

四　組別：典賓。

第二〇二則

一　釋文

…貞…武丁奭…亡尤。

壬寅卜，貞：王賓武丁奭妣癸姬𩰫𣪘卯宰，亡尤。

二　說明

A、B二版密合，文例可以完整通讀，並補足「貞、𩰫」二字之筆畫。本版為龜腹甲左甲部位（根據刻寫方向判斷）。

三　組別：黃組。

[255] 黃天樹主編：《甲骨拼合集》，第278則。

後記

本書的寫作歷經博士班、博士後與初任教師的階段，在這過程裡，師友們的指導與幫助是最大的助力。起先，因寫作論文嘗試綴合甲骨，雖以誤綴開了頭，卻先後得到在甲骨綴合已成果斐然的林宏明先生、蔡哲茂先生之指導與鼓勵，實屬「因誤得福」。博士班期間，指導教授徐富昌先生的呵護與肯定，使我能自由地書寫與學習，畢業後幸運地先後在林英津先生、李宗焜先生底下進行博士後研究，這期間當屬研究最快樂的時光，儘管過程中不斷地面臨求職的挫折與壓力，但二位先生的關懷也激發了不願放棄的決心。可以說從沈寶春先生引領我進入甲骨研究領域，許進雄先生擴大我對甲骨的認識，在這近乎十年的學生生涯裡，能夠親炙諸位老師，實屬莫大的幸福。尤其這本書的出版的同時，得到沈老師賜書名與賜字以及徐老師、蔡老師的賜序，已可謂「圓滿」。

十年裡「得到」的難以計算，而「失去」的卻不單只是遺憾，父親、阿嬤兩位至親的先後離世，於今才懂得天地獨我的孤單，「緊急聯絡人」一欄於今只能留白。同時，於讀書方法給予最大啟發的是周鳳五先生，先生的仙逝曾讓我對於未來產生茫然。這些失去讓人生有了缺憾，卻也開始學習珍惜，尤其還有師友們不時捎來的問候與關心，許學仁、朱歧祥、魏慈德、林宏佳諸位先生的關懷、叮嚀，張惟捷、陳逸文以及網路諸多學友的切磋學習，不斷提醒我研究的路上不是踽踽獨行，冀望這本書的出版能夠得到各界的指正，激發出更大研究動力。

二〇二〇年三月二十八日

參考書目

（一）近人著作

〈安陽殷墟五號墓座談紀要〉，《考古》1977年第4期，頁341-350。
（美）司禮義（Paul L-M. Serruys），"Towards A Grammar of the Language of the Shang Bone Inscription（關於商代卜辭語言的語法）"，《中央研究院國際漢學會議論文集》（臺北：中央研究院，1981年），頁342-346。
（日）松丸道雄：〈日本散見甲骨文字搜彙（三）〉，《甲骨學》第九號（1961年），頁199-208。
（日）保坂三郎：〈慶應義塾圖書館藏甲骨文字〉，《史學》第20卷1號（1941年7月）
丁　山：〈殷契亡丬說〉，《中央研究院歷史語言研究所集刊》第1本1分（1928年），頁25-28
于省吾主編：《甲骨文字詁林》（北京：中華書局，1996年）
王國維：《王國維遺書》（上海：上海書店出版社，1983年9月）
王　襄：《簠室殷契類纂》（北京：北京圖書館出版社，2000年）
王蘊智、門藝：〈黃組甲骨綴合九例〉，《中國文字研究》2008年第1輯（總第十輯），頁48-51。
白玉崢：〈近三十年之甲骨綴合〉，《中國文字》新20期（1995年12月），頁17-78。
白于藍：《殷墟甲骨刻辭摹釋總集校訂》（福州：福建人民出版社，2004年12月）
朱彥民：〈殷卜辭所見先公配偶考〉，《歷史研究》2003年第6期，頁3-19。
朱岐祥：〈「易日」考〉，《古文字研究》29輯（2012年10月），頁137-141。
______：《亦古亦今之學——古文字與近代學術論稿》（臺北：萬卷樓圖書出版公司，2017年12月），頁23-40。
宋鎮豪主編：《笏之甲骨拓本集》（上海：上海古籍出版社，2016年10月）
宋華強：〈釋甲骨文中的「今朝」和「來朝」〉，《漢字研究》第一輯（2005年），頁367-374。
______：〈釋甲骨文的「戾」和「體」〉，《語言學論叢》第43輯（2011年9月），頁338-351。
吳國升：〈甲骨文「易日」解〉，《古籍整理研究集刊》2003年第5期，頁12-16。
李　發：《商代武丁時期甲骨軍事刻辭的整理與研究》（重慶：西南大學博士論文，2011年4月）
李學勤：《殷代地理簡論》（臺北：木鐸出版社，1982年）
______：《李學勤早期文集》（石家莊：河北教育出版社，2007年12月）
______：《夏商周文明研究》（北京：商務印書館，2015年）
李宗焜：〈卜辭所見一日內時稱考〉，《中國文字》新18期（1994年1月），頁173-208。

______：〈卜辭「爯冊」與《尚書》之「誥」〉，《中央研究院歷史語言研究所集刊》80本第3分（2009年9月），頁333-354。
______主編：《典雅勁健——香港中文大學藏甲骨集》（香港：中文大學出版社，2017年）
李旼玲：《甲骨文例研究》（臺北：臺灣古籍出版社，2003年）
沈　培：〈說殷墟甲骨卜辭的「㭒」〉，《原學》第三輯（1995年），頁75-110。
______：〈甲骨文「巳」、「改」用法補議〉，李宗焜主編：《古文字與古代史》第4輯（臺北：中央研究院歷史語言研究所，2015年2月），頁37-64。
何景成：〈甲骨文「爯冊」新解〉，《中國文字學報》第6輯（2015年），頁39-48。
林　澐：〈釋眴〉，《古文字研究》第24輯（2002年），頁57-60。
林宏明：〈從骨臼刻辭看骨首刻辭的先後〉，《中國言語文化》創刊號（2012年6月），頁97-120。
______：《契合集》（臺北：萬卷樓圖書出版公司，2013年9月）
______：〈賓組骨面刻辭起刻位置研究〉，李宗焜主編：《古文字與古代史》第5輯（臺北：中央研究院歷史語言研究所，2017年4月），頁1-26。
______：〈賓組卜骨骨邊「干支」刻辭現象探究〉，《出土文獻研究視野與方法》第6輯（2017年5月），頁25-48。
林宏佳：〈「尤」、「擇」辨釋〉，《成大中文學報》27期（2009年12月），頁119-152。
周鳳五：〈說猾〉，《中國文字》47冊（1973年3月），頁1-13。
______：〈傳統漢學經典的再生——以清華簡〈保訓〉「中」字為例〉，《漢學研究通訊》31卷2期（2012年），頁1-6。
屈萬里：《殷虛文字甲編考釋》（臺北：中央研究院歷史語言研究所，1961年）
周忠兵：〈甲骨新綴十一例〉，《殷都學刊》2007年第2期，頁34-37。
______：《卡內基博物館所藏甲骨研究》（上海：上海人民出版社，2015年）
門　藝：《殷墟黃組甲骨刻辭的整理與研究》（鄭州：鄭州大學博士學位論文，2008年5月）
范毓周：〈甲骨文「戎」字通釋〉，《中國文字》新26期（2000年），頁131-137。
姚　萱：《殷墟花園莊東地甲骨卜辭的初步研究》（北京：綫裝書局，2006年11月）
胡光煒：《甲骨文例》（廣州：中山大學語言歷史研究所，1928年）
______：《胡小石論文集・三編》（上海：上海古籍出版社，1995年）
胡厚宣：〈卜辭雜例〉，《中央研究院歷史語言研究所集刊》第8本第3分（1937年），頁399-456。
胡振祺注釋、李梅貞摹拓：〈山西省文物工作委員會收藏的甲骨〉，《古文字研究》第8輯（1983年2月），頁95-102。
胡輝平：〈試論甲骨綴合校勘〉，《文津學志》第7輯（北京：國家圖書館出版社，2014年），頁286-301。
______：〈國家圖書館藏甲骨綴合勘誤二十一例〉，《文獻》2019年第4期，頁3-14。
唐　蘭：《殷虛文字記》（北京：中華書局，1981年）
______：《天壤閣甲骨文存并考釋》（北京：北京圖書館出版社，2000年）
常玉芝：《甲骨綴合新補》，《殷都學刊》1994年第1期，頁7-11。
______：〈說「隹王𠙵（𠙵）祀（司）」〉，《中國文物報》第15期（2000年2月23日）、第17期（2000年3月1日）

______：《商代周祭制度》（北京：綫裝書局，2009年12月）
島邦男：《殷墟卜辭研究》（東京：汲古書院，1975年）
陳夢家：《殷虛卜辭綜述》（北京：中華書局，1988年1月）
陳煒湛：《三鑒齋甲骨文論集》（上海：上海古籍出版社，2013年10月）
陳　劍：《甲骨金文考釋論集》（北京：綫裝書局，2007年5月）
陳年福：《甲骨文詞義論稿》（上海：上海古籍出版社，2007年7月）
陳　絜：〈說「敢」〉，《史海偵迹——慶祝孟世凱先生七十歲文集》（香港：香港新世纪出版公司，2006年），頁16-28。
______：〈〈𩰫方鼎〉銘與周公東征路線初探〉，《古文字與古代史》第4輯（2015年2月），頁261-290。
______、趙慶淼：〈「泰山田獵區」與商末東土地理——以田獵卜辭「盂」、「𩰫」諸地地望考察為中心〉，《歷史研究》2015年第5期，頁62-66。
______：〈「梁山七器」與周代巡狩之制〉，《漢學研究》第34卷第1期（2016年3月），頁1-26。
張秉權：《殷虛文字丙編考釋》（臺北：中央研究院歷史語言研究所，1972年）
張桂光：《古文字論集》（北京：中華書局，2004年）
張宇衛：〈再探甲骨、金文「[illegible]」字及其相關字形〉，《臺大中文學報》第37期（2012年6月），頁1-38。
______：〈卜辭「冎凡㞢疾」再探〉，《第二十三屆中國文字學國際研討會論文集》（2012年6月），頁205-222。
______：〈胛骨綴合十五則〉，《臺大中文學報》第39期（2012年12月），頁1-34。
______：《甲骨卜辭戰爭刻辭研究——以賓組、出組、歷組為例》（臺北：臺灣大學中國文學研究所博士論文，2013年1月）
______：〈甲骨卜辭札記四則〉，《中正漢學研究》第21期（2013年6月），頁43-66。
張惟捷：〈殷商武丁時期人物「雀」史跡研究〉，《中央研究院歷史語言研究所集刊》85本第4分（2014年12月），頁679-767。
孫海波：〈卜辭文字小記〉，《考古學社社刊》第三期（1935年），頁71。
曹　一：〈卜辭「立中」新證〉，《漢語史集刊》第12輯（2009年），頁370-384。
曹大志：〈甲骨文中的束字與商代財政〉，《中國國家博物館館刊》2016年第11期，頁86-97。
莫伯峰：〈殷商祖甲時代曆法改革的時機〉，《中國史研究》2017年第2期，頁49-62。
郭沫若：《殷契粹編》（臺北：大通書局，1971年）
______：《卜辭通纂》（北京：科學出版社，1983年6月）
郭若愚、曾毅公、李學勤綴，中國科學院考古研究所編輯：《殷虛文字綴合》（北京：科學出版社，1955年）
郭永秉、鄔可晶：〈說「索」、「𠦪」〉，《出土文獻》第3輯（2012年12月），頁99-118。
許進雄：《明義士收藏甲骨釋文篇（*The Menzies Collection Of Shang Dynasty Oracle Bomes*）》（加拿大：皇家安大略博物館，1977年）
______：〈第五期五種祭祀祀譜的復原——兼談晚商的曆法〉，《古文字研究》第18輯（北京：中華書局，1992年8月），頁220-272。
許　宏：《先秦城市考古學研究》（北京：北京燕山出版社，2008年12月）
商承祚：《殷虛文字類編》（北京：北京圖書館出版社，2000年）

黃人二：〈戰國包山卜筮祝禱簡研究〉（臺北：臺灣大學中國文學研究所碩士論文，1996年）
黃天樹：《殷墟王卜辭的分類與斷代》（北京：科學出版社，2007年）
______：《黃天樹古文字論集》（北京：學苑出版社，2006年8月）
______編：《甲骨拼合集》（北京：學苑出版社，2010年8月）
______編：《甲骨拼合三集》（北京：學苑出版社，2013年4月）
______：《黃天樹甲骨金文考釋論集》（北京：學苑出版社，2014年）
焦智勤：〈殷墟甲骨拾遺・續六〉，宋鎮豪主編：《甲骨文與殷商史》新二輯（上海：上海古籍出版社，2011年11月），頁257-291。
葉玉森：《殷虛書契前編集釋》（臺北：藝文印書館，1966年）
葉正渤：〈釋豆和𧰼〉，《考古與文物》2005增刊〈古文字論集（三）〉，頁29-32。
鄒芙都、卞兆明：〈西南大學藏甲骨文考釋七則〉，《文獻》2011年第3期，頁71-78。
楊樹達：《積微居甲文說》（上海：上海古籍出版社，2007年）
楊蒙生：〈紐約蘇富比2015春季拍賣會所見部分中國古文字資料簡編〉，《甲骨文與殷商史》第七輯（2017年11月），頁282-299。
董作賓：《殷曆譜》（臺北：中央研究院歷史語言所，1992年9月）
雷煥章：《法國所藏甲骨錄》（臺北：光啓出版社，1985年）
趙平安：〈從《我鼎》銘文的「祟」談到甲骨文相關諸字〉，收入《追尋中華古代文明的踪跡——李學勤先生學術活動五十年紀念文集》（上海：復旦大學出版社，2002年），頁4-5。
______：《新出簡帛與古文字考論》（北京：商務印書館，2009年），頁42-46。
裘錫圭：《裘錫圭學術文集・甲骨文卷》（上海：復旦大學出版社，2012年6月）
______：《裘錫圭學術文集・金文及其他古文字卷》（上海：復旦大學出版社，2012年6月）
鄭杰祥：《商代地理概論》（鄭州：中州古籍出版社，1994年6月）
鄭繼娥：《甲骨文祭祀卜辭語言研究》（成都：巴蜀書社，2007年）
劉　釗：〈卜辭所見殷代的軍事活動〉，《古文字研究》第16輯（北京：中華書局，1989年9月），頁67-141。
______：《書馨集》（上海：上海古籍出版社，2013年12月）
劉　源：〈讀《殷墟花園莊東地甲骨》〉，《博覽群書》2005年第1期，頁41-45。
蔡哲茂：〈釋「[illegible]」「[illegible]」〉，《故宮學術季刊》第5卷第3期（1988年），頁73-78。
______：〈甲骨文考釋四則〉，《第七屆中國文字學全國學術研討會》（臺北：萬卷樓圖書出版公司，1996年4月），頁151-172。
______：《甲骨綴合集》（臺北：樂學書局，1999年）
______：《甲骨綴合續集》（臺北：文津出版社，2004年8月）
______：〈甲骨新綴二十七則〉，《中國文化研究所學報》第46期（2006年），頁1-35。
______主編：《甲骨綴合彙編》（新北：花木蘭文化，2011年）
______：〈伊尹（黃尹）的後代——武丁卜辭中的黃多子是誰〉，《甲骨文與殷商史》新5輯（2015.12），頁8-21。
謝明文：《商周文字論集》（上海：上海古籍出版社，2017年8月）
鍾柏生：《殷商卜辭地理論叢》（臺北：藝文印書館，1989年）

魏慈德：〈說甲骨文骨字及與骨有關的幾個字〉，《第九屆中國文字學全國學術研討會論文集》（臺北：臺灣師範大學國文系，1998年3月），頁85-98。
______：〈說卜辭「某㔾于某」的句式〉，《東華漢學》第1期（2003年2月），頁323-332。
______：《殷墟花園莊東地甲骨卜辭研究》（臺北：臺灣古籍出版社，2006年）
蕭良瓊：〈卜辭文例與卜辭的整理和研究〉，《甲骨文與殷商史》第2輯（1986），頁24-64。
______：〈卜辭中的「立中」與商代的圭表測影〉，《科學史文集》第10期（1983年），頁27-44
羅振玉：《殷虛書契考釋》（臺北：藝文印書館，1981年）
嚴一萍：〈釋[illegible]〉，《中國文字》第15期（1965年3月），頁1-27。

（二）網路資料

李　發：〈黃組卜辭遙綴一則〉，先秦史研究室網站，發表日期：2009年5月13日。
李愛輝：〈賓組牛胛骨拼合二則〉，先秦史研究室網站，發表日期：2009年9月14日。
______：〈胛骨新綴三則〉，先秦史研究室網站，發表日期：2009年10月15日。
______：〈甲骨拼合第63-65則〉，先秦史研究室網站，發表日期：2010年12月23日。
______：〈甲骨拼合第98則〉，先秦史研究室網站，發表日期：2011年6月2日。
______：〈甲骨拼合第117則〉，先秦史研究室網站，發表日期：2011年9月9日。
______：〈甲骨拼合第154、155則〉，先秦史研究室網站，發表日期：2012年4月11日。
______：〈甲骨拼合第164、165則〉，先秦史研究室網站，發表日期：2012年5月2日。
何　會：〈龜腹甲新綴第四十四～四十六則〉，先秦史研究室網站，發表日期：2011年3月14日。
林宏明：〈甲骨新綴二例〉，先秦史研究室網站，發表日期：2009年9月13日。
______：〈甲骨新綴第129-130則〉，先秦史研究室網站，發表日期：，2010年11月5日。
______：〈甲骨新綴第148例〉，先秦史研究室網站，發表日期：2010年12月5日。
______：〈甲骨新綴第161-162例〉，先秦史研究室網站，發表日期：2010年12月16日。
______：〈甲骨新綴第179-180例〉，先秦史研究室網站，發表日期：2011年1月5日。
______：〈甲骨新綴第288-289例〉，先秦史研究室網站，發表日期：2011年11月29日。
______：〈甲骨新綴第298例〉，先秦史研究室網站，發表日期：2011年11月16日。
______：〈甲骨新綴第318例〉，先秦史研究室網站，發表日期：2012年1月13日。
______：〈甲骨新綴第323例〉，先秦史研究室網站，發表日期：2012年3月2日。

______：〈甲骨新綴第327例〉，先秦史研究室網站，發表日期：2012年3月24日。
______：〈甲骨新綴第333-334例〉，先秦史研究室網站，發表日期：2012年4月17日。
______：〈甲骨新綴第349、350例〉，先秦史研究室網站，發表日期：2012年8月16日。
______：〈甲骨新綴第384例〉，先秦史研究室網站，發表日期：2012年11月9日。
______：〈甲骨新綴五組〉，先秦史研究室網站，發表日期：2013年3月24日。
______：〈甲骨新綴第423-424例〉，先秦史研究室網站，發表日期：2013年6月26日。
______：〈甲骨新綴第443例〉，先秦史研究室網站，發表日期：2013年12月25日。
______：〈甲骨新綴第513例〉，先秦史研究室網站，發表日期：2014年9月21日。
門　藝：〈黃組疑似綴合三組〉，先秦史研究室網站，發表日期：2009年11月19日。
______：〈黃組甲骨新綴第101-106組〉，先秦史研究室網站，發表日期：2010年3月4日。
殷德昭：〈黃組卜辭新綴一則及相關材料梳理〉，先秦史研究室網站，發表日期：2013年1月23日。
孫亞冰：〈《合集》遙綴二例〉，先秦史研究室網站，發表日期：2012年1月12日。
單育辰：〈說「狐」、「狼」——「甲骨文所見的動物」之二〉，上海復旦大學出土文獻與古文字研究中心，發表日期：2008年11月4日。
單育辰：〈甲骨文中的動物之三——「熊」、「兔」〉，《復旦大學出土文獻與古文字研究》第6輯，2015年2月，頁69-86。
趙　鵬：〈胛骨試綴一則〉，先秦史研究室網站，發表日期：2016年10月13日。
蔣玉斌：〈《甲骨文合集》綴合拾遺（第六十一～六十五組）〉，先秦史研究室網站，發表日期：2010年9月3日。
劉　影：〈黃類卜辭綴合兩例〉，先秦史研究室網站，發表日期：2008年1月23日。
______：〈賓組卜辭新綴五則〉，先秦史研究室網站，發表日期：2009年10月10日。
______：〈賓組卜辭新綴兩則〉，先秦史研究室網站，發表日期：2009年10月14日。
______：〈甲骨新綴第91組〉，先秦史研究室網站，發表日期：2010年12月1日。
______：〈甲骨新綴第93組〉，先秦史研究室網站，發表日期：2010年12月6日。
______：〈甲骨新綴第94組〉，先秦史研究室網站，發表日期：2010年12月10日。
______：〈甲骨新綴122-123組〉，先秦史研究室網站，發表日期：2012年4月24日。
______：〈甲骨新綴第134-135組〉，先秦史研究室網站，發表日期：2012年11月7日。
______：〈甲骨新綴第205-208組〉，先秦史研究室網站，發表日期：2015年7月27日。
蔡哲茂：〈國博所藏甲骨新綴一則〉，先秦史研究室網站，發表日期：2007年12月27日。

______:〈《英國所藏甲骨集》新綴第四則〉，先秦史研究室網站，發表日期：2009年6月30日。
______:〈《北京大學珍藏甲骨文字》辨偽舉例〉，先秦史研究室網站，發表日期：2009年7月7日。
______:〈《甲骨文合集》新綴第十七則〉，先秦史研究室網站，發表日期：2009年11月26日。
______:〈介紹一版新出現的甲骨拓片〉，先秦史研究室網站，發表日期：2010年12月30日。
______:〈《甲骨綴合集》73、38組補正〉，先秦史研究室網站，發表日期：2011年6月30日。
「復旦大學文化人類學數字博物館」：http://www.digmus.fudan.edu.cn/green.asp。
蘇富比網路資料：http://www.sothebys.com/cn/auctions/ecatalogue/2015/inscriptions-history-as-art-n09337/lot.106.html
「不列顛圖書館（British Library website）」：http://www.bl.uk/manuscripts/

綴合組別號碼表

（一）前人已綴合者，在號碼後面標示「＊」。（相關綴合，參內文說明）
（二）學者在筆者綴合之上的加綴，在號碼之後標示「＋」。（相關綴合，參內文說明）

（1）	合補 1860	合 6370	合 6310＋		
（2）	合 6544	合補 1890			
（3）	合 6643	合 18071			
（4）	合 14257	合 14258	北珍 1154	北珍 1748	
（5）	上博 2426.474	合 9709			
（6）	合 5534	合 4280			
（7）	合補 971	合 7530	合 3709＋		
（8）	合 7529＊	合補 1430＊	合補 982 正		
（9）	合 269	北珍 221			
（10）	合補 1976	合 6148			
（11）	英 564 正＊	英 569＊	合 5785		
（12）	合 16378＊	合 5132＊	張世放所藏甲骨 42		
（13）	合 7861＊	合 5129＊	合 6525		
（14）	合 7862＊	合補 769＊	合 6524 正		
（15）	合 19667	合 6537			
（16）	合 7410	上博 2426.783			
（17）	合 40681	合 5052			
（18）	合 14469 正	合 10055			
（19）	合補 2685	英 160			
（20）	合 7385 正	合 6437			
（21）	存補 6.129.5	存補 6.161.3			
（22）	上博 2426.270	存補 6.109.4			
（23）	合 7350	合 7313			
（24）	合 13500＊	瑞典 28＊	蘇德＊美日 221		
（25）	合 26230＊	合 26234＊	合 26239＊	合 26241	合 24492＋
（26）	合 24462	上博 46452			

（27）	合 26254	合 26252			
（28）	合 26227 甲	合 26217			
（29）	合 26258	合補 8073			
（30）	合 22751	拾遺 292			
（31）	合 25784	合 22972			
（32）	合 22669	合 26485			
（33）	輯佚 608	合 33475			
（34）	合 23605＊	合 22583＊	合 25944＊	合 23246＊	
（35）	英 2631	合補 12597			
（36）	合 39363＊	合 39384＊	合補 12572		
（37）	合 37907＊	合 37892＊	合 39330		
（38）	合補 7997	英 2214			
（39）	合 13515	史購 46			
（40）	合 23751	合 26337			
（41）	史購 275	合 35535			
（42）	合 37776＊	合 37496＊	史購 279	合 37661＋	
（43）	合 22868	合 25112	安明 1291＋		
（44）	京人 2902	英 2507			
（45）	合 25290	合 25348	合補 7555＋		
（46）	合 11545＊	合 16685＊	合 9449 正		
（47）	合 39087	京人 2899			
（48）	英 2536＊	合 36959＊	合 36896		
（49）	合補 11039	合 36928	合 35418＋		
（50）	合 38246	輯佚 943			
（51）	合補 12369	合 38867			
（52）	合 35759	合 37961			
（53）	上博 2426.1435	合 38948			
（54）	合 13420	合 4867			
（55）	合 36429	中歷藏 1769			
（56）	合補 2140＊	合 12812＊	合 8554	合補 1921	
（57）	掇三 140＊	掇二 419＊	合 37137	合 35374＋	安明 2909＋
	輯佚 824＋				
（58）	合 11713	合補 6443			
（59）	合 7098	合 6061			
（60）	合 22785＊	合補 7738＊	合 22732		
（61）	安明 1528	合 24229			

（62）	安明 2907	合 35992			
（63）	合 35839	合補 10977	合 38749		
（64）	北珍 2861	合 37071			
（65）	北珍 1370	合 35573			
（66）	合 39307	北珍 1321			
（67）	上博 64962	合 37944			
（68）	合 39157	合補 12939			
（69）	合 37968	合 39127			
（70）	英 681	合 8745			
（71）	合 7692	合 8622			
（72）	合 7661	合 6866			
（73）	北圖 510	合 32898			
（74）	合 17360 正	合 3773			
（75）	英 2539	合 37502			
（76）	合 41361	日匯 343			
（77）	合補 11241	合 36927			
（78）	合補 10835	安明 2552			
（79）	合 34805＊	合 35000＊	合 16911		
（80）	合 6270 正	京 1139			
（81）	合補 10762＊	合補 10771＊	合 35106		
（82）	合補 8104	合補 8125			
（83）	英 304 正反	英 1133 正反			
（84）	合 35027	合 34964			
（85）	合 36591＊	合 36697＊	合 36600		
（86）	合補 11366	合 37553			
（87）	合 36757	輯佚附 67	合 36782		
（88）	英 608＊	英 609＊	合 1571＊	北珍 2094	
（89）	合 15142	合 2559			
（90）	合補 338	合 11792			
（91）	合補 12715	合 37928			
（92）	合 36774＊	合 36779＊	合 36895		
（93）	合 37775	合補 13080			
（94）	上博 2426.680	合 39214			
（95）	合 37917＊	合 39331＊	合補 13088		
（96）	合 37933	合 39278			
（97）	合 39220	珠 1250			

（98）	合 37786	珠 441			
（99）	巴黎藏甲骨 25	合 37416	合 37499		
（100）	合 39283	明後 2742			
（101）	合 36767＊	合 37718＊	續存上 2384		
（102）	合補 12587	合補 12630			
（103）	合 37883	京 5510			
（104）	合 37864＊	合 37851＊	明後 2773		
（105）	合 36401	明後 2774			
（106）	合 37601	明後 2758			
（107）	懷 1896	合 37894			
（108）	合 39363＊	合 39384＊	合補 12572	懷 1895	
（109）	合 36818＊	合 36457＊	合 36474＊	合 36460＊	合補 12282
（110）	合補 12587	合補 12630	合 39101		
（111）	京 5605	合 39152			
（112）	京 5384	合 41836			
（113）	合 37711＊	合 36203＊	北珍 2881	合 37405＋	合 37522＋
（114）	合 39072＊	合補 12791＊	明後 2740		
（115）	合 38989	簠雜 8			
（116）	京人 2901	東文庫 544			
（117）	京人 2919	合 39128			
（118）	合補 12899	珠 239			
（119）	輯佚 754	上博 34502.3			
（120）	合 25579	上博 2426.874			
（121）	合 39220	珠 1250	鄴齋 14.2		
（122）	安明 1528	合 24229	北圖 2010		
（123）	合 36639＊	合 36764＊	合補 13064	合 37508＋	
（124）	合 6298	蘇德*美日 218			
（125）	合補 12680	甲詮 177			
（126）	合補 12691 合補 12884	甲詮 62			
（127）	合補 11330	甲詮 432			
（128）	合 36721 合 36722	合 36414			
（129）	英 2663	甲詮 172			
（130）	合 39242	甲詮 167			
（131）	英 197	合補 1581			
（132）	合 16378＊	合 5132＊	張 世 放 所 藏	合 3596 正＊	合 5141＊

			甲骨 42		
（133）	上博 2426.474	合 9709	合 13316 正		
（134）	合補 5655	合補 894			
（135）	合補 11335	輯佚 813			
（136）	合 37500	合 37724			
（137）	愛 43	合 23074			
（138）	愛 47	合 25510			
（139）	合 23741	愛 55	合 22762		
（140）	愛 57	英 2160			
（141）	龜 1.29.7	北珍 2568			
（142）	合 861	合 17150			
（143）	合補 3293	合 12451			
（144）	合 24364	善齋 7.12b.3	合 24367		
（145）	合 34855	善齋 5.39b.2			
（146）	合 17608	善齋 7.18b.9			
（147）	合 39005	善齋 5.29b.2			
（148）	合補 7971	瑞典 62			
（149）	善齋 2.52A.1	合補 12954			
（150）	合 39257	合 39201			
（151）	合 5111	旅 672			
（152）	合 7577	善齋 2.17A.7			
（153）	合 24406	合 22636			
（154）	合補 12890	旅 2123	合 39198		
（155）	旅 548	英 553			
（156）	善齋 6.44A.6	合 34912			
（157）	旅 487	合補 4707			
（158）	簠雜 4	中島 50			
（159）	合補 925	旅 705			
（160）	合 7692	合 8622	善齋 7.26.1		
（161）	存補 3.45.3	國博 251			
（162）	合 25799	山東 825			
（163）	合 35765	善齋 2.20A.8			
（164）	合補 1669	善齋 6.27b.8			
（165）	合補 12714	北珍 1376			
（166）	合 14610	上博 17647.746			
（167）	珍秦齋 14	中島 49			

（168）	合 37711＊	合 36203＊	北珍 2881	合 37405＊	合 37522＊
	拾遺 618				
（169）	合 26227 甲	合 26217	笏二 600		
（170）	笏二 1111	合 35405			
（171）	笏二 1034	合 38954			
（172）	笏二 1388	英 2548			
（173）	重慶三峽 5	合 3958			
（174）	重慶三峽 80	合 7383 正			
（175）	英 630	合 10622			
（176）	合補 6139	合補 1842	合補 731	合 6283	旅 89
（177）	合補 1995	英 422			
（178）	北珍 2290	合 6400			
（179）	京人 2773	京人 2755			
（180）	合補 8684	上博 2426.149			
（181）	合 41940	鄴齋 6.1			
（182）	合 22608	輯佚 475			
（183）	合 25832	合補 7735			
（184）	合補 7770	合 22993			
（185）	輯佚 319＊	拾遺 313＊	合 23106		
（186）	合 39301	合補 12617			
（187）	合 39024	誠 24			
（188）	合 37750	合 37772			
（189）	合 19643	合補 3435			
（190）	合 36295	合 35674			
（191）	合 37705	合補 11369			
（192）	合 23474	合 23479			
（193）	上博 43970＊	合 37436＊	合 37427＊	英 2549	
（194）	合補 11322	合 37819			
（195）	上博 2426.366	合補 12912			
（196）	北珍 1413	合 35908			
（197）	合補 11362	安明 3136			
（198）	山西文物 2	合 39246			
（199）	合補 11716＊	合補 10974＊	合補 11974		
（200）	合 29080	善齋 1.59b.3			
（201）	合 6492	善齋 5.41.9			
（202）	合 36276	山東 1252			

本書綴合出處表

（1）	〈甲骨綴合一則〉，先秦史研究室網站，發表日期：2011年11月29日。
（2）	〈甲骨綴合一則〉，先秦史研究室網站，發表日期：2011年11月30日。
（3）	〈甲骨綴合第五、六則〉，先秦史研究室網站，發表日期：2011年12月2日。（第六則）
（4）	〈甲骨綴合第七則〉，先秦史研究室網站，發表日期：2011年12月9日。 〈甲骨綴合第八則〉，先秦史研究室網站，發表日期：2011年12月10日。
（5）	〈甲骨綴合第九、十則〉，先秦史研究室網站，發表日期：2011年12月13日。（第九則）
（6）	〈甲骨綴合第九、十則〉，先秦史研究室網站，發表日期：2011年12月13日。（第十則）
（7）	〈甲骨綴合第十一、十二則〉，先秦史研究室網站，發表日期：2011年12月16日。（第十一則）
（8）	〈甲骨綴合第十一、十二則〉，先秦史研究室網站，發表日期：2011年12月16日。（第十二則）
（9）	〈甲骨綴合第十三～十七則〉，先秦史研究室網站，發表日期：2011年12月21日。（第十三則）
（10）	〈甲骨綴合第十三～十七則〉，先秦史研究室網站，發表日期：2011年12月21日。（第十五則）
（11）	〈甲骨綴合第十三～十七則〉，先秦史研究室網站，發表日期：2011年12月21日。（第十六則）
（12）	〈甲骨綴合第十三～十七則〉，先秦史研究室網站，發表日期：2011年12月21日。（第十七則）
（13）	〈甲骨綴合第十八～十九則〉，先秦史研究室網站，發表日期：2011年12月24日。（第十八則）
（14）	〈甲骨綴合第十八～十九則〉，先秦史研究室網站，發表日期：2011年12月24日。（第十九則）
（15）	〈甲骨綴合第二十～二三則〉，先秦史研究室網站，發表日期：2012年1月5日。（第二十則）
（16）	〈甲骨綴合第二十～二三則〉，先秦史研究室網站，發表日期：2012年1月5日。（第二一則）
（17）	〈甲骨綴合第二四～二五則〉，先秦史研究室網站，發表日期：2012年1月5日。（第二四則）
（18）	〈甲骨綴合第二十～二三則〉，先秦史研究室網站，發表日期：2012年1月5日。（第二二則）

（19）	〈甲骨綴合第二四～二五則〉，先秦史研究室網站，發表日期：2012年1月5日。（第二五則）
（20）	〈甲骨綴合第二六～三一則〉，先秦史研究室網站，發表日期：2012年1月12日。（第二七則）
（21）	〈甲骨綴合第二六～三一則〉，先秦史研究室網站，發表日期：2012年1月12日。（第二九則）
（22）	〈甲骨綴合第二六～三一則〉，先秦史研究室網站，發表日期：2012年1月12日。（第三十則）
（23）	〈甲骨綴合第三二、三三則〉，先秦史研究室網站，發表日期：2012年1月17日。（第三二則）
（24）	〈甲骨綴合新第三三～三六則〉，先秦史研究室網站，發表日期：2012年2月20日。（第三三則）
（25）	〈甲骨綴合新第三三～三六則〉，先秦史研究室網站，發表日期：2012年2月20日。（第三四則）
（26）	〈甲骨綴合新第三五則〉，先秦史研究室網站，發表日期：2012年2月22日。
（27）	〈甲骨綴合第三七～三九則〉，先秦史研究室網站，發表日期：2012年2月21日。（第三七則）
（28）	〈甲骨綴合第三七～三九則〉，先秦史研究室網站，發表日期：2012年2月21日。（第三八則）
（29）	〈甲骨綴合第三七～三九則〉，先秦史研究室網站，發表日期：2012年2月21日。（第三九則）
（30）	〈甲骨綴合第四十～四一則〉，先秦史研究室網站，發表日期：2012年2月24日。（第四十則）
（31）	〈甲骨綴合第四十～四一則〉，先秦史研究室網站，發表日期：2012年2月24日。（第四一則）
（32）	〈甲骨綴合第四二則〉，先秦史研究室網站，發表日期：2012年2月28日。
（33）	〈甲骨綴合第四三～四四則〉，先秦史研究室網站，發表日期：2012年3月1日。（第四三則）
（34）	〈甲骨綴合第四三～四四則〉，先秦史研究室網站，發表日期：2012年3月1日。（第四四則）
（35）	〈甲骨綴合第四五～四七則〉，先秦史研究室網站，發表日期：2012年3月5日。（第四五則）
（36）	〈甲骨綴合第四五～四七則〉，先秦史研究室網站，發表日期：2012年3月5日。（第四六則）
（37）	〈甲骨綴合第四五～四七則〉，先秦史研究室網站，發表日期：2012年3月5日。（第四七則）
（38）	〈甲骨綴合第四八～四九則〉，先秦史研究室網站，發表日期：2012年3月12日。（第四九則）
（39）	〈甲骨綴合第五十～五二則〉，先秦史研究室網站，發表日期：2012年3月16日。（第五十則）

（40）	〈甲骨綴合第五十～五二則〉，先秦史研究室網站，發表日期：2012年3月16日。（第五一則）
（41）	〈甲骨綴合第五十～五二則〉，先秦史研究室網站，發表日期：2012年3月16日。（第五二則）
（42）	〈甲骨綴合第五三～五六則〉，先秦史研究室網站，發表日期：2012年3月20日。（第五三則）
（43）	〈甲骨綴合第五三～五六則〉，先秦史研究室網站，發表日期：2012年3月20日。（第五四則）
（44）	〈甲骨綴合第五三～五六則〉，先秦史研究室網站，發表日期：2012年3月20日。（第五五則）
（45）	〈甲骨綴合第五三～五六則〉，先秦史研究室網站，發表日期：2012年3月20日。（第五六則）
（46）	〈甲骨綴合第五七～六十則〉，先秦史研究室網站，發表日期：2012年3月26日。（第五七則）
（47）	〈甲骨綴合第五七～六十則〉，先秦史研究室網站，發表日期：2012年3月26日。（第五八則）
（48）	〈甲骨綴合第五七～六十則〉，先秦史研究室網站，發表日期：2012年3月26日。（第五九則）
（49）	〈甲骨綴合第五七～六十則〉，先秦史研究室網站，發表日期：2012年3月26日。（第六十則）
（50）	〈甲骨綴合第六一則〉，先秦史研究室網站，發表日期：2012年3月29日。
（51）	〈甲骨綴合第六四～六五則〉，先秦史研究室網站，發表日期：2012年4月8日。（第六四則）
（52）	〈甲骨綴合第六二則〉，先秦史研究室網站，發表日期：2012年3月31日。
（53）	〈甲骨綴合第六三則〉，先秦史研究室網站，發表日期：2012年4月3日。
（54）	〈甲骨綴合第六六則〉，先秦史研究室網站，發表日期：2012年4月12日。
（55）	〈甲骨綴合第六七、六八則〉，先秦史研究室網站，發表日期：2012年4月14日。（第六七則）
（56）	〈甲骨綴合第六九則〉，先秦史研究室網站，發表日期：2012年4月16日。
（57）	〈甲骨綴合第六七、六八則〉，先秦史研究室網站，發表日期：2012年4月14日。（第六八則）
（58）	〈甲骨綴合第七十、七一則〉，先秦史研究室網站，發表日期：2012年4月17日。（第七十則）
（59）	〈甲骨綴合第七十、七一則〉，先秦史研究室網站，發表日期：2012年4月17日。（第七一則）
（60）	〈甲骨綴合新第七二、七三則（更新）〉，先秦史研究室網站，發表日期：2012年4月27日。（第七二則）
（61）	〈甲骨綴合新第七二、七三則（更新）〉，先秦史研究室網站，發表日期：2012年4月27日。（第七三則）
（62）	〈甲骨綴合第七五～七六則〉，先秦史研究室網站，發表日期：2012年5月4日。

	（第七五則）
（63）	〈甲骨綴合第七五～七六則〉，先秦史研究室網站，發表日期：2012年5月4日。（第七六則）
（64）	〈甲骨綴合新第七七、七八則〉，先秦史研究室網站，發表日期：2012年5月7日。（第七七則）
（65）	〈甲骨綴合新第七七、七八則〉，先秦史研究室網站，發表日期：2012年5月7日。（第七八則）
（66）	〈甲骨綴合新第七九、八十則〉，先秦史研究室網站，發表日期：2012年5月13日。（第七九則）
（67）	〈甲骨綴合新第七九、八十則〉，先秦史研究室網站，發表日期：2012年5月13日。（第八十則）
（68）	〈甲骨綴合第八一、八二則〉，先秦史研究室網站，發表日期：2012年5月19日。（第八一則）
（69）	〈甲骨綴合第八一、八二則〉，先秦史研究室網站，發表日期：2012年5月19日。（第八二則）
（70）	〈甲骨綴合第八三、八四則〉，先秦史研究室網站，發表日期：2012年5月22日。（第八三則）
（71）	〈甲骨綴合第八三、八四則〉，先秦史研究室網站，發表日期：2012年5月22日。（第八四則）
（72）	〈甲骨綴合第八五、八六則〉，先秦史研究室網站，發表日期：2012年5月27日。（第八六則）
（73）	〈甲骨綴合第八七則〉，先秦史研究室網站，發表日期：2012年7月4日。
（74）	〈甲骨綴合新第八六則〉，先秦史研究室網站，發表日期：2012年5月30日。
（75）	〈甲骨綴合第八八則〉，先秦史研究室網站，發表日期：2012年8月13日。
（76）	〈甲骨綴合第八九～九一則〉，先秦史研究室網站，發表日期：2012年9月24日。（第八九則）
（77）	〈甲骨綴合第八九～九一則〉，先秦史研究室網站，發表日期：2012年9月24日。（第九一則）
（78）	〈甲骨綴合第九十則（替換）〉，先秦史研究室網站，發表日期：2012年12月9日。
（79）	〈甲骨綴合第九十二則〉，先秦史研究室網站，發表日期：2012年12月13日。
（80）	〈甲骨綴合第九十三則〉，先秦史研究室網站，發表日期：2012年12月31日。
（81）	〈甲骨綴合第九十四則〉，先秦史研究室網站，發表日期：2013年1月9日。
（82）	〈甲骨綴合第九十五則〉，先秦史研究室網站，發表日期：2013年2月16日。
（83）	〈甲骨綴合第九十六則〉，先秦史研究室網站，發表日期：2013年3月31日。
（84）	〈甲骨綴合第九十七則〉，先秦史研究室網站，發表日期：2013年4月20日。
（85）	〈甲骨綴合九八、九九則〉，先秦史研究室網站，發表日期：2013年7月12日。（第九八則）
（86）	〈甲骨綴合九八、九九則〉，先秦史研究室網站，發表日期：2013年7月12日。（第九九則）

（87）	〈甲骨綴合第一〇〇則〉，先秦史研究室網站，發表日期：2013年7月16日。
（88）	〈胛骨綴合十五則〉，《臺大中文學報》39期（2012年12月）。（第一則）
（89）	〈胛骨綴合十五則〉，《臺大中文學報》39期（2012年12月）。（第二則）
（90）	〈胛骨綴合十五則〉，《臺大中文學報》39期（2012年12月）。（第三則）
（91）	〈胛骨綴合十五則〉，《臺大中文學報》39期（2012年12月）。（第五則）
（92）	〈胛骨綴合十五則〉，《臺大中文學報》39期（2012年12月）。（第六則）
（93）	〈胛骨綴合十五則〉，《臺大中文學報》39期（2012年12月）。（第七則）
（94）	〈胛骨綴合十五則〉，《臺大中文學報》39期（2012年12月）。（第八則）
（95）	〈胛骨綴合十五則〉，《臺大中文學報》39期（2012年12月）。（第九則）
（96）	〈胛骨綴合十五則〉，《臺大中文學報》39期（2012年12月）。（第十則）
（97）	〈胛骨綴合十五則〉，《臺大中文學報》39期（2012年12月）。（第十一則）
（98）	〈胛骨綴合十五則〉，《臺大中文學報》39期（2012年12月）。（第十二則）
（99）	〈胛骨綴合十五則〉，《臺大中文學報》39期（2012年12月）。（第十三則）
（100）	〈胛骨綴合十五則〉，《臺大中文學報》39期（2012年12月）。（第十四則）
（101）	〈胛骨綴合十五則〉，《臺大中文學報》39期（2012年12月）。（第十五則）
（102）	〈黃組卜辭綴合十六則〉，《臺大中文學報》41期（2013年6月）。（第八則）
（103）	〈黃組卜辭綴合十六則〉，《臺大中文學報》41期（2013年6月）。（第一則）
（104）	〈黃組卜辭綴合十六則〉，《臺大中文學報》41期（2013年6月）。（第二則）
（105）	〈黃組卜辭綴合十六則〉，《臺大中文學報》41期（2013年6月）。（第三則）
（106）	〈黃組卜辭綴合十六則〉，《臺大中文學報》41期（2013年6月）。（第四則）
（107）	〈黃組卜辭綴合十六則〉，《臺大中文學報》41期（2013年6月）。（第五則）
（108）	〈黃組卜辭綴合十六則〉，《臺大中文學報》41期（2013年6月）。（第六則）
（109）	〈黃組卜辭綴合十六則〉，《臺大中文學報》41期（2013年6月）。（第七則）
（110）	〈甲骨綴合第一〇一則〉，先秦史研究室網站，發表日期：2013年8月10日。
（111）	〈黃組卜辭綴合十六則〉，《臺大中文學報》41期（2013年6月）。（第九則）
（112）	〈黃組卜辭綴合十六則〉，《臺大中文學報》41期（2013年6月）。（第十則）
（113）	〈黃組卜辭綴合十六則〉，《臺大中文學報》41期（2013年6月）。（第十一則）
（114）	〈黃組卜辭綴合十六則〉，《臺大中文學報》41期（2013年6月）。（第十二則）
（115）	〈黃組卜辭綴合十六則〉，《臺大中文學報》41期（2013年6月）。（第十三則）
（116）	〈黃組卜辭綴合十六則〉，《臺大中文學報》41期（2013年6月）。（第十四則）
（117）	〈黃組卜辭綴合十六則〉，《臺大中文學報》41期（2013年6月）。（第十五則）
（118）	〈黃組卜辭綴合十六則〉，《臺大中文學報》41期（2013年6月）。（第十六則）
（119）	〈甲骨綴合第102-103則〉，先秦史研究室網站，發表日期：2013年12月11日。（第一〇二則）
（120）	〈甲骨綴合第102-103則〉，先秦史研究室網站，發表日期：2013年12月11日。（第一〇三則）
（121）	〈甲骨綴合第一〇二、一〇三則〉，先秦史研究室網站，發表日期：2013年12月23日。（第一〇二則）

（122）	〈甲骨綴合第一〇六、第一〇七則〉，先秦史研究室網站，發表日期：2014年1月13日。（第一〇六則）
（123）	〈甲骨綴合第一〇二、一〇三則〉，先秦史研究室網站，發表日期：2013年12月23日。（第一〇三則）
（124）	〈甲骨綴合第一〇六、第一〇七則〉，先秦史研究室網站，發表日期：2014年1月13日。（第一〇七則）
（125）	〈甲骨綴合第一〇八～一一三則〉，先秦史研究室網站，發表日期：2014年1月18日。（第一〇八則）
（126）	〈甲骨綴合第一〇八～一一三則〉，先秦史研究室網站，發表日期：2014年1月18日。（第一〇九則）
（127）	〈甲骨綴合第一〇八～一一三則〉，先秦史研究室網站，發表日期：2014年1月18日。（第一一〇則）
（128）	〈甲骨綴合第一〇八～一一三則〉，先秦史研究室網站，發表日期：2014年1月18日。（第一一一則）
（129）	〈甲骨綴合第一〇八～一一三則〉，先秦史研究室網站，發表日期：2014年1月18日。（第一一二則）
（130）	〈甲骨綴合第一〇八～一一三則〉，先秦史研究室網站，發表日期：2014年1月18日。（第一一三則）
（131）	〈甲骨綴合第一一四、一一五則〉，先秦史研究室網站，發表日期：2014年6月18日。（第一一四則）
（132）	〈甲骨綴合第一一四、一一五則〉，先秦史研究室網站，發表日期：2014年6月18日。（第一一五則）
（133）	〈甲骨綴合第一一六、一一七則〉，先秦史研究室網站，發表日期：2014年6月30日。（第一一六則）
（134）	〈甲骨綴合第一一六、一一七則〉，先秦史研究室網站，發表日期：2014年6月30日。（第一一七則）
（135）	〈甲骨綴合第一一八、一一九則〉，先秦史研究室網站，發表日期：2014年7月10日。（第一一八則）
（136）	〈甲骨綴合第一一八、一一九則〉，先秦史研究室網站，發表日期：2014年7月10日。（第一一九則）
（137）	〈甲骨綴合第一二〇～一二三則（俄藏四則）〉，先秦史研究室網站，發表日期：2014年8月2日。（第一二〇則）
（138）	〈甲骨綴合第一二〇～一二三則（俄藏四則）〉，先秦史研究室網站，發表日期：2014年8月2日。（第一二一則）
（139）	〈甲骨綴合第一二〇～一二三則（俄藏四則）〉，先秦史研究室網站，發表日期：2014年8月2日。（第一二二則）
（140）	〈甲骨綴合第一二〇～一二三則（俄藏四則）〉，先秦史研究室網站，發表日期：2014年8月2日。（第一二三則）
（141）	〈甲骨綴合第一二四則〉，先秦史研究室網站，發表日期：2014年8月23日。
（142）	〈甲骨綴合第一廿五則〉，先秦史研究室網站，發表日期：2014年9月15日。

(143)	〈甲骨綴合第一廿六～一卅則〉，先秦史研究室網站，發表日期：2014年9月21日。(第一二六則)
(144)	〈甲骨綴合第一廿六～一卅則〉，先秦史研究室網站，發表日期：2014年9月21日。(第一二七則)
(145)	〈甲骨綴合第一廿六～一卅則〉，先秦史研究室網站，發表日期：2014年9月21日。(第一二八則)
(146)	〈甲骨綴合第一廿六～一卅則〉，先秦史研究室網站，發表日期：2014年9月21日。(第一二九則)
(147)	〈甲骨綴合第一廿六～一卅則〉，先秦史研究室網站，發表日期：2014年9月21日。(第一三〇則)
(148)	〈甲骨綴合第一卅一～一卅二則〉，先秦史研究室網站，發表日期：2014年10月2日。(第一三一則)
(149)	〈甲骨綴合第一卅一～一卅二則〉，先秦史研究室網站，發表日期：2014年10月2日。(第一三一則)
(150)	〈甲骨綴合第一卅三～一卅四則〉，先秦史研究室網站，發表日期：2014年10月11日。(第一三三則)
(151)	〈甲骨綴合第一卅五～一四〇則〉，先秦史研究室網站，發表日期：2014年10月30日。(第一三五則)
(152)	〈甲骨綴合第一卅三～一卅四則〉，先秦史研究室網站，發表日期：2014年10月11日。(第一三四則)
(153)	〈甲骨綴合第一卅五～一四〇則〉，先秦史研究室網站，發表日期：2014年10月30日。(第一三六則)
(154)	〈甲骨綴合第一卅五～一四〇則〉，先秦史研究室網站，發表日期：2014年10月30日。(第一三七則)
(155)	〈甲骨綴合第一卅五～一四〇則〉，先秦史研究室網站，發表日期：2014年10月30日。(第一三八則)
(156)	〈甲骨綴合第一卅五～一四〇則〉，先秦史研究室網站，發表日期：2014年10月30日。(第一三九則)
(157)	〈甲骨綴合第一卅五～一四〇則〉，先秦史研究室網站，發表日期：2014年10月30日。(第一四〇則)
(158)	〈甲骨綴合第一四一～一四二則〉，先秦史研究室網站，發表日期：2014年11月3日。(第一四一則)
(159)	〈甲骨綴合第一四一～一四二則〉，先秦史研究室網站，發表日期：2014年11月3日。(第一四二則)
(160)	〈甲骨綴合第一四三～一四四則〉，先秦史研究室網站，發表日期：2014年11月10日。(第一四三則)
(161)	〈甲骨綴合第一四三～一四四則〉，先秦史研究室網站，發表日期：2014年11月10日。(第一四四則)
(162)	〈甲骨綴合第一四五～一四六則〉，先秦史研究室網站，發表日期：2014年11月19日。(第一四五則)

（163）	〈甲骨綴合第一四五～一四六則〉，先秦史研究室網站，發表日期：2014年11月19日。（第一四六則）
（164）	〈甲骨綴合第一四七～一四八則〉，先秦史研究室網站，發表日期：2015年1月26日。（第一四七則）
（165）	〈甲骨綴合第一四七～一四八則〉，先秦史研究室網站，發表日期：2015年1月26日。（第一四八則）
（166）	〈甲骨綴合第一四九則〉，先秦史研究室網站，發表日期：2015年3月30日。
（167）	〈甲骨綴合第一五〇則〉，先秦史研究室網站，發表日期：2015年12月3日。
（168）	〈甲骨綴合第一五〇一則〉，先秦史研究室網站，發表日期：2015年12月31日。
（169）	〈甲骨綴合第一五二～一五五則〉，先秦史研究室網站，發表日期：2017年1月3日。（第一五二則）
（170）	〈甲骨綴合第一五二～一五五則〉，先秦史研究室網站，發表日期：2017年1月3日。（第一五三則）
（171）	〈甲骨綴合第一五二～一五五則〉，先秦史研究室網站，發表日期：2017年1月3日。（第一五四則）
（172）	〈甲骨綴合第一五二～一五五則〉，先秦史研究室網站，發表日期：2017年1月3日。（第一五五則）
（173）	〈甲骨綴合第一五六～一五七則〉，先秦史研究室網站，發表日期：2017年2月27日。（第一五六則）
（174）	〈甲骨綴合第一五六～一五七則〉，先秦史研究室網站，發表日期：2017年2月27日。（第一五七則）
（175）	〈甲骨綴合第一五八～一六〇則〉，先秦史研究室網站，發表日期：2017年3月13日。（第一五八則）
（176）	〈甲骨綴合第一五八～一六〇則〉，先秦史研究室網站，發表日期：2017年3月13日。（第一五九則）
（177）	〈甲骨綴合第一五八～一六〇則〉，先秦史研究室網站，發表日期：2017年3月13日。（第一六〇則）
（178）	〈甲骨綴合第一六一～一六五則〉，先秦史研究室網站，發表日期：2018年7月5日。（第一六一則）
（179）	〈甲骨綴合第一六一～一六五則〉，先秦史研究室網站，發表日期：2018年7月5日。（第一六二則）
（180）	〈甲骨綴合第一六一～一六五則〉，先秦史研究室網站，發表日期：2018年7月5日。（第一六三則）
（181）	〈甲骨綴合第一六一～一六五則〉，先秦史研究室網站，發表日期：2018年7月5日。（第一六四則）
（182）	〈甲骨綴合第一六一～一六五則〉，先秦史研究室網站，發表日期：2018年7月5日。（第一六五則）
（183）	〈甲骨綴合第一七一～一七五則〉，先秦史研究室網站，發表日期：2018年7月28日。（第一七二則）
（184）	〈甲骨綴合第一六六～一七〇則〉，先秦史研究室網站，發表日期：2018年7月16日。（第一六七則）

（185）	〈甲骨綴合第一六六～一七〇則〉，先秦史研究室網站，發表日期：2018年7月16日。（第一六六則）
（186）	〈甲骨綴合第一六六～一七〇則〉，先秦史研究室網站，發表日期：2018年7月16日。（第一六八則）
（187）	〈甲骨綴合第一六六～一七〇則〉，先秦史研究室網站，發表日期：2018年7月16日。（第一六九則）
（188）	〈甲骨綴合第一六六～一七〇則〉，先秦史研究室網站，發表日期：2018年7月16日。（第一七〇則）
（189）	〈甲骨綴合第一七一～一七五則〉，先秦史研究室網站，發表日期：2018年7月28日。（第一七三則）
（190）	〈甲骨綴合第一七一～一七五則〉，先秦史研究室網站，發表日期：2018年7月28日。（第一七四則）
（191）	〈甲骨綴合第一七六～一八〇則〉，先秦史研究室網站，發表日期：2018年8月6日。（第一七七則）
（192）	〈甲骨綴合第一七六～一八〇則〉，先秦史研究室網站，發表日期：2018年8月6日。（第一七六則）
（193）	〈甲骨綴合第一七一～一七五則〉，先秦史研究室網站，發表日期：2018年7月28日。（第一七五則）
（194）	〈甲骨綴合第一七一～一七五則〉，先秦史研究室網站，發表日期：2018年7月28日。（第一七一則）
（195）	〈甲骨綴合第一八一～一八五則〉，先秦史研究室網站，發表日期：2018年8月13日。（第一八一則）
（196）	〈甲骨綴合第一七六～一八〇則〉，先秦史研究室網站，發表日期：2018年8月6日。（第一七八則）
（197）	〈甲骨綴合第一七六～一八〇則〉，先秦史研究室網站，發表日期：2018年8月6日。（第一七九則）
（198）	〈甲骨綴合第一八一～一八五則〉，先秦史研究室網站，發表日期：2018年8月13日。（第一八二則）
（199）	〈甲骨綴合第一八一～一八五則〉，先秦史研究室網站，發表日期：2018年8月13日。（第一八三則）
（200）	〈甲骨綴合第一七六～一八〇則〉，先秦史研究室網站，發表日期：2018年8月6日。（第一八〇則）
（201）	〈甲骨綴合第一八一～一八五則〉，先秦史研究室網站，發表日期：2018年8月13日。（第一八四則）
（202）	〈甲骨綴合第一八一～一八五則〉，先秦史研究室網站，發表日期：2018年8月13日。（第一八五則）

引用甲骨著錄簡稱表

簡稱	甲骨著錄書籍原名
乙	董作賓《殷虛文字乙編》
七	方法斂、白瑞華摹《甲骨卜辭七集》
小川	伊藤道治〈故小川睦之輔氏藏甲骨文字〉
山西文物	胡振祺注釋〈山西省文物工作委員會收藏的甲骨〉
山東	劉敬亭《山東省博物館珍藏甲骨墨拓集》
上博	濮茅左編著《上海博物館藏甲骨文字》
天	唐　蘭《天壤閣甲骨文存》
天理	伊藤道治《天理大學附屬天理參考館甲骨文字》
中島	荒木日呂子《中島玉振舊藏甲骨》
中歷藏	中國社會科學院歷史研究所編《中國社會科學院歷史研究所藏甲骨集》
日匯	松丸道雄《日本散見甲骨文字蒐彙》
巴黎藏甲骨	饒宗頤《巴黎所見甲骨錄》
文攈	曾毅公《甲骨文攈》
甲	董作賓《殷虛文字甲編》
甲詮	施湧云《甲骨文詮釋》
甲零	陳懷邦《甲骨文零拾》
卡	周忠兵《卡內基博物館所藏甲骨研究》
北珍	李鍾淑、葛英會合編《北京大學珍藏甲骨文字》
合	郭沫若主編《甲骨文合集》
合補	彭邦炯、謝濟、馬季凡《甲骨文合集補編》
朱拓	《雲間朱孔陽藏戩壽堂殷墟文字舊拓》
存補	胡厚宣《甲骨續存補編》
史購	中央研究院歷史語言研究所編印《史語所購藏甲骨集》
佚	商承祚《殷契佚存》
金	方法斂、白瑞華《金璋所藏甲骨卜辭》
京	胡厚宣《戰後京津新獲甲骨集》
京人	貝塚茂樹《京都大學人文科學研究所藏甲骨文字》
東大	松丸道雄《東京大學東洋文化研究所藏甲骨文字》
東文庫	東洋文庫古代史研究委員會編《東洋文庫所藏甲骨文字》
明治	杉原庄介〈明治大學考古學陳列館案內〉

簡稱	甲骨著錄書籍原名
明後	明義士《殷虛卜辭後編》
英	李學勤、齊文心、艾蘭《英國所藏甲骨集》
相	白瑞華《殷虛甲骨相片》
後	羅振玉《殷虛書契後編》
美	周鴻翔《美國所藏甲骨錄》
前	羅振玉《殷虛書契前編》
契	容　庚《殷契卜辭》
南坊	胡厚宣《戰後南北所見甲骨錄．南北坊間所見甲骨錄》
南明	胡厚宣《戰後南北所見甲骨錄．明義士舊藏甲骨文字》
南師	胡厚宣《戰後南北所見甲骨錄．南北師友所見甲骨錄》
安明	許進雄《明義士收藏甲骨文集（*The Menzies Collection Of Shang Dynasty Oracle Bomes*）》
珍秦齋	蕭春源《珍秦齋藏甲骨文》
重慶三峽	宋鎮豪等編《重慶三峽博物館藏甲骨集》
香港中大藏．文	李宗焜主編《典雅勁健：香港中文大學藏甲骨集》
拾遺	宋鎮豪等編《殷墟甲骨拾遺》
庫	方法斂《庫方二氏藏甲骨卜辭》
旅	宋鎮豪、郭富純《旅順博物館所藏甲骨》
珠	金祖同《殷契遺珠》
通	郭沫若《卜辭通纂》
真	關百益《殷虛文字存真》
笏	宋鎮豪主編《笏之甲骨拓本集》
殷拾	《雲間朱孔陽藏戩壽堂殷墟文字舊拓．殷墟文字拾補》
殷餘	《雲間朱孔陽藏戩壽堂殷墟文字舊拓．殷墟文字之餘》
海棪	饒宗頤《海外甲骨錄遺》
掇一	郭若愚《殷契拾掇》
掇二	郭若愚《殷契拾掇》第二編
掇三	郭若愚《殷契拾掇》第三編
張世放所藏甲骨	宋鎮豪主編《張世放所藏殷墟甲骨集》
國博	中國國家博物館編《中國國家博物館館藏文物研究叢書．甲骨卷》
鄴齋	金祖同《鄴齋所藏甲骨文字》
瓠廬	松丸道雅解題《謝氏瓠廬殷墟遺文》
虛	明義士《殷虛卜辭》
尊	徐宗元《尊六室甲骨文字》
菁	羅振玉《殷虛書契菁華》
善齋	劉體智《善齋藏契》

簡稱	甲骨著錄書籍原名
誠	孫海波《誠齋殷虛文字》
愛	宋鎮豪等編《俄羅斯國立愛米塔什博物館藏殷墟甲骨》
瑞典	李學勤、齊文心、艾蘭編著《瑞典斯德哥爾摩遠東古物博物館甲骨文字》
彙編	蔡哲茂《甲骨綴合彙編》
戩	姬佛陀《戩壽堂所藏殷虛文字》
粹	郭沫若《殷契粹編》
鄴初下	黃　濬《鄴中片羽》初集
鄴三下	黃　濬《鄴中片羽》三集
歐美亞	饒宗頤《歐美亞所見甲骨錄存》
錄	孫海波《甲骨文錄》
龜	林泰輔《龜甲獸骨文字》
輯佚	焦智勤、段振美、黨相魁等《殷墟甲骨輯佚》
簠地	王　襄《簠室殷契徵文．地望》
簠帝	王　襄《簠室殷契徵文．帝系》
簠典	王　襄《簠室殷契徵文．典禮》
簠游	王　襄《簠室殷契徵文．游田》
簠雜	王　襄《簠室殷契徵文．雜事》
簠文	王　襄《簠室殷契徵文．文字》
懷	許進雄《懷特氏等所藏甲骨文集（*Oracle Bones from the White and Other Collections*）》
寶	梅原末治《河南安陽遺寶》
蘇德美日	胡厚宣《蘇德美日所見甲骨集》
鐵	劉　鶚《鐵雲藏龜》
續	羅振玉《殷虛書契續編》
續存	胡厚宣《甲骨續存》

相關甲骨著錄綴合訊息對照表

（一）綴合訊息對照表之書目順序主要依據「本書引用著錄簡稱表」順序編排，僅將《甲骨文合集》、《甲骨合集補編》二書置前。

（二）本部分並納入相關學者綴合集的對照，包含蔡哲茂《甲骨綴合集》、《甲骨綴合續集》、《甲骨綴合彙編》、林宏明《醉古集》、《契合集》、黃天樹《甲骨拼合集》、《甲骨拼合續集》、《甲骨拼合三集》、《甲骨拼合四集》等書的對照表。

與《甲骨文合集》對照表					
號碼	本書序號	號碼	本書序號	號碼	本書序號
合 269	9	合 861	142	合 1571	88
合 2047	89	合 2559	89	合 3581	177
合 3596 正	132	合 3709	7	合 3773	74
合 3781	17	合 3958	173	合 4280	6
合 4867	54	合 5052	17	合 5111	151
合 5129	13	合 5132	12、132	合 5141	132
合 5534	6	合 5785	11	合 6061	59
合 6148	10	合 6270 正	80	合 6283	176
合 6298	124	合 6310	1	合 6370	1
合 6400	178	合 6437	20	合 6492	201
合 6524 正	14	合 6525	13	合 6537	15
合 6544	2	合 6643	3	合 6866	72
合 7098	59	合 7313	23	合 7350	23
合 7383 正	174	合 7385 正	20	合 7410	16
合 7529	8	合 7530	7	合 7577	152
合 7661	72	合 7692	71、160	合 7861	13
合 7862	14	合 8554	56	合 8622	71、160
合 8745	70	合 9449 正	46	合 9709	5、133
合 10055	18	合 10622	175	合 11545	46
合 11713	58	合 11792	90	合 12451	143
合 12812	56	合 13316 正	133	合 13420	54
合 13500	24	合 13515	39	合 14257	4
合 14258	4	合 14469 正	18	合 14610	166

與《甲骨文合集》對照表					
號碼	本書序號	號碼	本書序號	號碼	本書序號
合 15142	89	合 16378	12、132	合 16685	46
合 16911	79	合 17150	142	合 17360 正	74
合 17608	146	合 18071	3	合 19643	189
合 19667	15	合 22583	34	合 22608	182
合 22636	153	合 22669	32	合 22732	60
合 22751	30	合 22762	139	合 22785	60
合 22868	43	合 22972	31	合 22993	184
合 23074	137	合 23106	185	合 23246	34
合 23282	34	合 23474	192	合 23479	192
合 23605	34	合 23741	139	合 23751	40
合 24229	61、122	合 24341	162	合 24364	144
合 24367	144	合 24406	153	合 24462	26
合 24492	25	合 25112	43	合 25123	34
合 25290	45	合 25348	45	合 25510	138
合 25579	120	合 25784	31	合 25799	162
合 25832	183	合 25944	34	合 26217	28、169
合 26227 甲	28、169	合 26230	25	合 26234	25
合 26239	25	合 26241	25	合 26252	27
合 26254	27	合 26258	29	合 26337	40
合 26485	32	合 29080	200	合 32898	73
合 33475	33	合 34805	79	合 34855	145
合 34912	156	合 34964	84	合 35000	79
合 35027	84	合 35106	81	合 35374	57
合 35405	170	合 35418	49	合 35535	41
合 35573	65	合 35674	190	合 35759	52
合 35765	163	合 35839	63	合 35908	196
合 35931	57	合 35950	57	合 35992	62
合 36203	113、168	合 36276	202	合 36295	190
合 36401	105	合 36414	128	合 36429	55
合 36457	109	合 36460	109	合 36474	109
合 36517	77	合 36591	85	合 36600	86
合 36639	123	合 36697	85	合 36721	128
合 36722	128	合 36757	87	合 36764	123
合 36767	101	合 36774	92	合 36779	92

與《甲骨文合集》對照表					
號碼	本書序號	號碼	本書序號	號碼	本書序號
合 36782	87	合 36818	109	合 36895	92
合 36896	48	合 36927	77	合 36928	49
合 36959	48	合 37071	64	合 37137	57
合 37405	113、168	合 37416	99	合 37427	193
合 37436	193	合 37496	42	合 37499	99
合 37500	136	合 37502	75	合 37508	123
合 37522	113、168	合 37553	86	合 37601	106
合 37661	42	合 37705	191	合 37711	113、168
合 37718	101	合 37724	136	合 37750	188
合 37772	188	合 37775	93	合 37776	42
合 37786	98	合 37819	194	合 37851	104
合 37864	104	合 37883	103	合 37892	37
合 37894	107	合 37907	37	合 37917	95
合 37928	91	合 37933	96	合 37944	67
合 37961	52	合 37967	69	合 37968	69
合 38246	50	合 38749	63	合 38867	51
合 38948	53	合 38954	171	合 38962	68
合 38989	115	合 39005	147	合 39024	187
合 39072	114	合 39087	47	合 39101	110
合 39103	110	合 39127	69	合 39128	117
合 39152	111	合 39157	68	合 39158	167
合 39198	154	合 39201	150	合 39214	94
合 39220	97、121	合 39242	130	合 39246	198
合 39257	150	合 39278	96	合 39283	100
合 39301	186	合 39307	66	合 39330	37
合 39331	95	合 39363	36、108	合 39384	36、108
合 39514	88	合 39515	88	合 39665	19
合 39727	14	合 39868	11	合 39878	11
合 39912	83	合 40402	155	合 40681	17
合 41125	34	合 41163	138	合 41193	137
合 41197	139	合 41253	28	合 41361	76
合 41776	48	合 41778	48	合 41801	75
合 41828	172	合 41836	112	合 41934	165
合 41940	181				

與《甲骨文合集合補》對照表					
號碼	本書序號	號碼	本書序號	號碼	本書序號
合補 338	90	合補 731	176	合補 769	14
合補 798	88	合補 894	134	合補 925	159
合補 971	7	合補 982 正	8	合補 1430	8
合補 1573	13	合補 1581	131	合補 1669	164
合補 1842	176	合補 1860	1	合補 1890	2
合補 1921	56	合補 1976	10	合補 1977	1
合補 1995	177	合補 2140	56	合補 2685	19
合補 3293	143	合補 3435	189	合補 4707	157
合補 4931	46	合補 5655	134	合補 6139	176
合補 6443	58	合補 7522	43	合補 7555	45
合補 7735	183	合補 7738	60	合補 7770	184
合補 7971	148	合補 7997	38	合補 8073	29
合補 8104	82	合補 8125	82	合補 8628	75
合補 8684	180	合補 10762	81	合補 10771	81
合補 10780	79	合補 10835	78	合補 10974	199
合補 10977	63	合補 11039	49	合補 11108	188
合補 11239	158	合補 11241	77	合補 11283	48
合補 11322	194	合補 11330	127	合補 11335	135
合補 11362	197	合補 11366	86	合補 11369	191
合補 11716	199	合補 11974	199	合補 12282	109
合補 12369	51	合補 12572	36、108	合補 12587	102、110
合補 12597	35	合補 12617	186	合補 12630	102、110
合補 12680	125	合補 12691	126	合補 12714	165
合補 12715	91	合補 12732	92	合補 12791	114
合補 12813	37	合補 12839	125	合補 12857	150
合補 12884	126	合補 12890	154	合補 12899	118
合補 12912	195	合補 12939	68	合補 12954	149
合補 13064	123	合補 13080	93	合補 13088	95
合補 13141	77	合補 13311	38		

與《殷虛文字乙編》對照表					
號碼	本書序號	號碼	本書序號	號碼	本書序號
乙 8935	39				

與《甲骨卜辭七集》對照表					
號碼	本書序號	號碼	本書序號	號碼	本書序號
七 T 12	17	七 P 107	34		

與〈故小川睦之輔氏藏甲骨文字〉對照表					
號碼	本書序號	號碼	本書序號	號碼	本書序號
小川 1	14				

與〈山西省文物工作委員會收藏的甲骨〉對照表					
號碼	本書序號	號碼	本書序號	號碼	本書序號
山西文物 2	198				

與《山東省博物館珍藏甲骨墨拓集》對照表					
號碼	本書序號	號碼	本書序號	號碼	本書序號
山東 512	2	山東 596	95	山東 820	16
山東 825	162	山東 871	142	山東 879	13
山東 891	174	山東 937	166	山東 1016	14
山東 1037	151	山東 1087	54	山東 1102	47
山東 1148	58	山東 1213	109	山東 1252	202
山東 1484	192				

與《上海博物館藏甲骨文字》對照表					
號碼	本書序號	號碼	本書序號	號碼	本書序號
上博 2426.149	180	上博 2426.270	22	上博 2426.366	195
上博 2426.474	5、133	上博 2426.680	94	上博 2426.783	16
上博 2426.874	120	上博 2426.1189	102、110	上博 2426.1435	53
上博 17647.14	139	上博 17647.37	89	上博 17647.155	138
上博 17647.212	6	上博 17647.268	40	上博 17647.310	17
上博 17647.426	183	上博 17647.525	153	上博 17647.548	148
上博 17647.696	34	上博 17647.746	166	上博 17645.3	73
上博 17645.180	43	上博 54800.8	25	上博 54800.11	25
上博 54787.14	45	上博 43970	193	上博 46452	26
上博 34502.3	119	上博 64962	67		

與《天壤閣甲骨文存》對照表					
號碼	本書序號	號碼	本書序號	號碼	本書序號
天 15	51	天 31	104		

與《天理大學附屬天理參考館甲骨文字》對照表					
號碼	本書序號	號碼	本書序號	號碼	本書序號
天理 81	19	天理 152	10	天理 397	29
天理 592	79				

與《中島玉振舊藏甲骨》對照表					
號碼	本書序號	號碼	本書序號	號碼	本書序號
中島 49	167	中島 50	158		

與《中國社會科學院歷史研究所藏甲骨集》對照表					
號碼	本書序號	號碼	本書序號	號碼	本書序號
中歷藏 307	178	中歷藏 326	3	中歷藏 380	11
中歷藏 641	134	中歷藏 1340	184	中歷藏 1641	190
中歷藏 1651	190	中歷藏 1656	57	中歷藏 1706	57
中歷藏 1769	55	中歷藏 1778	101		

與《日本散見甲骨文字蒐彙》對照表					
號碼	本書序號	號碼	本書序號	號碼	本書序號
日匯 238	181	日匯 343	76	日匯 344	76
日匯 420	48				

與《巴黎所見甲骨錄》對照表					
號碼	本書序號	號碼	本書序號	號碼	本書序號
巴 黎 藏 甲 骨 25	99				

與《甲骨文攈》對照表					
號碼	本書序號	號碼	本書序號	號碼	本書序號
文攈 394	178	文攈 426	88	文攈 525 正	20
文攈 729	46	文攈 1027	8	文攈 1486	50
文攈 1524	63	文攈 1592	188	文攈 1628	77

與《殷虛文字甲編》對照表					
號碼	本書序號	號碼	本書序號	號碼	本書序號
甲 323	120	甲 346	48		

與《甲骨文詮釋》對照表					
號碼	本書序號	號碼	本書序號	號碼	本書序號
甲詮 62	126	甲詮 64	128	甲詮 167	130
甲詮 172	129	甲詮 177	125	甲詮 432	127

與《甲骨文零拾》對照表					
號碼	本書序號	號碼	本書序號	號碼	本書序號
甲零 62	104	甲零 86	136		

與《卡內基博物館所藏甲骨研究》對照表					
號碼	本書序號	號碼	本書序號	號碼	本書序號
卡 262	26	卡 320	28、169	卡 326	29
卡 330	27				

與《北京大學珍藏甲骨文字》對照表					
號碼	本書序號	號碼	本書序號	號碼	本書序號
北珍 221	9	北珍 788	152	北珍 910	85
北珍 911	85	北珍 1154	4	北珍 1321	66
北珍 1346	69	北珍 1370	65	北珍 1376	165
北珍 1379	69	北珍 1413	196	北珍 1748	4
北珍 2094	88	北珍 2290	178	北珍 2437	70
北珍 2441	54	北珍 2568	141	北珍 2861	64
北珍 2881	113、168	北珍 2919	85		

與《雲間朱孔陽藏戩壽堂殷墟文字舊拓》對照表					
號碼	本書序號	號碼	本書序號	號碼	本書序號
朱拓 2.9	139	朱拓 7.6	89	朱拓 7.7	89
朱拓 18.9	34	朱拓 19.4	138	朱拓 26.10	6
朱拓 31.11	40	朱拓 38.7	17		

與《甲骨續存補編》對照表					
號碼	本書序號	號碼	本書序號	號碼	本書序號
存補 1.91.2	75	存補 2.100.1	90	存補 2.102.2	90
存補 2.49.2	30	存補 2.52.1	30	存補 3.278.2	2
存補 3.45.3	161	存補 5.178.1	79	存補 5.30.6	15
存補 5.335.3	26	存補 6.109.4	22	存補 6.129.5	21
存補 6.161.3	21	存補 6.286.1	3		

與《史語所購藏甲骨集》對照表					
號碼	本書序號	號碼	本書序號	號碼	本書序號
史購 46	39	史購 275	41	史購 279	42

與《殷契佚存》對照表					
號碼	本書序號	號碼	本書序號	號碼	本書序號
佚 324	1	佚 378	23	佚 537	20
佚 654	73	佚 906	32	佚 987	123

與《金璋所藏甲骨卜辭》對照表					
號碼	本書序號	號碼	本書序號	號碼	本書序號
金 32	38	金 389	155	金 495	88
金 496	83	金 521	88	金 522	11
金 545	83	金 665	11	金 691	44

與《戰後京津新獲甲骨集》對照表					
號碼	本書序號	號碼	本書序號	號碼	本書序號
京 867	21	京 869	21	京 1139	80
京 1355	23	京 1801	79	京 1991	21
京 2301	159	京 2159	22	京 2162	22
京 2647	72	京 3235	60	京 3489	25
京 3493	144	京 3494	25	京 3503	40
京 5049	62	京 5289	191	京 5299	101
京 5316	93	京 5335	128	京 5357	109
京 5384	112	京 5480	198	京 5489	65
京 5510	103	京 5550	52	京 5605	111

與《京都大學人文科學研究所藏甲骨文字》對照表					
號碼	本書序號	號碼	本書序號	號碼	本書序號
京人 731	90	京人 879a	132	京人 901	124
京人 916	71、160	京人 1304	184	京人 2420	81
京人 2421	84	京人 2429	145	京人 2459	156
京人 2494	33	京人 2741	163	京人 2755	179
京人 2773	179	京人 2871	123	京人 2899	47
京人 2901	116	京人 2902	44	京人 2919	117
京人 2933	105				

與《東京大學東洋文化研究所藏甲骨文字》對照表					
號碼	本書序號	號碼	本書序號	號碼	本書序號
東大 387	56	東大 530a	8	東大 533	7
東大 656	82	東大 837	51	東大 894	49
東大 897	52	東大 921	150	東大 944	68
東大 1035	177	東大 1185	43		

與《東洋文庫所藏甲骨文字》對照表					
號碼	本書序號	號碼	本書序號	號碼	本書序號
東文庫 534	115	東文庫 544	116		

與〈明治大學考古學陳列館案內〉對照表					
號碼	本書序號	號碼	本書序號	號碼	本書序號
明治 4	14				

與《殷虛卜辭後編》對照表					
號碼	本書序號	號碼	本書序號	號碼	本書序號
明後 2740	114	明後 2742	100	明後 2758	106
明後 2766	101	明後 2773	104	明後 2774	105

與《英國所藏甲骨集》對照表					
號碼	本書序號	號碼	本書序號	號碼	本書序號
英 160	19	英 197	131	英 304 正反	83
英 422	177	英 553	155	英 564 正	11
英 569	11	英 608	88	英 609	88

與《英國所藏甲骨集》對照表					
號碼	本書序號	號碼	本書序號	號碼	本書序號
英 630	175	英 681	70	英 1133 正反	83
英 2160	140	英 2214	38	英 2507	44
英 2536	48	英 2539	75	英 2548	172
英 2549	193	英 2631	35	英 2663	129

與《殷虛甲骨相片》對照表					
號碼	本書序號	號碼	本書序號	號碼	本書序號
相 107	34				

與《殷虛書契後編》對照表					
號碼	本書序號	號碼	本書序號	號碼	本書序號
後上 8.7	4	後上 11.7	86	後上 13.10	166
後上 13.7	61、122	後上 31.9 正	14	後下 26.14	59
後下 34.7	15	後下 39.1	23		

與《美國所藏甲骨錄》對照表					
號碼	本書序號	號碼	本書序號表	號碼	本書序號
美 56	26	美 64	28、169	美 71	27
美 104	29	美 674	32		

與《殷虛書契前編》對照表					
號碼	本書序號	號碼	本書序號	號碼	本書序號
前 1.41.1	192	前 1.48.1	13	前 1.52.5	13
前 2.3.3	87	前 2.13.1	92	前 2.13.2	55
前 2.13.3	55	前 2.27.8	188	前 2.34.4	113、168
前 2.37.4	193	前 2.40.1	113、168	前 4.45.4	56
前 5.16.3	37	前 5.17.1	95	前 5.31.4	98
前 5.35.5	87	前 6.20.1	142	前 6.37.5	12、132
前 7.16.1	71、160	前 7.22.2	56		

與《殷契卜辭》對照表					
號碼	本書序號	號碼	本書序號	號碼	本書序號
契 73	152	契 584	54		

與《戰後南北所見甲骨錄》對照表					
號碼	本書序號	號碼	本書序號	號碼	本書序號
南明 50	5、133	南明 167	59	南明 395	144
南明 795	106	南明 798	101	南明 817	114
南明 819	100	南明 827	105	南明 835	104
南坊 2.118	28	南坊 3.134	184	南師 1.204	193
南師 2.264	165				

與《明義士收藏甲骨文集（*The Menzies Collection Of Shang Dynasty Oracle Bomes*）》對照表					
號碼	本書序號	號碼	本書序號	號碼	本書序號
安明 1291	43	安明 1528	61、122	安明 2552	78
安明 2907	62	安明 2909	57	安明 3131	194
安明 3136	197	安明 3157	123	安明 3168	91

與《珍秦齋藏甲骨文》對照表					
號碼	本書序號	號碼	本書序號	號碼	本書序號
珍秦齋 14	167				

與《重慶三峽博物館藏甲骨集》對照表					
號碼	本書序號	號碼	本書序號	號碼	本書序號
重慶三峽 5	173	重慶三峽 80	174	重慶三峽 149	99

與《典雅勁健：香港中文大學藏甲骨集》對照表					
號碼	本書序號	號碼	本書序號	號碼	本書序號
香港中大藏·文 10	4				

與《殷墟甲骨拾遺》對照表					
號碼	本書序號	號碼	本書序號	號碼	本書序號
拾遺 292	30	拾遺 313	185	拾遺 618	168

與《庫方二氏藏甲骨卜辭》對照表					
號碼	本書序號	號碼	本書序號	號碼	本書序號
庫 157	19	庫 1030	26	庫 1037	28、169
庫 1043	27	庫 1076	29	庫 1536	75
庫 1569	48	庫 1608	172		

與《旅順博物館所藏甲骨》對照表					
號碼	本書序號	號碼	本書序號	號碼	本書序號
旅 89	176	旅 487	157	旅 538	176
旅 548	155	旅 672	152	旅 705	159
旅 1949	123	旅 2123	154		

與《殷契遺珠》對照表					
號碼	本書序號	號碼	本書序號	號碼	本書序號
珠 36	31	珠 117	106	珠 129	123
珠 199	46	珠 213	147	珠 239	118
珠 441	98	珠 455	18	珠 477	72
珠 488	94	珠 697	79	珠 743	97、121
珠 744	167	珠 746	67	珠 747	158
珠 851	43	珠 990	177	珠 1235	130
珠 1243	115	珠 1250	97、121	珠 1258	92
珠 1287	52	珠 1292	150	珠 1296	96
珠 1428	74				

與《卜辭通纂》對照表					
號碼	本書序號	號碼	本書序號	號碼	本書序號
通 515 正	14	通 610	55	通 611	55
通 649	188	通 674	86	通 683	113、168
通 697	113、168	通 718	98	通別二 1.1	123
通別二 11.5	48				

與《殷虛文字存真》對照表					
號碼	本書序號	號碼	本書序號	號碼	本書序號
真 4.21	162				

與《笏之甲骨拓本集》對照表					
號碼	本書序號	號碼	本書序號	號碼	本書序號
笏二 600	169	笏二.721	82	笏二 1034	171
笏二 1111	170	笏二 1388	172		

與《雲間朱孔陽藏戩壽堂殷墟文字舊拓・殷墟文字拾補》對照表					
號碼	本書序號	號碼	本書序號	號碼	本書序號
殷拾 6.7	153	殷拾 16.1	183		

與《雲間朱孔陽藏戩壽堂殷墟文字舊拓・殷墟文字之餘》對照表					
號碼	本書序號	號碼	本書序號	號碼	本書序號
殷餘 13.5	166	殷餘 17.3	148		

與《海外甲骨錄遺》對照表					
號碼	本書序號	號碼	本書序號	號碼	本書序號
海棪 11	4				

與《殷契拾掇》對照表					
號碼	本書序號	號碼	本書序號	號碼	本書序號
掇一 357	43				
掇二 419	57	掇二 428	193		
掇三 10	54	掇三 140	57	掇三 174	74
掇三 298	3	掇三 573	30	掇三 728	175
掇三 817	184	掇三 889	188		

與《張世放所藏殷墟甲骨集》對照表					
號碼	本書序號	號碼	本書序號	號碼	本書序號
張世放所藏甲骨 42	12、132				

與《中國國家博物館館藏文物研究叢書・甲骨卷》對照表					
號碼	本書序號	號碼	本書序號	號碼	本書序號
國博 27	89	國博 251	161		

與《鄴齋所藏甲骨文字》對照表					
號碼	本書序號	號碼	本書序號	號碼	本書序號
鄴齋 6.1	181	鄴齋 14.2	121		

與《謝氏瓠廬殷墟遺文》對照表					
號碼	本書序號	號碼	本書序號	號碼	本書序號
瓠廬 420	79				

與《殷虛卜辭》對照表					
號碼	本書序號	號碼	本書序號	號碼	本書序號
虛 181	34	虛 370	129	虛 563	130
虛 573	126	虛 918	128	虛 1468	109
虛 1507	127	虛 1729	125		

與《尊六室甲骨文字》對照表					
號碼	本書序號	號碼	本書序號	號碼	本書序號
尊 102	178	尊 105	11	尊 147	101

與《殷虛書契菁華》對照表					
號碼	本書序號	號碼	本書序號	號碼	本書序號
菁 9-15	42				

與《善齋藏契》對照表					
號碼	本書序號	號碼	本書序號	號碼	本書序號
善齋 1.59b.3	200	善齋 2.17A.7	152	善齋 2.20A.8	163
善齋 2.30a.4	31	善齋 2.52A.1	149	善齋 2.55b.1	187
善齋 2.66b.6	93	善齋 2.80b.6	12	善齋 2.91a.1	157
善齋 3.30a.7	86	善齋 3.37b.3	91	善齋 3.80b.3	197
善齋 3.97b.1	81	善齋 4.39b.1	200	善齋 4.56a.4	191
善齋 5.18.17	99	善齋 5.29b.2	147	善齋 5.29.18	176
善齋 5.39b.2	145	善齋 5.41.9	201	善齋 6.27b.8	164
善齋 6.44A.6	156	善齋 7.12b.3	144	善齋 7.18b.9	146
善齋 7.23b.2	189	善齋 7.23b.9	146	善齋 7.26a.1	160
善齋 7.26b.3	2	善齋 7.28a.5	143	善齋 7.29a.3	27
善齋 7.30b.4	1	善齋 7.32a.4	143	善齋 7.46b.7	142
善齋 7.47a.2	8	善齋 7.47a.5	201	善齋 7.48a.1	80
善齋 7.76b.3	185				

與《誠齋殷虛文字》對照表					
號碼	本書序號	號碼	本書序號	號碼	本書序號
誠 24	187	誠 64 正	133	誠 149	60
誠 357	7	誠 377	23		

與《俄羅斯國立愛米塔什博物館藏殷墟甲骨》對照表					
號碼	本書序號	號碼	本書序號	號碼	本書序號
愛 43	137	愛 47	138	愛 55	139
愛 57	140				

與《瑞典斯德哥爾摩遠東古物博物館甲骨文字》對照表					
號碼	本書序號	號碼	本書序號	號碼	本書序號
瑞典 28	24	瑞典 62	148		

與《甲骨綴合彙編》對照表					
號碼	本書序號	號碼	本書序號	號碼	本書序號
彙編 80	104	彙編 133	158	彙編 136	167
彙編 202	57	彙編 224	123	彙編 273	48
彙編 280	92	彙編 716	113、168	彙編 717	109
彙編 733	42	彙編 891	109		

與《戩壽堂所藏殷虛文字》對照表					
號碼	本書序號	號碼	本書序號	號碼	本書序號
戩 2.9	139	戩 7.6	89	戩 7.7	89
戩 18.9	34	戩 19.4	138	戩 26.10	6
戩 31.11	40	戩 38.7	17		

與《殷契粹編》對照表					
號碼	本書序號	號碼	本書序號	號碼	本書序號
粹 84	153	粹 275	185	粹 353	62
粹 627 甲	133	粹 739	143	粹 930	25
粹 956	99	粹 1073 甲	80	粹 1108	201
粹 1359 甲	28、169	粹 1361 甲乙	27	粹 1366	25
粹 1373	40	粹 1460	107	粹 1515 甲	146
粹 1570 正	144				

與《鄴中片羽》對照表					
號碼	本書序號	號碼	本書序號	號碼	本書序號
鄴初下 28.1	23				
鄴三下 35.11	198	鄴三下 48.9	22		

與《歐美亞所見甲骨錄存》對照表					
號碼	本書序號	號碼	本書序號	號碼	本書序號
歐美亞 136	26				

與《甲骨文錄》對照表					
號碼	本書序號	號碼	本書序號	號碼	本書序號
錄 465	45	錄 493	162		

與《龜甲獸骨文字》對照表					
號碼	本書序號	號碼	本書序號	號碼	本書序號
龜 1.10.9	132	龜 1.29.5	171	龜 1.29.6	68
龜 1.29.7	141				

與《殷墟甲骨輯佚》對照表					
號碼	本書序號	號碼	本書序號	號碼	本書序號
輯佚 319	185	輯佚 475	182	輯佚 608	33
輯佚 754	119	輯佚 813	135	輯佚 824	57
輯佚 943	50	輯佚附 67	87		

與《簠室殷契徵文》對照表					
號碼	本書序號	號碼	本書序號	號碼	本書序號
簠地 9	92	簠地 45	74	簠地 51	74
簠帝 90	202	簠帝 91	63	簠典 80	64
簠游 43	85	簠游 117	113、168	簠雜 4	158
簠雜 8	115	簠雜 22	96	簠文 48	15

與《懷特氏等所藏甲骨文集（*Oracle Bones from the White and Other Collections*）》對照表					
號碼	本書序號	號碼	本書序號	號碼	本書序號
懷 1052	45	懷 1062	60	懷 1858	135
懷 1891	36、108	懷 1895	108	懷 1896	107
懷 1897	35	懷 1908	77		

與《河南安陽遺寶》對照表					
號碼	本書序號	號碼	本書序號	號碼	本書序號
寶 1.1	123	寶 2.11	48		

與《蘇德美日所見甲骨集》對照表					
號碼	本書序號	號碼	本書序號	號碼	本書序號
蘇德*美日 61	24	蘇德*美日 221	24	蘇德*美日 218	124

與《鐵雲藏龜》對照表					
號碼	本書序號	號碼	本書序號	號碼	本書序號
鐵 183.3	17	鐵 243.1	6		

與《殷虛書契續編》對照表					
號碼	本書序號	號碼	本書序號	號碼	本書序號
續 1.4.4	113、168	續 1.9.2	139	續 1.25.1	63
續 1.25.2	202	續 1.30.3	34	續 1.31.7	34
續 1.41.7	89	續 1.41.8	89	續 2.1.3	104
續 2.9.3	34	續 2.11.4	138	續 3.1.3	74
續 3.22.8	85	續 3.22.9	85	續 3.24.1	123、57
續 3.29.4	92	續 3.33.5	113、168	續 3.35.7	40
續 3.41.2	6	續 4.41.5	32	續 4.41.10	40
續 5.8.4	7	續 5.23.1	20	續 6.1.4	95
續 6.5.9	96	續 6.5.10	110	續 6.12.8	153

與《甲骨續存》對照表					
號碼	本書序號	號碼	本書序號	號碼	本書序號
續存上 116	18	續存上 332	89	續存上 687	173
續存上 1132	189	續存上 1489	30	續存上 1493	43
續存上 1989	200	續存上 2113	84	續存上 2329	57
續存上 2384	101	續存上 2490	165	續存上 2514	126
續存上 2526	125	續存上 2536	114	續存上 2550	100
續存上 2582	36、108	續存上 2589	37	續存上 2619	111
續存上 2635	114	續存上 2945	150	續存上 2647	103
續存上 2655	154	續存上 2658	66	續存上 2659	68
續存上 2690	187	續存下 250	9	續存下 946	112

與《甲骨綴合集》對照表					
號碼	本書序號	號碼	本書序號	號碼	本書序號
綴集 13	74	綴集 41	46	綴集 73	13
綴集 108	11	綴集 171	37	綴集 305	95
綴集 314	88				

與《甲骨綴合續集》對照表					
號碼	本書序號	號碼	本書序號	號碼	本書序號
綴續 384	79	綴續 433	8		

與《契合集》對照表					
號碼	本書序號	號碼	本書序號	號碼	本書序號
契合 1	88	契合 25	178	契合 128	34
契合 148	114	契合 164	167	契合 162	147
契合 262	118	契合 280	113	契合 289	1
契合 298	7	契合 327	42	契合 333	101
契合 349	43				

與《甲骨拼合集》對照表					
號碼	本書序號	號碼	本書序號	號碼	本書序號
拼合 96	85	拼合 124	14	拼合 129	12
拼合 158	34	拼合 304	58		

與《甲骨拼合續集》對照表					
號碼	本書序號	號碼	本書序號	號碼	本書序號
拼續 342	110	拼續 344	36、108	拼續 345	109
拼續 466	60	拼續 525	85		

與《甲骨拼合三集》對照表					
號碼	本書序號	號碼	本書序號	號碼	本書序號
拼三 616	132	拼三 628	45	拼三 660	193
拼三 698	199	拼三 708	57